力久昌幸著

スコットランドの選択

多層ガヴァナンスと政党政治

木鐸社

目次

序章　多層ガヴァナンスと政党政治 …………………………… 9
　はじめに ………………………………………………………………… 9
　1　地域分権と政党 ………………………………………………… 10
　2　領域政治と政党 ………………………………………………… 13
　3　多層ガヴァナンスにおける政党戦略 ……………………… 17
　4　本書の構成 ……………………………………………………… 23

第一章　スコットランド労働党
～スコットランドにおける支配的地位の喪失～ …………… 27
　はじめに ………………………………………………………………… 27
　1　労働党の誕生とスコットランドにおける支配的地位の獲得 ……… 28
　2　権限移譲改革と労働党 ………………………………………… 31
　3　権限移譲への組織的適応 ……………………………………… 37
　4　権限移譲と選挙戦略 …………………………………………… 46
　5　権限移譲と政権戦略 …………………………………………… 58
　6　分離独立住民投票 ……………………………………………… 66
　7　SNPの「津波」 ………………………………………………… 77
　おわりに ………………………………………………………………… 85

第二章　スコットランド保守党
～「反スコットランド的」イメージ解消に向けた「汚名返上戦略」～
　　　　　　　　　　　　　　　　　　　　　　　　　　　　 91
　はじめに ………………………………………………………………… 91
　1　スコットランド統一党からスコットランド保守党へ ……… 93
　2　権限移譲の消極的受け入れと党勢の停滞 ………………… 100
　3　汚名返上戦略 …………………………………………………… 104
　4　2011年党首選挙 ………………………………………………… 108
　5　分離独立住民投票 ……………………………………………… 114
　6　分離独立住民投票後のスコットランド保守党 …………… 122
　おわりに ………………………………………………………………… 130

第三章　スコットランド自由民主党
〜異なるレヴェルの連立政治に対する小政党の対応〜 …………133
はじめに………………………………………………………………… 133
1　スコットランドにおける自由党の衰退 ………………………… 135
2　権限移譲改革 …………………………………………………… 139
3　労働党との連立政権 …………………………………………… 143
4　分離独立住民投票 ……………………………………………… 148
5　存続の危機 ……………………………………………………… 156
おわりに………………………………………………………………… 160

第四章　スコットランド国民党
〜「柔らかいナショナリズム」を通じた支配的地位の確立〜………163
はじめに………………………………………………………………… 163
1　SNPの結成から躍進まで ……………………………………… 164
2　ヨーロッパの中の独立 ………………………………………… 170
3　権限移譲の実現と政権政党への道 …………………………… 175
4　柔らかいナショナリズム ……………………………………… 182
5　分離独立住民投票 ……………………………………………… 190
6　スコットランドの支配政党 …………………………………… 197
おわりに………………………………………………………………… 206

第五章　分離独立住民投票
〜アイルランドの分離独立とケベックにおける
　　　　　分離独立住民投票との比較の視点から〜……………… 211
はじめに………………………………………………………………… 211
1　イギリスとスコットランド …………………………………… 212
2　スコットランドの歴史：
　　なぜスコットランドはイギリスの一部となったのか……… 215
3　アイルランドとの違い：
　　イングランドの「植民地」か，あるいは「パートナー」か…… 222
4　分離独立の政治：なぜ先進国では分離独立が見られないのか …… 227
5　カナダ，ケベック州における分離独立住民投票 …………… 231

6　スコットランド独立をめぐる対照的な将来像 ……………………… 236
　　7　EU加盟問題 ……………………………………………………… 242
　　8　通貨問題と「恐怖のプロジェクト」 …………………………… 246
　　おわりに……………………………………………………………… 253

終章　EU離脱とスコットランド政党政治 ……………………… 257

引用文献…………………………………………………………………… 267
　　1　日本語文献 ……………………………………………………… 267
　　2　英語文献 ………………………………………………………… 268

あとがき…………………………………………………………………… 283

人名索引…………………………………………………………………… 286

スコットランドの選択

多層ガヴァナンスと政党政治

序章　多層ガヴァナンスと政党政治

はじめに

　政治学の主要分野を構成する政党研究は，これまで国政(国家：national)レヴェルに焦点をあててきた。国政選挙での政党のパフォーマンス，政党の全国組織のあり方，そして，政党のイデオロギーや政党による政権担当の態様などの問題について，多くの研究がなされてきた。ダニエーレ・カラマーニ(Daniele Caramani)のいう「政治の全国化(nationalization of politics)」に，政党研究はまさに対応してきたのである(Caramani 2004)。

　一方，1970年代から多くのヨーロッパ諸国では政治システムの分権化が進行し，国政レヴェルから地域(sub-national)レヴェルへの大幅な権限移譲が実施されてきた(Keating 1998)。こうした分権改革は，国政レヴェルや市町村など地方(local)レヴェルとは異なる，地域レヴェルにおける新たな政治をもたらした。その結果，政党はそのレヴェルにおける選挙政治や政権構成をめぐる競争と協力のダイナミズムに直面することになったのである。

　ヨーロッパ諸国では，EU (European Union)を中心とする欧州統合の進展に伴う超国家(supranational)レヴェルにおける欧州化のインパクトとともに，国内における分権改革の進展に伴う分権化のインパクトによって，政治のあり方が大きな変容を見せつつある。そのため，政党研究についても，これまでのように国政レヴェルにだけ焦点を当てるのではなく，地域レヴェルや超国家レヴェルなど，さまざまなレヴェルの間の相互作用にもとづく多層ガヴァナンス(multi-level governance)に配慮した研究が望まれるようになっているのである(Hooghe and Marks 2001)。

欧州統合や分権改革に伴う多層ガヴァナンスの進展は，国政レヴェルに限らず，さまざまなレヴェルでの政権参加，もしくは影響力拡大をめざす政党の戦略に困難をもたらすことになる。政党は，国政において政権獲得を実現し，市町村など多くの地方政府において勢力を拡大するとともに，新しく生み出された地域レヴェルにおいても政権獲得をめざす一方，EUの欧州議会などヨーロッパの諸機関における影響力拡大をもめざすという，実に多様な課題を追求しなければならなくなっているのである。

　しかし，多層ガヴァナンスの進展に対する政党の適応については，1990年代に入って注目を集めるようになった多層ガヴァナンス研究の中でも，研究が進んでいる分野というわけではない。多くのレヴェルで選挙を戦い，政権参加をめざして活動する政党の組織や機能の分析，そして，そのような政党が直面するディレンマについての分析は，まだまだ十分とは言い難い。言い換えれば，「多層ガヴァナンスを取り扱った文献には，ほとんど政党が出てこない」(Deschouwer 2003, 213)のである。

　本書は，多層ガヴァナンスと政党政治に関するケース・スタディとして，スコットランドへの権限移譲(devolution)改革および分離独立住民投票をめぐる政党政治に関して，主要な4つの政党の対応に焦点を当てて検討する。イギリスでは，1990年代末の労働党政権が行った分権改革により，スコットランド，ウェールズ，北アイルランド，および，首都ロンドンに対して一定の政治的権限移譲が実現した。また，2014年9月にはスコットランドにおいて，イギリスからの分離独立の是非を問う住民投票が行われた。イギリスにおける権限移譲および分離独立をめぐる政治過程は，地域分権の進展に伴う多層ガヴァナンスの挑戦に対して政党がどのような対応を見せるのか，という問題を検討する上で興味深いケースを提供しているのである。

1　地域分権と政党

　近年，多くのヨーロッパ諸国では，分権改革を通じて国政レヴェルから地域レヴェルへの権限移譲が進行している。ベルギーなど若干の例外はあるものの，スイスやドイツのような公式の連邦国家(federeal state)については，目立って増加しているわけではないが，イギリスやフランスのような単一国

家(unitary state)¹とされてきた国で，権限移譲により地域レヴェルの統治構造が新たに形成される事例は数多く見られるようになっているのである。こうした事実上の連邦化もしくは準連邦化へ向けた動きは，近年，ヨーロッパで見られる重要な政治的変化のひとつとして挙げることができるだろう。

さて，地域分権改革のような政治的変化は，ヨーロッパ諸国の歴史的発展史上で自然に発生したものではなく，当然のことながら変化を導くうえで重要な役割を果たすアクター（行為主体：actor）が存在する。独自の利害，目的，行動論理を有するアクターによって，政治的変化は構想，企画，推進される側面があるのである。そして，ヨーロッパにおいては，分権改革を具体的に形作っていくうえで，政党が重要な役割を果たしてきたと言うことができる。すなわち，地域的なクリーヴィッジ（亀裂：cleavage）の明確化，地域的な対立の政治化，地域分権改革の争点化，ならびに，改革の時期と内容の確定など，地域レヴェルの政府形成に関して，政党はまさに中心的な役割を果たしてきたのである(Toubeau and Massetti 2013, 298)。

連邦制の政治制度に対して政党がもたらす影響については，ウィリアム・ライカー（William Riker）による連邦制研究以降，注目が集まってきた。ライカーによれば，政党システムの構造は，地域的多様性にもとづくさまざまな社会的圧力とそれぞれの連邦制の有する特質とを結びつける主要な媒介変数であるとされていた(Riker 1964, 129-130)。そして，社会的クリーヴィッジやその他の社会的変化を反映して，連邦制の変化に向けたプロセスを導く政党の役割について検討がなされてきたのである(Erk and Swenden 2010)。

しかしながら，連邦制の変化を導く政党の役割についての研究は，憲法上の改革など政治的な「帰結(outcome)」に焦点が当てられてきた一方で，地域分権改革の争点化や改革のプロセスに関わる政治「過程(process)」と政党政治の関連については，十分な検討がなされているとは言えない。すなわち，地域分権と政党システムの関連を分析した研究の多くは，国政レヴェル

---

1 スタイン・ロッカン(Stein Rokkan)とデレク・アーウィン(Derek Urwin)によれば，イギリスは国政レヴェルと地域レヴェルの統治構造が明確に分離した連邦国家ではないが，中央政府に権限が集中する単一国家でもなく，連合国家(union state)という独特なカテゴリーに分類されている(Rokkan and Urwin 1982; 1983)。

から地域レヴェルへの権限移譲改革という政治的「帰結」が、選挙などで見られる政党間競合のあり方にどのような変化をもたらしたのか、あるいは、中央本部と地域組織との関係を中心とする政党組織のあり方にいかなる違いをもたらしたのか、という問題に主に取り組んできたのである。

　地域分権という制度改革の「帰結」が政党というアクターの行動様式や組織構造に影響を与えるのは当然であり、そうした側面に対する検討が地域分権と政党政治に関する研究の重要な部分を占めることに疑いはない。しかし、政党というアクターの戦略的な選択が、地域分権に関する争点を政治的な議題に載せ、公的な議論における重要性を高め、結果として分権改革の規模と内容を左右することになると考えるならば、改革をめぐる政治「過程」と政党政治の関連についても焦点が当てられるべきであろう。特に、地域統治の枠組に関して現状維持を求めるのか、あるいは、その改革を求めるのかという点に関する政党の戦略的対応については、さらに検討を深めることが望まれる。

　ちなみに、ヨーロッパ諸国における地域統治構造の変化に伴う全国政党（state wide party）の戦略的、組織的対応に関する研究によれば、国家の全域で活動を行う全国政党の組織構造は国家の地域統治構造を反映する傾向が存在すると指摘されている。すなわち、全国政党の組織構造は、地域分権が進んだ連邦制もしくは準連邦制国家においては分権的な傾向を示すのに対して、中央集権的単一国家の統治構造を持つ国家においては集権的な傾向を示すというわけである。さらに、このような国家の統治構造を政党の組織構造が「反映」する程度には差異が見られ、そうした差異をもたらすものとして、国家や地域に関わる要因、あるいはイデオロギーや既存の組織構造の有する粘着性のような政党固有の要因が挙げられている（Deschouwer 2003; Hopkin and van Houten 2009; Swenden and Maddens 2009; Bratberg 2010）。他方で、こうした国家、地域、政党に関わる要因が、地域分権の争点において政党が採用する立場にどのような影響を与えるのか、あるいは、地域分権改革をめぐる政党の戦略に対してどのような違いをもたらすのか、という問題については、研究が深まっているわけではない。

　そこで、本書では、地域分権改革に関して政党が採用する戦略に注目し、政党の戦略に影響を与える政治的誘因や制約、および、政治的環境に目配りすることにより、それぞれの政党の分権改革に対する戦略的対応を検討する

ことにしたい。具体的には，スコットランドへの権限移譲改革とその分離独立住民投票をめぐって，主要4政党，すなわちイギリスの全国政党である労働党，保守党，自由民主党に加えて，スコットランド独立をめざす地域ナショナリズム政党（regional nationalist party）であるスコットランド国民党（SNP：Scottish National Party）の戦略的対応を見ていくことにする。

2　領域政治と政党

　イギリスを含め多くのヨーロッパ諸国において地域分権改革が進展してきたことにより，「領域政治（territorial politics）」に対する関心が高まり，事例研究および理論研究の双方で研究成果が蓄積されている。その意味で，山崎幹根が言うように，「領域政治」は「確固たる一つの研究分野を確立した」（山崎 2011, 3）とすることができるかもしれない。

　さて，研究分野としての「領域政治」の確立をもたらした地域分権改革については，1990年代末にイギリスでウェールズ相を務めていたロン・デイヴィス（Ron Davies）が述べたように，一回きりのイベントではなく，漸進的な発展を通じて政治的権威をめぐって領域の再構築（territorial restructuring）が行われるプロセスとして見ることができる（National Assembly for Wales 2016）。そうであるならば，異なるレヴェルの政府の関係が漸進的に変化することを意味する領域の再構築のプロセスは，次のような特徴を持つことになるだろう。

　第一に，領域の再構築は「継続的（continuous）」である。国政レヴェルから地域レヴェルへの政治的権限の移譲は，地域住民の選好や競合関係にある政党の選好によって影響を受けることから，既存の領域編成が安定的な均衡を達成することはなく，常に変化の契機にさらされることになる。第二に，領域の再構築は「非同時的（asynchronous）」である。地域レヴェルのガヴァナンスに関わる政治制度については，議会など立法機関だけでなく，行政機関や司法機関を含め多様な機関が存在するが，こうした政治制度が一挙に構築されるのはまれである。むしろ，異なる時期に異なる機関がいわば五月雨式に形成されていくことが想定されるのである。第三に，領域の再構築は「開放的（open-ended）」である。地域ガヴァナンスに関わる異なる制度が「継続的」，「非同時的」に形成されていくことにより，地域レヴェルの領域の再構築はいわば有機的に発展し，その最終的な到達点は明らかではないと

いうことになる (Toubeau and Massetti 2013, 300-301)。

「継続的」、「非同時的」、「開放的」という特徴を有する地域分権改革に伴う領域の再構築プロセスにおいて、政党は中心的な位置を占めている。民主主義政治において不可欠の存在とされる政党は、多層ガヴァナンスにおける異なるレヴェルの政治と制度を結びつける重要なアクターである。政党は、分権改革をめぐる交渉過程の管理、改革に関わる地域レヴェルの利益表出および利益集約、さらに、改革の時期と内容に関わる議題設定を通じて、領域の再構築を形作る重要な役割を果たすのである。それゆえ、領域政治における政党の選好と戦略を検討することは、地域分権改革に伴う領域の再構築過程やその帰結を理解するうえで不可欠であると言っても誇張ではないだろう。

それでは、国家の領域的な再構築に関わる政党の動機について、どのように考えることができるのだろう。領域政治における政党の行動論理については、選挙の論理、イデオロギーの論理、および、領域の論理という3つに注目することができるだろう (Toubeau and Massetti 2013, 302)。

まず、選挙の論理は政党がめざす得票最大化や政権獲得などの目標にかかわっている。効用最大化を求める合理的アクターとしての政党は、選挙における支持基盤の維持・拡大を通じて、政権を獲得・維持することをめざす存在である。このような政党による領域政治の争点に対する位置取りは、選挙や政権をめぐる競争において有利な地位を占めるという目的によって規定される。それゆえ、政党が地域分権改革を推進しようとするのか、あるいは、それを阻止しようとするのかという立場の違いは、国政レヴェルから地域レヴェルに至る多層ガヴァナンスの政党システムにおける他の政党との政党間競合において、どちらが優位性を確保するうえで有用かという判断にもとづいている。

さらに、さまざまなレヴェルにおける連立政権のあり方も、領域政治における政党の立場に影響を与えるだろう。たとえば、国政レヴェルあるいは地域レヴェルにおける連立政権を維持するために、政党は地域分権に関わる特定の政策を受け入れることが考えられる。このように、選挙の論理にもとづく政党の行動は、領域政治の争点に関する立場を得票最大化や政権獲得などの目標を達成するための手段としている場合に見ることができる。

ちなみに，領域政治の争点について，地域分権や分離独立をめざす地域ナショナリズム政党[2]の脅威に対する全国政党の対応をめぐって，ニッチ政党（niche party）の概念で著名なボニー・メグイド（Bonnie Meguid）は，拒絶的（dismissive），適応的（accommodative），敵対的（adversarial）という3種類の対応が存在するとしている（Meguid 2007）。

　まず，地域ナショナリズム政党の脅威がそれほど大きくない場合には，全国政党はそうした政党が求める領域政治の争点（地域分権，分離独立）を無視するという拒絶的対応を見せる。あえて争点化しないことにより，地域ナショナリズム政党の支持拡大を抑制することをめざす戦略である。

　地域ナショナリズム政党の脅威が相当程度拡大した場合には，全国政党の対応は適応的あるいは敵対的な性質を帯びることになるだろう。領域政治の争点を無視することが政治的なリスクを伴うようになると，全国政党は地域ナショナリズム政党の要求をある程度受け入れる立場（たとえば一定の地域分権を認めるなど）を採用する適応的対応をすることにより，そうした政党に対する支持を奪うことが可能になる。

　あるいは，全国政党の対応は敵対的なものになるかもしれない。敵対的対応をとった場合には，領域政治の争点をめぐる対立が際立つことにより，地域ナショナリズム政党への支持は拡大する可能性が大きい。しかしながら，対立が激化することにより，地域ナショナリズム政党の台頭を懸念する有権者の支持が，敵対的対応を強調する全国政党に集まることが期待できる。すなわち，地域ナショナリズム政党の支持拡大という危険を冒しつつ，他の全国政党の支持を奪うことにより自党の支持拡大を図る戦略が，敵対的に向き合う態度の本質である（Meguid 2005, 349-350; 2007, 27-30）。

　次に，領域政治における政党の行動論理として，イデオロギーの論理が挙げられる。この論理にもとづく政党の行動は，効用最大化をめざす合理的アクターとしてではなく，政党の基本的なイデオロギー的原則によって，それ

2　地域ナショナリズム政党はニッチ政党として政党システムの周辺的存在と見られてきたが，近年のヨーロッパ諸国での勢力拡大に伴い，主要政党勢力のひとつに数えるべきという見方もなされるようになっている。特に，地域レヴェルでの政権参加は珍しいものではなくなり，国政レヴェルでの政権参加の例も見られるようになっていることから，ニッチ政党や単一争点政党として分類されるべきではないのかもしれない（Hepburn 2009b）。

に適合する政策を打ち出すという形が想定される。領域政治における政党の選好は，自由，平等，社会正義，宗教，伝統などの政党のアイデンティティや中核的価値の影響を受けて形成されている。そして，国政レヴェルと地域レヴェルの間での政治的権威の配分問題については，政党の拠って立つ基本的なイデオロギー的立場が許容する範囲内での対応が行われることになるのである。

現代の政党が基盤としている主要なイデオロギーについては，領域政治の争点に関して相反する立場を含んでいるとすることができる。たとえば，自由主義については，地域レヴェルの統治システム形成による政府機構の肥大化に反対する立場と，多数派による民主主義的専制に対する防波堤として地域分権を支持する立場が存在する。また，保守主義についても，地域分権による国家および国民アイデンティティの弱体化を懸念する立場もあれば，アメリカの保守主義のように連邦政府の中央集権に反対する立場もある。さらに，社会民主主義については，初期の「空想的」社会主義者のように分権的な社会を理想とする立場もあれば，福祉国家の発展に伴って中央政府による再分配政策の実施を重視する立場もある。このように，それぞれのイデオロギーの中に領域政治の争点についてさまざまな潮流が存在することから，イデオロギーの論理が政党の戦略的な行動をどのように制約するのか検討するためには，政党を基礎づけているイデオロギーの中で，その時々でどの特定の潮流が主流となっているかを見る必要があるだろう（Toubeau and Massetti 2013, 306）。

3つめの領域の論理は，政党が特定の領域共同体の代理人として行動する側面に関係している。選挙の論理やイデオロギーの論理が，比較的国政レヴェルの側面に重点を置くものであるとするならば，領域の論理は特定の領域の利益を表出・集約することにより，国家内でのその領域の地位を改善する政策を打ち出すなど，地域レヴェルの利益を確保しようとする側面に重点を置いている。地域的な政治対立という文脈の上で，領域の論理にもとづく政党の行動は，地域的なクリーヴィッジの重要性を強調し，国家の政治的権威の地域的編成や再分配政策の地域的側面の問題に焦点を当てることになるだろう。

ちなみに，政治的権威の地域的編成については，分離独立から自治権拡大，および，地域独自の文化に対する公的承認などさまざまなバリエーショ

ンが存在するが，再分配政策の地域的側面については，主として地域に対する経済的利益の拡大など国家内での資源の再分配を追求する立場を意味する。領域の論理において注目すべきは，特定の領域共同体の真の利益を代表するという政党の主張である。地域ナショナリズム政党に典型的に見られるが，領域の利害を最優先する態度を鮮明にすることにより，多層ガヴァナンスにおける政党間競合のあり方に大きな変化がもたらされる可能性がある（Toubeau and Massetti 2013, 302; Detterbeck 2016, 3-4）[3]。

ただし，地域ナショナリズム政党の勢力拡大にともなって，地域レヴェルあるいは国政レヴェルでの政権参加が視野に入るようになると，連立相手との妥協などにより領域の論理を優先する行動を和らげる必要が出てくることも考えられる。そうなると，領域の「真の利益」を代表すると称する新たな地域ナショナリズム政党が出現したり，あるいは，全国政党の側が領域の論理にもとづいて一定の地域分権を支持する立場をとることにより，既存の地域ナショナリズム政党の支持基盤が弱体化する可能性もあるだろう（Jeffery 2009, 646）。

以上のような，領域政治をめぐる政党の3つの行動論理については，いわば「理念型」であり，現実の政党行動は3つの行動論理のどれかひとつにもとづくというよりも，むしろ複数の行動論理の影響を受けている場合が多い。また，領域政治に関わる政党の行動論理は，政策分野ごとに異なることも想定されるのに加えて，選挙など政治日程の影響により変わることも十分に考えられる。こうした点に注意しつつ，領域政治に関係する3つの行動論理にもとづく政党の行動について，時間の経過とともに展開していくダイナミックなプロセスとして検討することは，多層ガヴァナンスにおける政党政治研究に対して意味のある貢献ではないだろうか。

3　多層ガヴァナンスにおける政党戦略

政党政治の研究においては，しばしば便宜的に政党を単一のアクターとして取り扱うことがあるが，現実の政党は単一のアクターではなく，党内に

---

[3] 第二次世界大戦後の民主主義諸国のデータをもとにして，政治的分権改革と地域ナショナリズム政党の勢力増大との間で因果関係が存在することを示した研究として，Brancati（2008）がある。

さまざまな構成要素を含む複雑な組織である。特に，国政レヴェルと地域レヴェルの双方で選挙および政権をめぐる政党間の競争が行われる舞台(アリーナ)が確立している多層ガヴァナンスの文脈においては，政党を単一のアクターとしてではなく，いわば「多層政党(multi level party)」[4]として見るべきであろう(Moon and Bratberg 2010)。

　政党の中でも，特定の地域に限定されることなく国家の全域で活動を行う全国政党は，多層ガヴァナンスの政治システムの中で地域レヴェルの多様性を尊重しつつ，党内の凝集性を維持する目的を達成するために，いくつか異なる組織的対応を見せてきた。たとえば，一方では党の中央本部が地域支部に強力な統制を行う集権的組織を形成するような対応があったのに比べて，他方では異なるレヴェルの政党組織が自律的な関係を構築する対応も見られたのである。このような自律的な政党組織においては，地域に関係する一定の分野に関して地域支部が決定権限を有する一方で，地域支部が中央本部の決定に参画する手続きを置くことにより，国政レヴェルと地域レヴェルの調整を図る工夫を通じて連邦制的な運営を行う形態が考えられる。しかし，場合によっては，異なるレヴェルの政党組織の間で調整を図る工夫が存在せず，国政レヴェルの政党組織と地域レヴェルの政党組織が基本的にそれぞれの担当分野において自律的な運営を行う分離型の形態も考えられる(Swenden and Maddens 2009; Hepburn and Detterbeck 2013; Fabre and Swenden 2013)。

　イヴ・ヘプバーン(Eve Hepburn)とクラウス・デターベック(Klaus Detterbeck)は，多層政党としての全国政党の組織形態について，地域レヴェルの自律性および国政レヴェルと地域レヴェルの間での共同決定の程度によって，次の4つの理念型を提示している(Hepburn and Detterbeck 2010)。なお，国政レヴェルと地域レヴェルの間での共同決定の程度とは，端的に言えば，全国政党の地域組織が中央の決定にどの程度関与しているのかという点に関わる。たとえば，全国政党の党首選出，国政選挙の候補者選出やマニフェスト作成などについて，地域組織がかなりの程度決定権を有している場合に

4　多層レヴェルの政党組織について，日本の政党の事例を取り上げた研究として，建林(2013)がある。また，待鳥(2015, 63-104)による政党組織論研究のレビューも参考になる。

は，共同決定の程度は高いということができる。

　まず，①自律性と共同決定がともに強く見られる場合は連邦型政党組織である。このような政党組織の形態においては，地域レヴェルの政党組織は地域の問題について自律的に決定する権限を有していると同時に，国政レヴェルの決定手続きに深く関与することになる。次に，②自律性と共同決定がともに弱い場合は集権型政党組織である。この政党組織の形態は，典型的なヒエラルキー型構造をとることになり，地域レヴェルの政党組織による国政レヴェルへの関与はほとんど見られないのに対して，国政レヴェルの党本部による地域の問題への介入が通常となる。それに対して，③共同決定はあまり見られないが，自律性が強い場合には自治型政党組織となる。このような政党組織の形態では，地域レヴェルの自治が重視される。また，地域レヴェルによる国政レヴェルの決定手続きへの関与も少ないことから，それぞれのレヴェルの政党組織が互いにほぼ独立した関係を形成することになる。最後に，④自律性は弱いがかなりの程度共同決定が見られる場合は一体型政党組織である。このような政党組織の形態は高度に統合されていると言うことができる。地域レヴェルの組織は自律性をあまり持たないものの，国政レヴェルの決定手続きに深く関与することができる。その結果，異なるレヴェルの政党組織の間で協力関係が促進され，政党が一貫した政策プログラムにもとづく活動を全国的に展開することが可能となる(Hepburn and Detterbeck 2010，建林 2013)。

　政党の党内における地域的な組織編成のあり方は，多層ガヴァナンスにおける政党間競合に向けて，政党の戦略に大きな影響を与えることになる(Biezen and Hopkin 2006)。前述の領域政治に関わる政党の行動論理のうち，選挙の論理とイデオロギーの論理は国政レヴェルの組織と地域レヴェルの組織の間での緊密な調整を要求する。全国政党の国政レヴェルのエリートと地域レヴェルのエリートは，特に国政レヴェルの争点をめぐって，共通の立場にもとづく一貫した行動について合意しなければならないのである。そのためには，両者の協力を促進する組織的工夫や，異なるレヴェルの政党エリートを結びつける共通の利益や価値などが必要となる。そのような組織的特質を持たない政党は，多層ガヴァナンスの異なるレヴェルで活動する政党組織を統合する能力や，多様な地域を通じて統一した政党戦略を追求する能力を欠いた政党であるとすることができるだろう。

上記の議論は全国政党だけではなく，一定の限られた地域で活動する地域ナショナリズム政党にもあてはまるところがある。ヨーロッパで見られる主要な地域ナショナリズム政党の多くは，全国政党と同様に，国政レヴェルと地域レヴェルの双方の政治空間で活動する「多層政党」としての性格を有している。たしかに，地域ナショナリズム政党は全国政党とは違い，国政レヴェルと地域レヴェルを通して一定の限られた地域において政治活動を行う。たとえば，スコットランドの地域ナショナリズム政党であるスコットランド国民党（SNP）であれば，総選挙とスコットランド議会選挙の双方においてスコットランドの選挙区だけに候補者を立てて戦うのである。

しかし，異なるレヴェルの政治活動に同時に関わることによって，全国政党が直面するのと類似の緊張関係が発生することもある。たとえば，国政レヴェルで連立政権に参加することは，地域ナショナリズム政党が基盤とする地域の利益に反する政策を容認して妥協を強いられることになるかもしれない。ただし，全国政党と地域ナショナリズム政党の違いを挙げるとすれば，前者が異なるレヴェルの垂直的な利害対立だけでなく，多様な地域の間での水平的な利害対立という二重の緊張関係にさらされる危険を有しているのに対して，後者は自らが基盤とする地域以外の利益を考慮しなくても政治的な打撃を受けることはないということがある（Toubeau and Massetti 2013, 303-304）。その意味で，全国政党と比べると，地域ナショナリズム政党は領域の論理と他の行動論理の間のディレンマに悩まされる程度は少ないと言うことができるだろう。

多層ガヴァナンスにおける異なるレヴェルの政府形態のあり方も，領域政治における政党の行動論理と関係している（Ştefuriuc 2009）。政党が国政レヴェルと地域レヴェルの双方で政権を担っている場合には，異なるレヴェルの政党組織の間で政策面での乖離が生じないように調整する必要が生じる。こうした政党内部での異なるレヴェルの対立を抑制しようとする行動は，選挙の論理やイデオロギーの論理の影響を受けていると言うことができる。しかし，政党組織内部で異なるレヴェルの対立が抑制できない場合には，領域の論理が強調されることになるだろう。それに対して，政党が国政レヴェルと地域レヴェルの間で，一方では与党，他方では野党など，政権をめぐって異なる位置にある場合には，政策面での乖離をすりあわせる調整はそれほど重要ではなく，政党が団結しているイメージを強調する必要性も大きくはな

いだろう。さらに，連立相手の選択に関して，国政レヴェルと地域レヴェルの間での一致を望む中央の指導部と，政権構成について行動の自由を求める地域レヴェルの指導部との間で対立や葛藤が生じる可能性もある（Hepburn and Detterbeck 2013）。

　連立政権の構成が政党間競合に影響を与えることも考えられる。連立政権を組む政党の間では，対立を招きかねない争点に関して互いに受け入れ可能な妥協点を見出して，共通の立場を打ち出すことを求める強い動機が存在する。連立政権を構成している政党は，領域政治に関わる争点について，政権にない野党の立場よりも連立を組んでいる他の与党の立場を尊重することになると考えられる。このように，連立政治は選挙の論理を強化する側面もあるが，連立与党に地域ナショナリズム政党が加わっている場合には，むしろ領域の論理を強化することもあるだろう。

　制度的枠組のあり方も多層ガヴァナンスにおける政党の戦略を左右する。制度的枠組について，特に注目すべきは，国家の地域統治構造と選挙に関わる制度である。まず，国家の地域統治構造，すなわち国政レヴェルと地域レヴェルの統治構造のあり方は，領域政治をめぐる政党の行動論理に重要な影響を与える。連邦制など一定の地域分権がなされた国家では，国政レヴェルと地域レヴェルの間での相互依存の程度によって，権限に関してかなりの程度分離している「二重連邦制（dual federalism）」と，比較的融合している「共同連邦制（joint federalism）」に分類することができる（Detterbeck 2012, 70-74）。

　「二重連邦制」の理念型は，国政レヴェルと地域レヴェルの間で立法，行政，財政などをめぐる権限が明確に分けられていて，両者の間での権限の重複もしくは共有が最低限になっている場合である。このような場合には，それぞれのレヴェルが自律的に決定できる分野が広範であることから，異なるレヴェルの政府および政党の間で協力を促す誘因は少ないと思われる。言い換えれば，地域レヴェルの政府および政党は，国政レヴェルの反発を買う政策であっても，それを一方的に実施することが可能になっているとすることができる。「二重連邦制」の場合には，国政レヴェルと地域レヴェルのコンセンサスを形成するのが困難になり，政党の行動論理について領域の論理が前面に出ることもある。

　それに対して，「共同連邦制」の理念型は，国政レヴェルと地域レヴェル

の間で権限を共有する分野がかなり存在するために，政策決定および執行に関して異なるレヴェルが連結した共同統治システムが形成されている場合である。このシステムにおいては，異なるレヴェルでの協力関係を促進する誘因が存在する。なぜなら，もし国政レヴェルと地域レヴェルの双方が受け入れ可能な合意が形成されなければ，政治的膠着状況に陥るからである。

　その点に関して注目すべきは，地域レヴェルが国政レヴェルの決定に関与する仕組みである。たとえば，ドイツの連邦参議院（Bundesrat）のように議会の第二院が州政府代表によって構成されている場合や，あるいは，中央政府と地域政府の代表が一堂に会する政府間会議が恒常的な機関として設置されている場合が考えられる。このように異なるレヴェルの間で高度な相互依存関係が形成されている場合は，先述のように国政レヴェルと地域レヴェルの双方が合意に至らなければ，政治的膠着状況が発生する。そうした状況を回避するためには，異なるレヴェルの双方で活動する政党が政治的調整を図ることが重要となるだろう。そして，このような場合には，政党は領域の論理を優先するのではなく，選挙の論理やイデオロギーの論理に則った行動をすることが想定される（Detterbeck 2016）。

　多層ガヴァナンスにおける政党の戦略的対応を左右する制度的枠組として，選挙制度も重要な影響をもたらすと考えられる。政党に対する公的助成など他の制度の影響も無視できないが，選挙制度，特に国政レヴェルと地域レヴェルの間で同一の選挙制度がとられているのか，あるいは，異なる選挙制度がとられているのかという点は，異なるレヴェルにおける政党の行動に大きな違いをもたらすことが想定される。もし，国政レヴェルと地域レヴェルの間や，あるいは，複数の地域の間で選挙制度が異なっているならば，選挙における政党のパフォーマンスに違いが生まれ，政党が異なる選挙戦略をもってそれぞれの選挙に臨まなければならないだろう。

　ちなみに，地域ナショナリズム政党が全国政党に対して持つ「脅迫能力（blackmail potential）」についても，選挙制度の影響を受けることになるだろう。たとえば，小政党でも議席獲得が期待できる比例代表制においては，地域ナショナリズム政党の勢力が比較的小さな段階から，全国政党はその脅威を感じることになる。それに対して，小政党の議席獲得が困難な小選挙区制においては，地域ナショナリズム政党の支持が全国政党の議席を奪うほど強くなければ，且つ，そのような選挙区が限定されていて比較的少ない場合

には，全国政党に対する脅迫能力は，それほど高くないとすることができる（Toubeau 2011, 433-434）。

　多層ガヴァナンスにおける選挙制度の違いに関して，典型的な事例として，あるレヴェルでは小選挙区制が取られているのに対して，他のレヴェルでは比例代表制がとられているケースを挙げることができる。選挙制度の特性から，小政党は小選挙区制がとられたレヴェルでは苦戦が予想されるが，比例代表制がとられたレヴェルでは一定の議席確保が期待できることから，それぞれのレヴェルにおいて異なる政党システムの形状[5]が見られるだろう。また，政党システムの形状が異なれば，政権構成も変わることになる。すなわち，小選挙区制がとられたレヴェルでは単独政権が通常となるのに対して，比例代表制がとられたレヴェルでは連立政権が通常となることが想定されるので，異なるレヴェルの間で政権構成に不一致が生じる可能性が高くなるだろう（Swenden and Maddens 2009, 20-22）。その意味では，異なるレヴェルでの選挙制度の不一致は，政党システムおよび政権構成の不一致を導くとすることができるだろう。

4　本書の構成

　多層ガヴァナンスの概念は，ヨーロッパにおける欧州統合研究，特に近年のEUの発展を対象とする研究から生まれてきた。しかしながら，この概念の適用については，ヨーロッパ，EUに限定されるものではなく，普遍的な適用可能性を有していると見ることができる。なぜなら，ヨーロッパだけではなくアジアやアメリカなど他の地域でも，グローバル化のインパクトにより国家の統治様式に大きな変容が生じつつあるからである。

　国家主権に関するそれまでの見方は変化を余儀なくされ，今や世界各地で国家の権限のある部分は国家を超えた機関などに移譲される一方で，他の部分については地域レヴェルの政府や非政府アクターの有する影響力が増大する傾向が見られる。かつて最高の決定権と理解されてきた国家主権は，国家を超えた超国家レヴェルや国家内の地域，地方レヴェルのアクターにより，次第に制約を受けるようになっている。その結果，重要な決定は国家の内外

---

[5]　政党システムを構成する諸政党の勢力配置に関わる「形状」という概念については，的場（2003, 15-36）を参照。

で活動するアクター間の「水平的」,「垂直的」,「斜行的」な結びつきによって構成される複雑な構図を反映したものとなる(DeBardeleben and Hurrelmann 2007, 3)[6]。

　注意しなければならないのは，上記のような国家の変容が，国家の衰退や国家主権の弱体化を必ずしも意味するわけではない，ということである。国家の政府にとって，国家内外のアクターが有する知識や影響力などの資源を利用するための戦略として，自ら進んで主権の移譲を実施することも十分考えられるからである。言い換えれば，グローバル化によって既存の国家主権が脅かされる中で，国家の政府が実質的な決定権を回復するための手段として，新たな統治のあり方として多層ガヴァナンスを取り入れている側面を無視するべきではないと言えるだろう(Bache 2008, 30)。

　本書は，グローバル化の進展と新たな統治様式としての多層ガヴァナンスの広がりという状況を前にして，スコットランドの政党政治に関する多様な側面について理解を深めることを目標としている。

　第一章は，スコットランドへの権限移譲改革および分離独立問題に対する労働党の対応を検討する。イギリスでは，1990年代末の労働党政権による分権改革により，スコットランド，ウェールズ，北アイルランド，および，首都ロンドンに対して一定の政治的権限移譲が行われた。その後，領域の再構築をもたらす権限移譲のプロセスは，スコットランド議会やウェールズ議会のさらなる権限拡大という形で継続的に進行していくが，スコットランドでは独立派の地域ナショナリズム政党SNPの台頭により，イギリスからの分離独立問題が2014年の住民投票において大きな争点として表れた。戦後かなりの期間にわたってスコットランドにおける優位政党としての地位を維持してきた労働党が，地域分権の進展と分離独立問題の浮上に伴う多層ガヴァナンスの挑戦に対してどのような対応を見せたのか，という興味深い問題に対して検討が加えられる。

---

[6] アクター間の「斜行的」結びつきとは，地域レヴェルや地方レヴェルのアクターが，国境を超えて異なるレヴェルのさまざまなアクターと関係を持つケースを想定している。たとえば，ある特定の問題をめぐって，イギリスの地方政府であるグラスゴー市(地方レヴェル)がドイツの州政府であるバイエルン州(地域レヴェル)と協力するケースなどが考えられる。

第二章は，一時期スコットランドにおいて第一党の地位を獲得し，1990年代前半までは概ね労働党に次ぐ第二党の地位を維持してきた保守党が，権限移譲改革および分離独立問題に対してどのような対応を行ってきたのか検討する。スコットランド議会が設立されるまで，保守党が権限移譲を頑なに拒否する「敵対的対応」をとってきたことが支持の大幅減少をもたらした。その後も，権限移譲について優柔不断な態度をとり続けたことで，労働党やSNPなどから「領域の論理」にもとづく攻撃を受けたことで，「反スコットランド的」というレッテルが貼られた結果，長期にわたる勢力低迷をもたらした状況に注目する。その上で，近年の「汚名返上戦略」にもとづいて権限移譲の拡大に積極的に取り組む「適応的対応」が，保守党の今後の党勢にどのようなインパクトをもたらすのか展望を行う。

第一章と第二章がイギリスの国政レヴェルにおける主役である二大政党を取り上げるのに対して，第三章では同じ全国政党ではあるが，二大政党の狭間に位置する第三党の自由民主党について検討する。まず20世紀のスコットランドにおける自由党（自由民主党の前身）の衰退について概観したうえで，権限移譲改革や労働党との連立政権をめぐる自由民主党の対応を見ることにする。そして，2014年9月のスコットランド分離独立住民投票における自由民主党の関わりを検討したうえで，分離独立否決および2015年総選挙大敗後のスコットランド自由民主党の将来について展望する。

第一章から第三章までは，スコットランドだけでなく，イングランドなどイギリスの他の地域でも活動する主要な全国政党を取り上げたのに対して，第四章ではスコットランドの分離独立を掲げて，スコットランドで行われる各種選挙（総選挙におけるスコットランド選挙区など）にだけ参加する地域ナショナリズム政党であるSNPの台頭に注目する。そして，スコットランド独立問題が浮上する中で勢力を拡大してきたSNPについて，一方では，地域レヴェル，国家レヴェル，超国家レヴェルの間の相互依存の深化に注目し，他方では，1990年代末の権限移譲（地域分権）改革を契機とする領域の再構築のプロセスがもたらした新たな政治的機会構造に対する地域ナショナリズム政党による戦略的対応という側面に注目して検討を行う。

第五章では，スコットランド分離独立住民投票の事例を取り上げて，多層ガヴァナンスにおける政党政治の展開という視点に加えて，国際比較の視点から検討を行う。20世紀初頭にイギリスから事実上，分離独立を遂げるこ

とになったアイルランドの事例，スコットランドに先駆けて20世紀末に分離独立住民投票の経験を持つことになったカナダのケベックの事例を，比較事例として取り上げる。そして，第二次世界大戦後の先進国において必ずしも珍しい存在ではない分離独立運動が，その究極的な目標である独立達成に向けて直面することになるいくつかの困難の特質について光を当てることにする。

　終章では，それまでの議論を簡潔にまとめたうえで，2016年6月に行われたイギリスのEU国民投票における離脱という結果を受けて，スコットランドの政党政治が今後どのような展開を見せることになるのか展望して，本書を締めくくることにしたい。

第一章　スコットランド労働党

〜スコットランドにおける支配的地位の喪失〜

はじめに

　労働党は最近までほぼ半世紀にわたってスコットランドの政党政治において圧倒的な優位を占めてきた。しかし，このようなスコットランドにおける影響力の大きさにもかかわらず，これまでスコットランド労働党に関する本格的な研究はあまり行われてこなかった。独立労働党の盛衰の歴史に関する研究や20世紀初頭の労働党誕生時点のスコットランドの状況に焦点をあてた研究などは少なくないものの，20世紀末から21世紀初頭にかけて，スコットランド議会の設立を初めとする権限移譲の進展，および，2014年の分離独立をめぐる住民投票の実施にもかかわらず，スコットランド政党政治における労働党の役割に焦点をあてた研究は必ずしも多いとは言えない（Hassan and Shaw 2012）。

　本章では，権限移譲改革によってもたらされた，国政レヴェルや市町村など地方政治レヴェルとは異なる，地域レヴェルにおける新たな政治の登場に伴う多層ガヴァナンスの到来およびその後の継続的な分権プロセスで，スコットランドにおいて優位政党の位置にあった労働党がどのような対応をしたのか検討する。そして，エディンバラのスコットランド議会とロンドンのウェストミンスター議会[1]の双方に関与するスコットランド労働党の多様な

---

[1] イギリスの正式国名は「グレート・ブリテンおよび北アイルランド連合王国」なので，議会の正式名称も「グレート・ブリテンおよび北アイルランド連合王国議会」とすることができるが，議会がロンドンのウェストミンスター宮殿に置か

側面に注意しつつ，その党内政治や政党間競争および協力の態様を概観したうえで，多層ガヴァナンスの挑戦に対する労働党の対応が，スコットランド政党政治における優位政党としての地位を維持する目的を達成するうえで，十分でなかったのはなぜかという問題について考察を加える。

1　労働党の誕生とスコットランドにおける支配的地位の獲得

　スコットランド労働党の起源はイギリス労働党の起源と密接に結びついている。1888年4月のミッド・ラナークシャーで行われた補欠選挙に，後に労働党初代党首となるケア・ハーディー（Keir Hardie）が無所属で出馬したことが，スコットランド労働党の誕生につながった。自由党と保守党という二大政党の候補者に果敢に挑戦したハーディーであったが，このときには大きく差を付けられて最下位で落選の憂き目にあった。補欠選挙の4ヵ月後に，ハーディが中心となってスコットランド労働党（Scottish Labour Party）が結成された。そして，1893年にハーディを党首として独立労働党（Independent Labour Party）が結成されたことを受けて，スコットランド労働党は独立労働党に合流することになったのである（Devine 1999, 300）。

　独立労働党などいくつかの政治団体と労働組合が参加して，1900年2月に労働代表委員会（Labour Representation Committee）が結成されたことが，イギリスにおける労働党の実質的なスタートとされている。しかし，ロンドンの結成大会における労働代表委員会の発足に先駆けて，スコットランドではその7週間前にスコットランド労働者議会選挙委員会（Scottish Workers' Parliamentary Elections Committee）が結成されていた。

　その後，スコットランド労働者議会選挙委員会はスコットランド労働者代表委員会（Scottish Workers' Representation Committee）に改称し，1909年に労働党（1906年に労働代表委員会より改称）に合流することにより，イギリス全体を代表する単一の労働者政党が形成された。そして，1915年に労働党のスコットランド組織として，スコットランド諮問評議会（Scottish Advisory Council）が設置された（Keating and Bleiman 1979, 55-56）。スコットランド諮問評議会は，後に労働党スコットランド評議会（Scottish Council of the Labour Party）に改称されるが，1918年に制定された労働党規約における位置づけ

れていることから一般に「ウェストミンスター議会」と呼ばれている。

は，労働党のスコットランドにおける地方組織にすぎず，党本部に対して自律性を有するものではなかった。

　結党してしばらくの間，労働党は二大政党の狭間で，スコットランドおよびイギリス全体で，総選挙においてなかなか議席を増やすことができなかった。しかし，第一次世界大戦終結後の1918年総選挙で健闘した労働党は，続く1922年総選挙においてイギリス全体で自由党に代わって第二党に躍進した。そして，同選挙でスコットランドでは29議席を獲得し，二大政党を飛び越えて第一党に躍進したのである。その後，戦間期の労働党は，1923年と1929年の二度にわたってスコットランド出身のラムゼイ・マクドナルド(Ramsay MacDonald)を首相に就任させたように，スコットランドおよびイギリス全体において，保守党に対抗する二大政党の一角の地位を占めることになった(Butler and Butler 2011, 272)。

　第二次世界大戦終結後，労働党はスコットランドにおいて支配的地位を獲得することになった。第二次大戦が終わった1945年から2015年までに19回行われた総選挙のうち，圧倒的多数の総選挙(15回)で，労働党は得票率および議席数ともに第一党の地位を確保していたのである[2]。特に，1997年と2001年の総選挙では，労働党はスコットランドの72議席のうち，実に56議席(スコットランドにおける議席占有率77.8%)を獲得した(Butler and Butler 2011, 273)。なお，戦後のスコットランドにおける総選挙(下院議員選挙)結果については表1-1を参照されたい。

　しかし，スコットランドにおける労働党史上最高の選挙結果は，1990年代末から2000年代初めにかけて，スコットランドにおける労働党支持が拡大したことの表れではなかった。なぜなら，この時期の労働党の得票率は，1940年代から1960年代の得票率を下回っていたからである。1945年総選挙から1970年総選挙までの労働党の平均得票率は47.3%であったのに対して，1997年総選挙と2001年総選挙での労働党の得票率は，それぞれ45.6%と43.2%であった(Cairney and McGarvey 2013, 45)。

---

[2] 20世紀後半に労働党がスコットランドにおいて第一党の地位を確保できなかった総選挙(下院議員選挙)は，1951年，1955年，1959年の3回であり，いずれも保守党が第一党となった。なお，2015年総選挙ではSNPが第一党になっている。

表1-1 スコットランドにおける総選挙結果 1945年～2015年

	保守党		労働党		自由民主党*		SNP**	
	得票率(%)	議席	得票率(%)	議席	得票率(%)	議席	得票率(%)	議席
1945	41.1	27	47.6	37	5.0	0	1.2	0
1950	44.8	32	46.2	37	6.6	2	0.4	0
1951	48.6	35	47.9	35	2.7	1	0.3	0
1955	50.1	36	46.7	34	1.9	1	0.5	0
1959	47.2	31	46.7	38	4.1	1	0.8	0
1964	40.6	24	48.7	43	7.6	4	2.4	0
1966	37.7	20	49.9	46	6.8	5	5.0	0
1970	38.0	23	44.5	44	5.5	3	11.4	1
1974Feb	32.9	21	36.6	41	7.9	3	21.9	7
1974Oct	24.7	16	36.3	41	8.3	3	30.4	11
1979	31.4	22	41.5	44	9.0	3	17.3	2
1983	28.4	21	35.1	41	24.5	8	11.8	2
1987	24.0	10	42.4	50	19.4	9	11.0	3
1992	25.6	11	39.0	49	13.1	9	21.5	3
1997	17.5	0	45.6	56	13.0	10	22.1	6
2001	15.6	1	43.2	55	16.4	10	20.1	5
2005	15.8	1	39.5	41	22.6	11	17.7	6
2010	16.7	1	42.0	41	18.9	11	19.9	6
2015	14.9	1	24.3	1	7.6	1	50.0	56

* 1945年～1979年は自由党，1983年～1987年は自由党と社会民主党の連合。
** SNPはスコットランド国民党(Scottish National Party)の略称。
出典 Paul Cairney and Neil McGarvey, *Scottish Politics*, second edition (Basingstoke: Palgrave Macmillan, 2013), p. 45. House of Commons Library, *Briefing Paper CBP7186 General Election 2015* (London: House of Commons Library, 2015), p. 14.

　なぜ得票率が低下したにもかかわらず，労働党が史上最高議席を獲得できたのかといえば，それはスコットランドにおける政党システムの変化と関係していた。すなわち，1940年代から1960年代のスコットランドでは，労働党と保守党が他の政党を圧倒する典型的な二大政党制の形状が見られたことから，労働党と保守党の獲得議席がかなり拮抗していた。そのため，労働党がスコットランドの議席をほぼ独占するようなことにはならなかったのである。ちなみに，1950年代の3回の総選挙では，労働党の得票率は保守党の得票率を若干下回っていた。
　それに対して，1970年代以降，スコットランド国民党(SNP)と自由党(後の自由民主党)が台頭する一方，保守党の勢力後退が見られたことから，ス

コットランドの政党システムは2党システムから4党システムに変化することになった。より正確に言えば，労働党を優位政党とする一党優位システムもしくは一強三弱の状況になったことから，労働党は以前より少ない得票率でも，大政党に有利な小選挙区制の恩恵により多くの議席を獲得できるようになったのである(Hassan 2002a, 27-29)。その意味では，1970年代以降のスコットランドにおける労働党の支配的地位は，獲得議席数が示すほど強力なものではなく，他の政党が票の奪い合いをすることにより伸び悩んだ結果として見ることができるだろう。

2　権限移譲改革と労働党

スコットランド議会を設立して自治権を与える権限移譲改革について，労働党は一貫していたというわけではなかったが，その結成時点からそれを支持する姿勢を見せてきた。スコットランドおよびイギリスにおける労働党結成に大きな貢献をしたケア・ハーディーは，スコットランドに対する自治権付与を支持していた。また，第一次大戦後の1918年総選挙において，労働党はスコットランドに対する権限移譲を公約として掲げていたのである。さらに，労働党は，可決の見込みはなかったが，戦間期にスコットランド自治法案を議会に提出している(McLeish 2012, 22)。

しかし，権限移譲改革に対する労働党のコミットメントは，第二次大戦後に転換を見せることになる。すでに，世界恐慌により経済が低迷した1930年代から，スコットランドの経済的自立性に対する不安が拡大したことにより，自治権付与に対する労働党のコミットメントは弱まりつつあった。そして，戦後初めて下院の多数派を有する労働党政権が誕生したことで，イギリスの中央集権的な国家機構を通じて，スコットランドだけでなくイギリス全体の経済社会問題を解決していくべきである，という立場が明確になっていったのである。その結果，労働党がスコットランド自治を総選挙の公約に掲げることはなくなり，1958年には労働党スコットランド評議会の特別大会において，正式にスコットランドへの権限移譲を党の政策から外すことが承認された(McLean 2004, 38)。

しかしながら，労働党は権限移譲の問題をいつまでも無視するわけにはいかなかった。1960年代末にスコットランドとウェールズで行われた補欠選挙において，労働党は地域ナショナリズム政党のスコットランド国民党

(SNP)とウェールズ党(プライド・カムリ：Plaid Cymru)に議席を奪われるという事態に直面したのである。それまで，ほぼ泡沫政党と見られてきたこれらの政党の台頭は，スコットランドとウェールズという労働党の地盤を掘り崩す恐れがあった。そこで，当時の労働党首相ハロルド・ウィルソン(Harold Wilson)は，スコットランドとウェールズに対する権限移譲を検討する王立委員会を設置することにした。その後，1970年総選挙に敗れた労働党は政権を失うが，1974年2月総選挙で政権に復帰した。そして，スコットランドとウェールズに自治議会を設置するという王立委員会の報告書に応じて，労働党はスコットランド評議会の特別大会を開いてスコットランド議会の設置を承認した。まさに，16年ぶりにスコットランドへの権限移譲が，労働党の公式の政策として復活したのである(McLean 2004, 40-41)。

　なお，1974年に行われた2回の総選挙において，SNPの勢力が飛躍的に拡大することになった[3]。スコットランドにおける得票率に関して言えば，SNPは労働党に次ぐ支持を集めるようになったのである。こうしたSNPの脅威に対応するために，労働党は1974年に行われた2度目(10月)の総選挙マニフェストにおいて，スコットランドに住民の直接選挙にもとづく議会を設置するという公約を明記した(Labour Party 1974, 251)。ただし，このとき労働党によって約束された権限移譲案の内容は，課税権を含まないなどきわめて控えめなものであった。それにもかかわらず，労働党内は権限移譲の問題をめぐって，大幅な権限移譲を求める勢力といかなる形での権限移譲にも反対する勢力との間で，深刻な党内対立を抱えることになった。その結果，控えめな権限移譲によって，SNPの脅威をかわそうとする労働党指導部のもくろみは，政権崩壊という思わぬ結果を引き起こしてしまった。

　さて，労働党政権が議会に提出した権限移譲に関する最初の法案は，権限移譲に反対する労働党下院議員の妨害工作と保守党の反対によって，廃案に追い込まれた。そして，再提出された権限移譲に関する新たな法案は，自由党の賛成を得て何とか成立にこぎつけたものの，労働党の反対勢力の抵抗によって重要な修正が加えられた。すなわち権限移譲を実現するためには，住

3　1974年2月の総選挙において，スコットランド国民党は得票率21.9%で7議席を獲得し，さらに10月の総選挙では得票率30.4%で11議席に躍進していた(Cairney and McGarvey 2013, 45)。

民投票を実施したうえで，投票総数のうち過半数の賛成に加えて，有権者総数の40％以上の賛成を必要とする，厳しいハードルが課されたのである（Devine 1999, 387）。

1979年3月に行われた住民投票において，労働党は権限移譲賛成派と反対派の間で真っ二つに分かれて，キャンペーンを行う羽目に陥った。そして，住民投票の結果は労働党政権にとって致命傷となった。スコットランドにおいては，投票した有権者のうち，過半数（51.6％）が賛成したにもかかわらず，有権者総数の32.9％しか賛成票を投じなかったために修正条項の要件を満たすことができず，権限移譲は挫折に終わったのである。なお，ウェールズにおいては圧倒的多数で権限移譲が否決されていた（Butler and Butler 1994, 425-427）。権限移譲の挫折に憤慨したSNPは，すぐさま労働党政権の不信任決議案を議会に提出し，野党第一党の保守党も同様に不信任決議案を提出した。労働党政権に対する不信任決議案は，保守党その他の野党の賛成によって可決された。引き続き行われた1979年総選挙で労働党は惨敗し，政権を喪失した。

1979年の住民投票による挫折にもかかわらず，労働党はスコットランド議会の設立という目標を維持することになった。換言すれば，1979年総選挙以降，1997年総選挙で政権の座から滑り落ちるまで18年間にわたって保守党政権が継続する中で，スコットランドへの権限移譲に対する労働党のコミットメントは強化されたのである。保守党政権の追求する新自由主義改革が進展する中で，労働党はスコットランド人が求めていない改革を回避するための盾として，権限移譲を重視していた。

保守党政権の改革の中でも，特にスコットランドにおいて反発を買ったのが人頭税の導入であった。逆進性が強く，低所得層に大きな負担を強いる人頭税については，スコットランドだけでなくイギリス全体で強い批判が存在したが，下院で圧倒的多数を握る保守党政権によって断行された。また，全国に先駆けてスコットランドにおいて1年早く1989年に導入されたことも，保守党政権がスコットランドを新しい政策の実験台にしている，という強い不満を生み出すことにつながった（Marr 2013, 176-180）。

さらに，保守党はイギリス全体では連続4回の総選挙で勝利していたが，スコットランドにおいては，得票率および獲得議席数で労働党のはるか後塵を拝していた。そのようにスコットランドでは少数の支持しか得ていない保

守党が，中央政府の権限にもとづいて人頭税その他スコットランドの人々の支持を得ていない政策を断行したことから，保守党はスコットランドを統治する権限を持たないとする「統治権欠如(no-mandate)論」が浸透することになった。そして，スコットランドの問題は，国政レヴェルの中央政府によって決定されるのではなく，地域レヴェルのスコットランドにおいて決定されるべきであるとする領域の論理にもとづいて，権限移譲改革を求める声が次第に強くなっていったのである。

　住民投票における権限委譲の挫折以降，スコットランドでは自治を求める市民運動の粘り強い活動が見られた。住民投票後に活動を開始した「スコットランド議会を求める運動(The Campaign for a Scottish Assembly)」は，挫折に終わった住民投票の経験を活かして，権限移譲を実現するために超党派の協力関係を形成することをめざしていた。スコットランド自治を求めて1988年に出された宣言「スコットランドのための権利の請求(A Claim of Right for Scotland)」を受けて，翌年に超党派団体の「スコットランド憲政会議(Scottish Constitutional Convention)」が発足することになった。この団体には，労働党，自由民主党，緑の党などの政党の代表に加えて，労働組合，教会，地方政府，その他広範な社会団体の代表が参加した。しかしながら，スコットランド議会の設立に反対する保守党や，スコットランドの分離独立に固執するSNPは参加しなかった(Marr 2013, 195-209)。

　スコットランド憲政会議への参加は，スコットランド労働党にとって大きな転機となった。スコットランドにおいて支配的な地位を築いていた労働党は，それまで他の政党や多様な社会団体と超党派の協力関係を結ぶことを避けてきたが，スコットランド憲政会議の活動を通じて党外の多様な意見に耳を傾けるようになったのである。そのひとつの表れが，新たに設立をめざすスコットランド議会の選出方法に，下院議員選挙で採用されている小選挙区制(first-past-the-post)ではなく，比例代表制の一種である追加議員制(Additional Member System)を受け入れたことである。追加議員制とは，小選挙区制に比例代表制の要素を加えた選挙制度で，有権者が小選挙区と比例代表の2票を持つ，いわゆる小選挙区比例代表連用制にあたる。労働党は，小選挙区制であればスコットランド議会において圧倒的多数の議席を獲得すると考えられていたが，追加議員制を受け入れたことで単独過半数議席を達成するのは困難となり，他の政党と連立政権を組む必要性が生じることになっ

た[4]。

　労働党は，1992年総選挙と1997年総選挙において，大幅な自治権を有するスコットランド議会の設立を公約した。特に，1997年総選挙マニフェストでは，スコットランド議会に所得税の税率を変更する財政権限を含む立法権を与えることが明記された。また，権限移譲改革の是非を問うために，総選挙後速やかに住民投票を実施することも約束された。ちなみに，住民投票で問われる内容は，スコットランド議会設立の是非だけでなく，それとは別個に所得税率変更権付与の是非についても問われることになっていた。なお，1979年住民投票における失敗の教訓を活かして，有権者総数の40％以上の賛成を必要とする条件は付けられなかった(Labour Party 1997, 33-35)。

　労働党は1997年総選挙において地滑り的勝利を収め，すでに見たようにスコットランドでも史上最高議席(56議席)を獲得することになった。総選挙から4ヵ月後の1997年9月に行われたスコットランドの住民投票は，前回の住民投票とは全く異なる結果となった。労働党は前回の住民投票で権限移譲賛成派と反対派に割れていたが，今回は一部の例外を除いて賛成の立場で一致したのである。また，賛成派の超党派運動団体として結成された「スコットランド前進(Scotland Forward)」を通じて，労働党，SNP，自由民主党，緑の党など主要政党の協力関係が構築された。それに対して，反対派団体の「再考せよ(Think Twice)」は，総選挙惨敗によりスコットランドの議席をすべて失った保守党が中心となっていたために，有権者に対するアピール力の欠如に苦しめられた。(McCrone and Lewis 1999, 24-26)。

　その結果，1997年の住民投票では，スコットランド議会設立の是非および所得税率変更権付与の是非という2つの問いについて，表1-2が示すよう

4　労働党による追加議員制の受け入れは，単に他党への配慮からなされたわけではなかった。もしスコットランド議会選挙に小選挙区制を導入し，予想通り労働党が議席をほぼ独占すれば，一党支配に対する有権者の批判が生じる恐れがあったのに加えて，SNPの支持が拡大することにより，スコットランド議会選挙で過半数議席を獲得するようなことがあれば，それを基盤として分離独立を現実化させる恐れがあった。そのため，SNPによる過半数議席獲得を阻止する方策として，比例代表制の一種である追加議員制が導入された，という側面を見落とすべきではないだろう。ちなみに，SNPの過半数議席獲得を阻止するという目標は，2011年のスコットランド議会選挙でのSNP圧勝によって崩壊した。

表1-2　1997年スコットランド住民投票結果

	票数	得票率
(1)スコットランド議会設立の是非		
賛成	1,775,045	74.3%
反対	614,000	25.7%
(2)所得税率変更権付与の是非		
賛成	1,512,889	63.5%
反対	870,263	36.5%
投票率　60.4%		

出典　Bridget Taylor, John Curtice and Katarina Thomson, "Introduction and Conclusions", in Bridget Taylor and Katarina Thomson eds., *Scotland and Wales: Nations Again?* (Cardiff: University of Wales Press, 1999), p. xxviii.

にいずれも賛成多数で承認された。ちなみに，スコットランドの住民投票から1週間遅れて実施されたウェールズの住民投票でもウェールズ議会の設立が承認されたが，ウェールズの場合は賛否の差が1％を切るという，きわめて僅差での承認であった。

住民投票による承認を受けて，1999年5月にスコットランド議会が設立された。1707年のイングランドとの国家合同により廃止されていたスコットランド議会が，ほぼ300年ぶりに復活することになった（Devine 1999, 617）。

スコットランド議会（力久昌幸撮影）

3　権限移譲への組織的適応

　権限移譲改革の実現によるスコットランド議会の設立に対して，スコットランドの労働党組織はどのような適応をすることになったのか。

　イギリスの政党に関する古典的研究で有名なR・T・マッケンジー（R.T. McKenzie）によれば，イギリスの労働党は中央集権的組織構造を持ち，スコットランドのような地域的単位に対する党内での分権はほとんど見られないとされていた（McKenzie 1964, 531-538）。労働党はスコットランドにおいて独自の本部と党大会を有していたが，スコットランドの労働党組織は，全国政党であるイギリス労働党の地域支部としての位置づけがなされていた。すなわち，党の財政，候補者選出などの人事，選挙戦略，および，党の政策などに関する決定権は，実質的に中央の労働党指導部の手に握られていたのである（Hopkin and Bradbury 2006, 137）。

　また，総選挙において労働党の全国版マニフェストと並んでスコットランドのマニフェストも作成されるようになったが，その内容はスコットランドに関係する政策の抜粋にすぎなかった。しかし，1960年代末のSNP台頭に象徴されるナショナリズムの高まりや，1980年代から1990年代にかけての保守党長期政権の影響を受けて，労働党のスコットランド・マニフェストはロンドンの中央政府に対してスコットランドの利益を守るという領域の論理にもとづく主張が強く盛り込まれるようになった。

　さらに，先述のように，1980年代から1990年代にかけて労働党ではスコットランドに対する権限移譲を求める声が強まり，スコットランド議会および政府の設立を主な内容とする権限移譲は，労働党の基本政策として確立した。こうした権限移譲を求める流れが大きくなる中で，1987年総選挙での敗北を受けて，スコットランドの労働党では，スコットランド議会の設立など統治機構に関する分権と並んで，政党組織についてもスコットランドに対する分権を求める団体として，スコットランド労働党アクション（Scottish Labour Action）が誕生した（Hassan 2002a, 31）。また，党内分権を求める声の高まりを受けて，スコットランドにおける労働党組織の名称も，1994年3月に，それまでの「労働党スコットランド評議会」から，「スコットランド労働党（Scottish Labour Party）」に変更された（McLean 2004, 48）。

　しかしながら，名称の変更は組織や政策に関する自律性を高めるものでは

なかった。すでに見たように，この時期にスコットランドに対する権限移譲の実現プロセスに実質的な変更が加えられた。すなわち，権限移譲が実施に移される前にその是非を問う住民投票を行うという点，および，住民投票の内容はスコットランド議会設立の是非に関する質問に加えて，スコットランドに所得税の税率変更権を与えることの是非についても質問を設けるという点が，中央の労働党指導部のイニシアティヴにより新たに付け加えられたのである。

スコットランド労働党関係者にとって，住民投票の実施自体は権限移譲に対する承認を取り付けて新しいスコットランド議会の正統性を高める意味があったので，それほど問題ではなかった。問題となったのは，「増税の労働党」という保守党による批判を回避するために付け加えられた2番目の質問項目（所得税率変更権の是非）であった。この点は，スコットランド労働党関係者の目から見れば，中央の労働党指導部が国政選挙での勝利を確実にするために，スコットランド労働党の意思に関わりなく決定されたように映った。

以上のように，権限移譲改革が実現するまでのスコットランドの労働党組織は，公式名称の変化などがあったものの，実質的にはマッケンジーが指摘したように，中央の労働党指導部の支配下にある地域支部という性格が強かったとすることができる。

1999年のスコットランド議会設立をもたらした権限移譲改革は，スコットランド労働党組織にどのような変化をもたらしたのだろうか。

政党組織に関して権限移譲によって生じる問題のひとつが，地域エリートの選出手続き，すなわち，地域レヴェルでの候補者選出手続きと党首選出手続きである。

権限移譲により地域レヴェルのエリート（党首や候補者）は，国政レヴェルの政党指導部から一定程度自律性を確保し，中央レヴェルのそれとは異なる独自性を打ち出すことを求める傾向が発生する。なぜなら，権限移譲によって地域レヴェルの政府に大きな権限が与えられることは，地域レヴェルの政党組織にとって，自らの利益をよりよく反映した，中央とは異なる独自の政策を追求するインセティヴの発生を意味するからである。加えて，地域レヴェルの政党間競合を有利に戦うためにも，中央の政党指導部の指示に従うよりも，地域レヴェルの政党組織において中央とは異なる独自の戦略・戦術を採用することが肝要となるからである。特に，スコットランドのように地

域ナショナリズム政党のSNPが有力な地域では，労働党のような全国政党の地域レヴェル政党組織（スコットランド労働党など）にとって，中央の政党指導部に支配されていてスコットランドの利益を代表できない，という攻撃をいかにかわすのかが大きな課題となっていた（Hassan and Shaw 2012, 300-301）。

これに対して，国政レヴェルの政党指導部にとっては，地域レヴェルに過度な自律性を与えることは，全体としての党の団結や政策の一貫性にダメージをもたらす恐れがある。政党組織の専門職化という視点から，大衆政党から選挙プロフェッショナル政党への変容を指摘したアンジェロ・パーネビアンコ（Angelo Paneboanco）が言うように，テレビなどメディアの役割が大きくなっている現代の選挙においては，政党は規律のとれたコミュニケーションを通じて有権者に明快なメッセージを発信することが求められる（Panebianco 1988）。国政レヴェルの政党指導部にとっては，地域レヴェルの政党組織が独立した形で政策形成や選挙・政権戦略を追求することは，党内対立や党内での政策不一致という点でメディアの注目を引きつける危険があるために，必ずしも党内分権を歓迎するとは言い難いのである。

いわば，労働党のような全国政党は，地域レヴェルで住民の要求に的確に対応する地域エリートを育成する一方，国政レヴェルで党の団結を維持して首尾一貫した政治的メッセージを発信するという，両立困難な目標を追求しなければならないと言うことができるだろう（Hopkin and Bradbury 2006, 140）。

労働党の候補者選出手続きについては，1993年にジョン・スミス（John Smith）党首の下で導入された改革により，下院議員候補者選出手続きを党員投票を通じて行う方式が確立し，1人1票（OMOV：one member one vote）で候補者が選ばれるようになった[5]。こうした労働党における候補者選出手続きの「民主化」は，中央の政党指導部にとって望ましくない人物が選出される

---

5 下院議員候補者選出を党員による投票を通じて行う改革の端緒は，スミスの前任者であるニール・キノック（Neil Kinnock）によって開かれた。しかしながら，キノックの改革では，党員投票結果に加えて，労働組合などの影響力も相当程度残されていたために，純粋に1人1票の原則にもとづく制度とは言い難かった（Webb 2000, 207）。

のを阻止する方策とセットで導入された。労働党では，下院議員選挙の候補者として選出されるためには，一定の手続を経て公認候補資格者リストに名前が掲載されなければならなくなった。しかし，党本部が大量の立候補志望者を審査する人的リソースを欠いていたこと，加えて，候補者選出過程への党本部の統制強化を嫌った党内各派や労働組合などの加盟団体による反発により，下院議員の公認候補資格者リストについては必ずしも排除性が強いものとはならなかった(Shaw 2001, 38)。

　下院議員候補者選出については，若干の例外は見られるものの，中央の労働党指導部による統制は概して強くなかった。しかしながら，1999年に実施された第一回スコットランド議会選挙に向けた候補者選出については，公認候補資格者リストの作成に関して，中央およびスコットランドの労働党指導部による介入が目立った。候補者の資質向上，および，より多くの女性候補者の擁立という大義名分の下，リストの作成にあたる選考委員会が形成されたが，そこには労働党の中央指導部とスコットランドの労働党指導部の代表がそれぞれ加わっていた。この選考委員会の活動によって立候補志望者が厳しく絞り込まれたために，きわめて限られた顔ぶれの中からスコットランド議会選挙の候補者が決定されることになったのである(Hassan ans Shaw 2012, 279-284)。

　表1-3に示されているように，1999年のスコットランド議会選挙に向けて，534人が労働党候補者になることを求めて応募した。そのうち書類選考で208人がふるい落とされ，選考委員会の面接にまでたどり着いたのは326人であった。さらに，面接によって159人がふるい落とされた結果，公認候補資格者リストに加えられたのは167人にすぎなかった。スコットランド議会の定数が129議席だったことから，候補者選出のために選挙区支部が行う党員投票は，167人の中から129人を選ぶというきわめて限定的な選択となった。

　ちなみに，同時期に行われたウェールズ議会選挙に向けた労働党の公認候補資格者リ

表1-3　労働党候補者選出過程
（スコットランド・ウェールズ議会選挙）

	スコットランド	ウェールズ
応募者	534	438
面接を受けた者	326	315
リスト掲載者	167	164
議席	129	60

出典　Martin Laffin, Eric Shaw and Gerald Taylor, "The New Sub-National Politics of the British Labour Party", *Party Politics*, Vol. 13, No. 1, 2007, p. 94.

ストの作成については，スコットランドほど厳しく絞り込まれなかった。表1-3に示されているように，ウェールズでは，438人の志望者が書類審査で315人に絞られ，続いて面接によって164人に絞られた。ウェールズ議会の定数が60議席だったので，ウェールズの選挙区支部は164人から60人を選ぶという，スコットランドと比較すればかなり選択肢の広い中から党員投票を実施することができた。

このようにスコットランド議会選挙における公認候補資格者リストは，資質や政治的立場などの点から指導部が望まない候補者がおおむね排除されたが，候補者選出過程に関する労働党指導部の統制に対する有権者の反発により，結果として逆効果(公認候補の落選)をもたらす場合も見られた。こうした逆効果の発生や制限的な手続きに対する党内の反発もあったことから，2003年の第二回スコットランド議会選挙以降，労働党の候補者選出手続きについては，公認候補資格者リストの作成という制度の基本枠組は残されたが，下院議員選挙候補者選出手続きと同様に，中央およびスコットランドの労働党指導部による統制はかなり緩められた。

候補者選出手続きと並んで，党首選出手続きのあり方は，政党の党内権力配分を明らかにする重要な指標であると見なすことができる。権限移譲の実現により，スコットランド労働党では，初めて党首を選挙で選ぶことができるようになった。

しかしながら，スコットランド議会設立当初，スコットランド労働党の「党首」は，スコットランドの労働党組織全体を指揮する立場にはなかった。その正式名称は，「スコットランド議会労働党会派リーダー (Leader of the Labour Group in the Scottish Parliament)」であり，スコットランド労働党党首ではなかった。そのため，スコットランドの労働党組織全体を正式に代表する党首は，依然として国政レヴェルのイギリス労働党党首となっていたのである。

スコットランド労働党の「党首」を選出する方法としては，国政レヴェルのイギリス労働党と同様に選挙人団方式がとられた。選出母体については，議員集団(下院議員，欧州議会議員など)，労働党加盟団体(主として労働組合)，および，個人党員の3つの部分に，それぞれ3分の1ずつ票が配分された(Lynch and Birrell 2004, 184-186)。このような選挙人団方式がとられたことにより，中央の労働党指導部が影響力を行使できる余地が大きくなっ

た。すなわち，国政レヴェルの指導部が議員集団や加盟団体に働きかけることにより，党員の間では人気が高いものの党本部の意向に沿わない人物の選出を阻止できる仕組みになっていたのである。

現実には，スコットランドの労働党リーダーを選出する過程において，中央の労働党指導部による介入はほとんど行われなかった。初代スコットランド労働党党首[6]に選出されたドナルド・デューワー（Donald Dewar）は，閣僚や影の閣僚として国政レヴェルおよびスコットランドにおいて中心的な役割を果たしていた信頼できる政治家であり，スコットランド労働党の中で幅広い支持を得ていたことから，その選出にあたって中央による介入は必要なかった[7]。

2000年に心臓疾患によりデューワーが突然の死を遂げたために，2代目の党首を選ぶ選挙がヘンリー・マクリーシュ（Henry McLeish）とジャック・マコーネル（Jack McConnell）の間で戦われ，僅差でマクリーシュが勝利を収めた[8]。このときには，マクリーシュを当選させるために，ゴードン・ブラウン（Gordon Brown）財務相などスコットランド選出の閣僚が若干動いたとも言われている。しかしながら，マクリーシュとマコーネルとの間のイデオロギー的な相違は大きいものではなく，両者ともに中央の労働党指導部にとって受け入れ可能な候補者であったことから，介入はそれほど大きくはなかったとされている。実際，選出から1年後にマクリーシュが金銭スキャンダル

---

[6] 2011年の改革までスコットランド労働党の「党首」は，スコットランドの労働党組織全体を指揮する立場にはなく，その正式名称も「スコットランド議会労働党会派リーダー」であったが，便宜上，以下では「スコットランド労働党党首」と記すことにする。

[7] ちなみに，スコットランド議会の第一回選挙の候補者には，数は多くなかったがデューワーと同様に，国政レヴェルの下院議員から鞍替えした者も見られた。そのうちのひとりであるエディンバラ・リース選出のマルコム・チザム（Malcolm Chisholm）は，下院からスコットランド議会への転身の理由として，権限移譲の対象とされていた医療や教育などの政策についての関心を挙げていた（著者とのインタビュー，2014年3月14日）。

[8] この時の選出手続きは，デューワーの不慮の死に伴って，後任を選ぶための時間的余裕がなかったことから，選挙人団方式ではなくスコットランド議会の労働党議員を中心とする少数の投票によるものとなった。ちなみに，投票結果はマクリーシュ44票，マコーネル36票であった（*The Guardian*, 23 October 2000）。

のために辞任した後，マコーネルが無投票で後任に選出されたが，中央の労働党指導部はスコットランドにおける3代目の労働党党首の誕生を歓迎したのである(Hassan 2002b, 150)。

この間，2000年には，スコットランドおよびウェールズにおける党首選出手続きに関する権限が，基本的にはそれぞれの地域レヴェルの組織に移譲されることになった。さらに，2001年には，スコットランドおよびウェールズ議会選挙に向けた労働党候補者選出手続きに関する権限についても，移譲されている(Hopkin and Bradbury 2006, 142)。

さて，2007年スコットランド議会選挙における敗北を受けてマコーネルが辞任した後，その後任には，スコットランド労働党初の女性党首としてウェンディー・アレクサンダー（Wendy Alexander）が選出された。このときも無投票であったが，これは中央の労働党指導部が影響力を行使した結果というよりも，アレクサンダーが次期党首として当然視されるほど党内基盤を確立していたことの表れと見ることができる。ただ，期待されて登場したアレクサンダーは，現実には無投票に終わった党首選挙キャンペーンにおける政治資金の不明朗な会計を批判され，1年もたたずに辞任に追い込まれた(*The Guardian*, 22 August 2007; *The Observer*, 29 June 2008)。

アレクサンダーの後任として，スコットランド議会において野党となった労働党立て直しの責務を担う党首には，影の財務相であったイアン・グレイ（Ian Gray）が選ばれた。前回，前々回とは異なり，2008年9月に行われたスコットランド労働党党首選挙は，グレイを含む3人の候補者の間で争われることになった。また，有権者がスコットランド議員などに限定された2000年の場合とは異なり，2008年には正式の選挙人団方式による選出手続きがとられていた(*The Guardian*, 14 September 2008)。

選挙による敗北の規模が大きく，またそれが予期されていなかった場合には，敗北をきっかけとして政党組織の変革が実現する場合がある。2011年のスコットランド議会選挙は，スコットランド労働党にとってまさにそのような機会となった。この選挙でSNPが予想外の過半数議席を獲得して大勝したのに対して，スコットランド労働党が大幅に議席を減らしたことから，抜本的な党組織改革を求める声が高まり，それに応じて検討委員会が設置された。そして，検討委員会の提言にもとづいて，名実ともにスコットランドの労働党組織全体を代表する公式のスコットランド労働党党首（Leader of the Scottish Labour Party)の地位が設置された。そして，2011年11月の党首選挙で選出されたジョアン・ラモント(Johann Lamont)は，スコットランド労働党2人目の女性リーダーであったが，スコットランド労働党の組織，政策，戦略に関する最高責任者としての位置づけがなされることになった(Hassan ans Shaw 2012, 310-312)。

　しかし，スコットランド労働党党首の地位は，中央の労働党指導部から十分な自律性を獲得したわけではなかった。そのことが明らかになったのが，2014年10月のラモントによるスコットランド労働党党首辞任である。ラモントは辞任理由として，中央の労働党指導部がスコットランド労働党を単なる「支部」のように取り扱っていることを挙げていた。具体的には，スコットランド労働党の事務局長を，中央の労働党本部がラモントの承諾なしに解任したことが辞任の引き金となった(*Daily Record*, 25 October 2014)[9]。ラモントの後任には，2014年9月の分離独立住民投票において独立反対派キャンペーンで精力的な活動を行って注目された，下院議員のジム・マーフィー（Jim Murphy)が選出された。

　しかし，マーフィーの努力にもかかわらず，2015年総選挙においてスコットランド労働党は前回2010年総選挙で獲得した41議席から40議席を失い，わずか1議席しか獲得できない壊滅的な惨敗を喫することになった。その結果，マーフィーは党首を辞任せざるを得なかった。マーフィーの後任を選出する党首選挙は，国政レヴェルの労働党が2010年総選挙後に導入した党首選出手続にならって，それまでの，議員，労働組合，個人党員がそれぞれ3分の1の票を持つ選挙人団方式から，個人党員と登録サポーターが1人1票で選出する形に改められることになった。この新しい党首選出手続き

---

[9] ラモントは，自分の党首辞任がひとつの契機となって，国政レヴェルとスコットランドの労働党の関係改善につながったと述べている(著者とのインタビュー，2016年3月10日)。実際，2015年総選挙および2016年スコットランド議会選挙での惨敗後ではあったが，スコットランド労働党に対する組織面でのさらなる権限移譲が行われた。さらに，国政レヴェルの労働党の組織面での中心である全国執行委員会に，初めてスコットランドおよびウェールズの労働党代表が参加するようになった(*The Scotsman*, 27 September 2016)。これは，序章で挙げたヘプバーンとデターベックの多層政党の類型によれば，わずかな一歩ではあるが，自治型政党組織から一体型政党組織へ向けた動きとして見ることができる。

スコットランド労働党党首：
ケズィア・ダグデール（Scottish Labour Party）

に則って，2015年8月に3人目の女性リーダーとなるケズィア・ダグデール（Kezia Dugdale）が選出され，スコットランドの政党政治におけるかつての支配的地位を失って，勢力を大幅に衰退させたスコットランド労働党の態勢立て直しに向けた難しい責務を負うことになった。

　以上見てきたように，労働党では政党組織の分権に向けた改革が一定程度進むことになった。スコットランド議会の設立による権限移譲改革は，労働党の党内決定過程において分権を求める声を強化する一方，中央の労働党指導部による介入は地方の反発を招くなど逆効果をもたらしたこともあって，スコットランド労働党に対する一定の権限移譲が進展することになったのである。しかし，ラモントの辞任が象徴するように，労働党の党内権限移譲に

ついては必ずしも十分なものではなく，実質的にはまだ中央の労働党指導部がかなりの影響力を残しているとも見ることができる。

4　権限移譲と選挙戦略

スコットランドの選挙をめぐる環境は，1997年総選挙での労働党の地滑り的大勝によって大きく変化した。

1979年から1997年にかけて，18年間もの長期にわたって保守党政権が継続したが，その間，スコットランドにおいて保守党は得票率，獲得議席ともに少数派であり，労働党を中心とする野党が圧倒的多数を占めてきた。このような状況の下で，労働党，自由民主党，スコットランド国民党(SNP)の野党3党は，スコットランドでは支持されていない保守党政権が新自由主義的政策を推進することに反発して，権限移譲(労働党，自由民主党)もしくは分離独立(SNP)を通じて，スコットランドの自決権を確保することを求めるようになった。この時期に，スコットランドの自決権を追求する労働党，自由民主党，SNPの3党に対して，中央集権体制維持を掲げる保守党という対立構図が確立したのである(McAngus 2016, 27-28)。

1997年総選挙で保守党は大敗を喫し，スコットランドでは保有議席をすべて失った。そして，新たに誕生した労働党政権の下で，スコットランドに対する権限移譲が実現することになったのである。一方，総選挙で惨敗した保守党は，総選挙から4ヵ月後に行われた住民投票において，スコットランド議会の設立および所得税率変更権付与を阻止することができなかった。保守党は総選挙や住民投票に反映された民意を汲んで，スコットランド議会など権限移譲により新たに設立された機関を尊重するという政策転換を受け入れることになった。こうして，1997年の総選挙と住民投票以降，イギリスの国内に留まるスコットランドに対して一定の自治権を認める3つの全国政党(労働党，自由民主党，保守党)に，スコットランド独立を追求するSNPが対抗するという新たな構図が生まれた。

スコットランドの主要4政党において唯一独立を掲げるSNPは，新たな対立構図の中で当初守勢に回ることになった。権限移譲改革後のSNPは，地域ナショナリズム政党として分離独立を最優先課題として訴えるのか，あるいは，当面新しく実現したスコットランド議会を有効に活用するのか，という2つの選択肢を前にして葛藤が続いたのである。一方，困難に直面した

SNPの孤立と戦術的混乱によって，労働党の側にはある程度余裕が生まれた（Biezen and Hopkin 2006, 30）。

　スコットランドへの権限移譲の実現により，労働党の選挙戦略は，多層ガヴァナンスにおける選挙に特有のディレンマをかかえることとなった。

　一方で，スコットランド議会選挙において住民にアピールするために，国政レヴェルとは異なる政策プログラムや選挙キャンペーンを展開すれば，下院議員選挙など国政レヴェルの選挙との齟齬が発生し，労働党の全体的な政策や戦略の一貫性に悪影響がもたらされる可能性があった。

　他方で，国政レヴェルとの一貫性を優先して，スコットランド議会選挙において国政レヴェルの選挙とは異なる政策や政治スタイルを認めなければ，スコットランドの労働党は中央の言いなりであるという批判にさらされ，選挙結果にも悪影響がもたらされるおそれがあったのである。

　1997年総選挙以降，国政レヴェルにおいて政権を担当し，それ以前からスコットランドにおいて長期にわたって支配的地位にあったために，新たに設立されるスコットランド議会でも中心的な位置を占めることが予想された労働党は，国政レヴェルとスコットランドにおける政策的立場の関係をめぐって，選挙の論理と領域の論理の間のディレンマに直面することになったのである。

　1997年総選挙で大勝した労働党は，党首トニー・ブレア（Tony Blair）のイニシアティヴにより「ニュー・レイバー」と称し，イングランド南部の豊かな中産階級からの支持を獲得するために，経済に対する国家介入や富裕層への課税強化を中心とするそれまでの社会主義的な「オールド・レイバー」の政策と訣別し，新しい社会民主主義の立場を追求することになった。高福祉高負担の古い社会民主主義ではなく，規制緩和と減税を金科玉条とする新自由主義とも異なる「第三の道」とも呼ばれたニュー・レイバーの路線は，労働党がイングランド南部で支持を拡大するのに大きな役割を果たした（近藤2014）。

　しかしながら，以前から労働党が支配的地位を占めていたスコットランドでは，労働者階級の連帯や国家介入を重視するオールド・レイバーの立場をとる人々が少なくなかった。また，実際にスコットランドにおいては，イングランドよりも社会階層における労働者階級の比重が若干高かった（Keating 2005, 36-37）。その結果，ブレアを中心とするニュー・レイバーに疑念を

持つ労働党の伝統的支持層の切り崩しを狙って，SNPが活発な働きかけを行うことになった。労働党としては，地盤であるスコットランドにおいてSNPの挑戦を退ける必要があったが，それを実現する手段として，スコットランドの人々にアピールするオールド・レイバーの立場を前面に掲げるわけにはいかなかった。なぜなら，それはニュー・レイバーを標榜する国政レヴェルとの乖離をもたらし，イギリス全体としての労働党の政策的一貫性を損なうおそれがあったからである。選挙の論理の要請から，労働党は国政レヴェルと地域レヴェルにおいて，かなりの程度一貫した政策プログラムを提供する必要があったとすることができる。

1999年のスコットランド議会選挙に向けて，労働党は「スコットランドのニュー・レイバー」と称して選挙キャンペーンを行った(Miller 1999, 301)。このことは，スコットランドの労働党が，ブレア率いる国政レヴェルの労働党指導部の強い影響下にあり，その選挙マニフェストもいわゆるニュー・レイバー的な色彩が強いことを意味していた。また，スコットランド労働党党首であり，選挙後にスコットランド首相(第一大臣：First Minister)への選出が確実視されていたデューワーは，国政レヴェルにおいて影の閣僚および労働党政権の閣僚を歴任していたように，ニュー・レイバーの中心人物の1人だった。さらに，労働党政権においてブレアに次ぐ位置にあったゴードン・ブラウン財務相は，スコットランド出身で選挙区がスコットランドに存在したこともあって，スコットランド労働党に対して大きな影響力を持っていた。

ニュー・レイバーを代表するデューワーやブラウンの影響を反映して，スコットランド労働党の選挙戦略は，一方でニュー・レイバーの立場にもとづく政策プログラムを打ち出しつつ，他方で保守党に代わる最大の脅威と目されたSNPに対する攻撃を強めるものとなった。特に，SNPの目ざすスコットランド独立について，その実現可能性を執拗かつ痛烈に批判するキャンペーンを絶え間なく行ったのである(Miller 1999, 317)。スコットランド労働党によるこうした激しい攻撃の結果，投票日が近づくにつれてSNP支持の割合は若干減少することになった。1999年スコットランド議会選挙において，労働党はめざましい成果を上げたわけではなかったが，SNPの台頭を阻止するという目的を果たすことには成功した。

スコットランド労働党はSNPの35議席を大きく上回る56議席を獲得し

て第一党となったが，過半数議席には達しなかったため，連立政権の形成に向かうことになった。その結果，スコットランド議会第一党の労働党と第四党の自由民主党の間で連立合意が成立し，デューワーを首相（第一大臣），自由民主党のジム・ウォレス（Jim Wallace）を副首相（副第一大臣：Deputy First Minister）とする労働党と自由民主党の連立政権が発足した。スコットランド議会選挙結果については表1-4を参照されたい。

1999年のスコットランド議会選挙以降，中央の労働党指導部はスコットランド労働党の選挙戦略に対するコントロールをやや緩めることになった。

表1-4 スコットランド議会選挙結果 1999年～2016年

	選挙区		比例代表		総
	得票率(%)	議席	得票率(%)	議席	議席
SNP					
1999年	28.7	7	27.5	28	35
2003年	23.8	9	20.9	18	27
2007年	32.9	21	31.0	26	47
2011年	45.4	53	44.0	16	69
2016年	46.5	59	41.7	4	63
労働党					
1999年	38.8	53	33.6	3	56
2003年	34.6	46	29.3	4	50
2007年	32.2	37	29.2	9	46
2011年	31.7	15	26.3	22	37
2016年	22.6	3	19.1	21	24
保守党					
1999年	15.6	0	15.4	18	18
2003年	16.6	3	15.5	15	18
2007年	16.6	4	13.9	13	17
2011年	13.9	3	12.4	12	15
2016年	22.0	7	22.9	24	31
自由民主党					
1999年	14.2	12	12.4	5	17
2003年	15.4	13	11.8	4	17
2007年	16.2	11	11.3	5	16
2011年	7.9	2	5.2	3	5
2016年	7.8	4	5.2	1	5

出典　House of Commons Library, *Briefing Paper CBP7599 Scottish Parliament Elections: 2016* (London: House of Commons Library, 2016).

権限移譲実現後2回目の選挙となった2003年のスコットランド議会選挙では，独自の政策形成手続きにもとづく選挙マニフェストの作成，および，選挙キャンペーンに関する相当程度の自律性が，スコットランド労働党に対して認められることになったのである。

　1999年スコットランド議会選挙に向けたスコットランド労働党マニフェストの作成過程は，実質的には中央とスコットランドの労働党指導部主導で作成されていたのに対して，2003年スコットランド議会選挙マニフェストの作成過程には，スコットランド労働党の党員や関係団体が広範に参加することになった。1997年総選挙での労働党政権の誕生を受けて，国政レヴェルの労働党では，「政権パートナーシップ（Partnership in Power）」プロジェクトにもとづいて設置された全国政策フォーラムに多くの党員や関係団体が参加して，次期総選挙マニフェストに掲げられた政策の形成に貢献していた（Labour Party 2010）。スコットランド労働党でも，国政レヴェルの「政権パートナーシップ」にならって，スコットランド政策フォーラムが設置された。2003年マニフェスト作成に向けて，延べ1万人を超える党員が各地で開催されたスコットランド政策フォーラムに参加した（Lynch and Birrell 2004, 183-184）。

　スコットランド政策フォーラムを中心とする政策形成手続きや，中央の労働党指導部によるスコットランド労働党に対する一定程度の自律性を容認する緩やかなアプローチは，必ずしも両者の間に政策と政治スタイルをめぐって乖離をもたらしたわけではなかった。デューワー亡き後，スコットランド労働党党首となったマクリーシュおよびマコーネルは，自由民主党との連立政権を維持する必要から高等教育や高齢者介護に関してイングランドとは異なる政策を追求したが，政策プログラムの全体像についてはニュー・レイバーの枠組の中に留まっていたとすることができる（Laffin and Shaw 2007, 67-69）。

　2003年スコットランド議会選挙における労働党の選挙戦略は，前回1999年選挙で採用されたものと大きく変わるところはなかった。すなわち，ニュー・レイバーの政策プログラムにもとづいて，国政およびスコットランドの両方で政権を担当する労働党によって，公共サーヴィスへの支出が着実に引き上げられてきたことをアピールする一方，SNPが目ざす独立によってスコットランドは重大な困難に直面するということが執拗に訴えられ

たのである。

　選挙直前に勃発したイラク戦争の影響もあって，得票率と議席数は，ともに前回のそれを下回った2003年の選挙結果は，スコットランド労働党にとって誇れるものではなかった。しかし，野党第一党であったSNPの勢力も衰えを見せたために，必ずしも悪い結果というわけではなかった。労働党が失った票はSNPにストレートに移ったわけではなく，緑の党などさまざまな小政党に分散していたのである。さらに，2003年選挙後も労働党と自由民主党による連立与党が過半数議席を維持して政権が継続することになったことは，労働党にとって実質的勝利と言っても誇張ではなかった。

　3回目の選挙となった2007年スコットランド議会選挙においても，労働党はそれまで行ってきた選挙戦略に大きな変更を加えなかった。しかし，国政レヴェルにおける1997年以降10年間にわたるブレア労働党政権の継続，および，スコットランドにおける1999年スコットランド議会選挙以降8年間にわたる労働党を中心とする連立政権の継続は，前2回の選挙とは異なり，労働党の長期政権に対する不満の蓄積から反発をもたらした。

　そして，カリスマ的なアピールを有するアレックス・サーモンド（Alex Salmond）がSNPの党首に復帰し[10]，スコットランド独立を目ざすが，最終的な決定を住民投票に委ねるという柔軟な政策をとったことは，独立には不安を持つものの労働党に対しては不満をいだく人々に強くアピールすることになった。さらに，スコットランド労働党党首で第一大臣のマコーネルよりも，SNPのサーモンドの方が，スコットランドの有権者に信頼されていた。投票日があと2週間に迫った時期の世論調査において，第一大臣にどちらが望ましいかという質問に対して，サーモンドとする回答が35％であったのに対して，マコーネルと答えた回答は23％にすぎなかったのである（*The Sunday Times*, 22 April 2007）。

　スコットランド労働党とSNPの間での激しい選挙戦の末，選挙結果については，得票率および獲得議席数の両方でSNPが労働党をわずかながら上

10　サーモンドは，1990年代を通してSNPの党首として党の躍進に貢献したが，2000年にいったん党首の地位から退いている（McEwen 2002, 58）。その後，2003年スコットランド議会選挙でのSNPの不振を受けて，党の立て直しのために再登板することになったのである。

回った。選挙後に新政権の構成をめぐって労働党とSNPの間で駆け引きが行われたが、結局のところ第一党となったSNPが単独少数政権を形成することで決着した(*The Guardian*, 17 May 2007)。

　2007年スコットランド議会選挙は、8年間連立政権を維持してきた労働党が野に下り、それに代わってSNPが政権についたことで、権限移譲改革以降、初めての政権交代選挙となった。その意味では、スコットランドにおける画期的な選挙となったわけであるが、スコットランド労働党では、SNP政権の誕生は一時的なものであり、野に下ることで労働党に対する有権者の反発が沈静化すれば、政権復帰は困難ではないという見方もあった(Hassan ans Shaw 2012, 125)。

　労働党は2010年総選挙に敗北し、13年間続いた国政レヴェルでの長期政権の幕を閉じた。しかしながら、イギリス全体では議席を大幅に減らした労働党は、スコットランドにおいては前回2005年総選挙での獲得議席数を維持したばかりか、補欠選挙で自由民主党やSNPに奪われた議席を奪還していたのである。さらに、2007年6月にブレアの後任として首相に就任していたスコットランド出身のブラウンの存在もあって、得票率では前回の39.5%を2.5ポイント上回る42.0%を獲得していた。それに対して、2010年総選挙におけるSNPの得票率は、労働党の半分以下の19.9%にとどまった。さらに、2011年のスコットランド議会選挙に向けたキャンペーンが開始する直前の世論調査では、政党支持率で労働党がSNPを上回っていた(McCrone 2012, 69)。

　ところが、2011年のスコットランド議会選挙は、思いもよらない選挙結果をもたらすことになった。この選挙において、SNPはそれまでどの政党も成し得なかったスコットランド議会の過半数議席(総議席129議席中の69議席)を獲得したのである。表1-4が示しているように、SNPは選挙区において45.4%、比例代表において44.0%の得票率をあげることにより、前者で53議席、後者で16議席、総計69議席というめざましい選挙結果を得ることになった。

　SNPとは対照的に、スコットランド労働党の選挙結果は惨憺たるものであった。労働党は選挙区において得票率31.7%でわずか15議席しか獲得できず、26.3%の得票率にとどまった比例代表において選挙区の獲得議席の少なさをある程度埋め合わせる22議席を得たが、両者合わせて37議席

とSNPのほぼ半分程度まで勢力を縮小させることになった(*The Guardian*, 7 May 2011)。2011年のスコットランド議会選挙の結果は，SNPにとっては地滑り的な大勝利となったが，スコットランド労働党にとっては紛れもない惨敗であった[11]。

2011年のスコットランド議会選挙において，なぜSNPが地滑り的な大勝利をあげたのに対して，スコットランド労働党は惨敗することになったのだろうか。第一に，振り返ってみれば，スコットランド労働党の選挙戦略は権限移譲後のスコットランド政治に関する全く誤った理解にもとづいていた。イギリスの2010年総選挙によって保守党が政権に復帰したことから，保守党を嫌うスコットランドの有権者は労働党に期待を寄せるようになるという楽観的な見方が党内には強く見られた。なぜなら，イギリスの国政を担当する保守党と自由民主党の連立政権に対して，下院の野党第一党である労働党を支持することがスコットランドの利益を守るうえで大きな意味がある，と有権者が考えることが想定されていたからである(Hassan 2011, 371-372)。

2011年の労働党のスコットランド議会選挙マニフェストにおいて，イギリスの保守自民連立政権に対する批判は数多く行われたが，スコットランドのSNP政権に対する言及は奇妙なほど行われなかった。あたかもSNP政権など存在しないかのような取り扱い方だったのである(Scottish Labour Party 2011)。しかし，イギリスの保守自民連立政権を主要敵とし，SNPの存在を無視する労働党の選挙戦略はまったく機能せず，むしろ逆効果となった。選挙戦の終盤になって労働党はSNP政権に対する激しい攻撃を開始したが，ときすでに遅くたいした効果は上がらなかった。

SNP勝利，労働党惨敗という選挙結果をもたらした第二の要因として，党首の違いを挙げることができる。SNP党首で第一大臣のサーモンドはスコットランド労働党党首であったイアン・グレイよりも，有権者からより高い信頼を受けていた。前述のように，前回2007年のスコットランド議会選挙においても，有権者の支持に関して，SNPのサーモンドはスコットランド労働

---

11 スコットランド労働党の敗北の度合いはそれほど大きなものではなかったとも言える。実は，前回選挙からの労働党の得票率減少は，数ポイントほどにとどまっていたのである。2007年のスコットランド議会選挙において，労働党は選挙区で32.2％，比例代表で29.2％の得票率をあげていた。

党のマコーネルを上回っており,それがSNPの辛勝に貢献したと見られていた。2011年選挙においては,サーモンドとグレイの支持率に関して前回選挙以上に大きな差が存在した。両者の支持率の差は25ポイントにまで広がっていたのである(*Scotland on Sunday*, 17 April 2011)。サーモンド効果は,2011年のスコットランド議会選挙におけるSNPの地滑り的勝利に大きな貢献をしたと言うことができる[12]。

第三の要因として,統治能力とスコットランドの利益を挙げることができる。2007年のスコットランド議会選挙で誕生したSNP少数政権は,4年間の政権担当期間を通じて,スコットランドの有権者から統治能力に関する一定の評価を勝ち取っていた。世論調査においてSNP政権の評価を問われた有権者は,56%が非常に高くあるいはある程度高く評価すると回答していたのに対して,非常に低くあるいはある程度低く評価するという回答は20%にとどまっていたのである。一方,スコットランド労働党の統治能力に対するスコットランドの有権者の評価は厳しいものであった。もし労働党が政権にあったならば統治能力は非常に高いあるいはある程度高いと予想する回答は33%にとどまったのに対して,非常に悪いあるいはある程度悪いと予想する回答は45%に上っていた。また,スコットランドの利益を最もよく代表する政党は,という問いについても,労働党よりもSNPと回答する有権者が圧倒的に多い状況が見られていた(Hassan and Shaw 2012, 219; Wheatley, et al. 2014)。

イギリスに限らず,多層ガヴァナンスの選挙でよく見られる特徴として,国政レヴェルの選挙と地域レヴェルの選挙において,それぞれの政党のパフォーマンスが大きく異なることが挙げられる(Thorlakson 2006, 42-45)。

---

12 選挙に敗れたグレイ自身,政策よりも党首に焦点が当てられたことが敗因であるとしている。しかし,1999年の第一回スコットランド議会選挙以降,労働党の得票率が漸減傾向にあり,そうした漸減傾向を考慮すれば,2011年選挙における労働党の得票率は前回2007年選挙と比べて大幅に落ち込んだわけではないと述べている。グレイの見立てでは,2011年選挙におけるSNPの地滑り的勝利は,自由民主党の壊滅的敗北の結果であった。すなわち,前回自由民主党に投票した有権者の多くがSNPに投票先を変更したことが,労働党にきわめて不利に作用したことが,多くの小選挙区で議席をSNPに奪われることにつながったというわけである(著者とのインタビュー,2014年3月14日)。

スコットランドにおいても，イギリスの総選挙とスコットランド議会選挙の間で，各政党のパフォーマンスにかなりの違いが見られた。すなわち，スコットランド労働党はスコットランド議会選挙よりも総選挙においてよいパフォーマンスを見せたのに対して，逆にSNPは総選挙よりもスコットランド議会選挙においてより高い得票率をあげていたのである。

このように異なるレヴェルで異なるパフォーマンスが見られる背景には，スコットランドの有権者が，スコットランド議会選挙では政権与党となる可能性を持つSNPの統治能力に期待をかけるようになっていたが，総選挙ではイギリスの議会でスコットランドの利益を代表する役割について依然として労働党を頼りにしていた，ということがあった。

しかしながら，2014年9月にスコットランドの分離独立の是非をめぐって行われた住民投票は，上記のような多層ガヴァナンスにおける異なる投票行動パターン，特に総選挙におけるスコットランド労働党の支配的地位に対して大きな衝撃を与えることになった。

住民投票の結果自体は，スコットランドの分離独立に賛成が44.7％，反対が55.3％となり，SNPの求める独立が否決され，スコットランド労働党などの求めるイギリスへの残留が承認された。しかし，住民投票で独立に賛成した有権者の大多数が翌年の総選挙ではSNPに投票したのに対して，反対票を入れた有権者は投票先が労働党，保守党，自由民主党と分散したのに加えて，一部は棄権に回ったことから，2015年総選挙ではSNPの圧倒的優位が目立つことになった（McAngus 2016, 38-39）。表1-1が示すように，50.0％の得票率をあげたSNPは，スコットランドの59議席中56議席を獲得する圧勝を遂げて，スコットランドの政党政治にまさに「津波」のような大変動をもたらした（Macwhirter 2015）。それに対して，スコットランド労働党は，前回2010年総選挙で獲得した41議席のうち40議席を失い，わずか1議席しか獲得できなかった。スコットランド労働党は，得票率についても前回の42.9％から24.3％と，ほぼ半減に近い大幅な減少を見せることになった[13]。

13　2010年と2015年の総選挙に向けて出された，イギリスの国政レヴェルのマニフェストとスコットランド，ウェールズといった地域レヴェルのマニフェストの比較研究によれば，労働党の3つのマニフェスト（イギリス，スコットランド，

2015年総選挙での惨敗を受けて，その翌年に行われた5回目のスコットランド議会選挙に向けて，労働党は高い期待を有していたわけではなかった。前年の総選挙で大勝していたSNPの勝利が確実視されていたことから，新しくスコットランド労働党党首に選出されたダグデールの目標は，せめて野党第一党の地位を維持するという現実的なところに置かれていたのである。しかしながら，スコットランド労働党は，この控えめな目標でさえも達成できなかった。表1-4が示すように，スコットランド労働党は，前回2011年のスコットランド議会選挙から，選挙区で約9ポイント（31.7％→22.6％），比例代表で約7ポイント（26.3％→19.1％）得票率を落としたことから，獲得議席数を37議席から24議席へと13議席も減らすことになったのである。それに対して，前回選挙では労働党に差を付けられた野党第二党であった保守党が，獲得議席数を15議席から31議席と倍増させ，野党第一党の地位を労働党から奪うことになった。

　2015年総選挙の翌年に実施されたスコットランド議会選挙では，総選挙で大勝したSNPが勝利するのは確実視されていたが，スコットランド労働党にとってSNPばかりか保守党にも抜かれて第三党に低迷することになったのは，想定外の敗北であった。2015年総選挙後の9月に行われた労働党党首選挙で，国政レヴェルの党首に最左派のジェレミー・コービン（Jeremy Corbyn）が選出されたことで，SNPの反緊縮政策の立場を支持したかつてのスコットランド労働党支持者が戻ってくるのではないか，という淡い期待はかなわなかった（Seymour 2016）。スコットランド議会選挙のわずか数ヵ月

ウェールズ）は同一の内容が相当程度を占めていた。しかし，国政レヴェルと地域レヴェルの間で若干の違いが見られたのは，後者（スコットランドとウェールズ）のマニフェストでは，それぞれの議会に権限移譲された分野に関する政策が示されていたことであった。本来，総選挙向けのマニフェストで公約が提示されるべきなのは，イギリス議会の権限となっている分野の政策であるとすることができるかもしれないが，スコットランド労働党やウェールズ労働党は，翌年に迫っていたそれぞれの議会選挙に向けて事前宣伝をしていたと見ることもできる。さらに，2015年のスコットランド労働党の総選挙マニフェストでは，前年の住民投票の影響を受けて，スコットランド・アイデンティティが強調される一方，イギリスに留まることにより財政などについての資源を全体で共有することの意義が強調されていた（Clark and Bennie 2016）。

前に党首に選出されたダグデールには，短い期間で党勢衰退を転換させる対応策を打ち出すのは困難だったと見ることもできるが，この選挙ではスコットランド労働党が直面している構造的困難が明らかになった。

スコットランド労働党の敗因として，所得税率据え置きを訴えたSNPやスコットランド保守党に対して，医療や教育など公共サーヴィス改善のために増税を訴えたことが考えられるが，これは労働党以上に厳しい増税策を打ち出したスコットランド緑の党が議席3倍増（2議席→6議席）を果たしていることから，必ずしも増税策が得票減少をもたらしたと言うことはできないだろう（Scottish Labour Party 2016, 12-14; Scottish Green Party 2016, 26-27）。

この選挙では，2010年総選挙で導入されて以来，スコットランド議会選挙でも行われるようになったテレビ討論が注目され，それまでにも増して政策内容よりも党首イメージに焦点が当てられるようになった。その影響で，有権者から高い支持を得ていた党首を持つSNPやスコットランド保守党が有利となったのに対して，党勢衰退というマイナスイメージの強いスコットランド労働党を率いるダグデールは，有権者の印象を改善するほどのインパクトを発揮することはできなかった。その意味で，党首イメージ中心の選挙となったことで，スコットランド労働党はSNPや保守党に対して劣勢にあったとすることができるかもしれない（Anderson 2016）。

しかし，スコットランド労働党の根本的な敗因は，2014年の分離独立住民投票によって一変したスコットランド政党政治の中で，この党が直面する構造的困難に求めることができるのではないか。すなわち，住民投票で否決されたとはいえ，分離独立の是非がスコットランドにおいて最大の争点であり続けている中で，スコットランド労働党はこの問題をめぐってきわめて不利な状況に置かれているのである。

一方で，住民投票で独立に入れたかつての支持者を取り戻すためには，この問題であまり厳格な立場をとることは得策ではない。なぜなら，そうすればスコットランド独立に親近感を持つかつての支持者を，完全にSNPに奪われることになるからである。そもそも，スコットランド労働党支持者の一部には，独立を求める人々が一定割合存在していて，こうした人々の支持も得ていたことが，スコットランドにおける支配的地位を維持する一因となっていたのである（Hassan and Shaw 2012, 219）。

しかしながら，他方で，分離独立問題での立場を穏健なものにすれば，イ

ギリスの国家的一体性の維持に熱心ではない，というスコットランド保守党の批判を受けることになる。実際，2016年スコットランド議会選挙において，保守党は有権者の人気の高い党首を中心に，スコットランドをイギリスに留めるためには，この問題で唯一明確な立場をとる保守党に投票するしかない，というキャンペーンで独立を恐れる労働党支持者の取り込みに成功したようである(Smith 2016)。このように，スコットランド労働党は，分離独立を前面に掲げるSNPと独立反対の旗幟を鮮明にする保守党の狭間で，双方から支持を奪われていったとすることができるだろう。

　かくして，2007年のスコットランド議会選挙でSNPに第一党の地位を奪われて以来，スコットランドにおける支配的地位を失った労働党は，その後の各種選挙において退潮を続けることになり，今では保守党の後塵を拝するまでに落ち込むことになった。2007年以降の選挙結果が示すように，スコットランド労働党は多層ガヴァナンスの政治環境に対する適応に苦しんでおり，苦境を打開する新たな選挙戦略はいまだみいだされていない。

5　権限移譲と政権戦略

　イギリスの総選挙(下院議員選挙)については，小選挙区制で行われることにより二大政党のどちらかが過半数議席を獲得し，単独政権を構成する場合がほとんどとなってきた。第二次世界大戦の終結後，1945年から2015年までに19回行われた総選挙のうち，大多数の総選挙(17回)において，二大政党のどちらかが過半数議席を獲得することにより，単独政権が形成されていたのである。また，例外的に二大政党のどちらも過半数を獲得できなかった1974年2月総選挙では，議席数で第一党となった労働党は，連立政権ではなく単独少数政権を選択している。戦後のイギリスにおいて，公式の連立政権が構成されたのは，2010年総選挙後の保守党と自由民主党による連立政権が，これまでで唯一の例となっている。

　一方，スコットランド議会など新たに誕生した地域レヴェルの議会選挙については，いずれも何らかの比例代表制が採用された。1999年に発足したスコットランド議会においては，ウェールズ議会とともに，ドイツの小選挙区比例代表併用制に類似した追加議員制が導入されることになった。また，1998年の和平合意(グッド・フライデー協定もしくはベルファスト協定)にもとづいて設立された北アイルランド議会では，南のアイルランド共和国

の選挙制度と同様に，単記移譲式比例代表制が採用されている（梅川・力久 2014, 71-76）。

表1-4が示しているように，1999年のスコットランド議会選挙において労働党は過半数を下回る議席しか獲得できず，連立政権の形成をめざすことになった。なお，労働党の過半数獲得が予想されていたウェールズでも，党内対立の影響もあって獲得議席は過半数を下回った。かくて，国政レヴェルにおける労働党単独政権に対して，スコットランドなど地域レヴェルにおいては労働党を中心とする連立政権が形成されたのである。

スコットランド議会での連立交渉はきわめてスムーズに進んだ。総議席129議席のうち56議席（議席率43.4%）を有していたスコットランド労働党は，連立相手として17議席（議席率13.2%）を有する自由民主党を選んだ。同じ中道左派というイデオロギー的立場を有し，スコットランド統治のあり方についても，分離独立をめざすSNPや中央集権体制の維持を主張してきた保守党とは異なり，イギリス国内で一定の自治権を有するという基本的立場で一致していたために，労働党にとって自由民主党との連立は自然な選択であった[14]。また，国政レヴェルでも，1997年の労働党政権発足以降，しばらくの間，労働党指導部と自由民主党指導部の間で政策協議の場が持たれたが，こうした中央における両党の親密さも，スコットランドでの連立政権発足にとって好ましい環境を提供していた（Hassan and Shaw 2012, 96-98）。

労働党の党内において，中央とスコットランドの間での対立が深刻化することはなかった。たとえば，スコットランドに対する権限移譲によって，所得税率を一定の割合で増減する権限が認められたが，労働党は当分の間この権限を利用して増税を行わないという公約を掲げていた[15]。これは国政レ

14　スコットランド労働党党首を務めたヘンリー・マクリーシュによれば，労働党と自由民主党（およびその前身の自由党）との間には，歴史的な確執がなかったわけではない。しかし，スコットランド自由民主党党首ジム・ウォレスとの間で安定した関係を築くことができたために，ときに政策的な軋轢が発生することもあったが，労働党と自由民主党の連立政権は8年間にわたる安定した政権運営を行うことができたとされている（著者とのインタビュー，2009年3月26日）。
15　1998年のスコットランド法により，スコットランド議会には所得税率をイギリス全体に適用される税率から上下3％以内で増減できる権限が与えられた。しかし，この権限は1999年から2007年までの労働党・自由民主党連立政権の

ヴェルにおいて所得税増税をしないという中央の労働党指導部の立場に合致していた。また，国政レヴェルにおいて，労働党政権は2001年選挙後の2期目に入って拡大予算を組んだが，それによりスコットランド政府の財政にも余裕がもたらされ，有権者の求める公共サーヴィスの充実が追求できるようになっていた(Hopkin and Bradbury 2006, 147)。

　しかしながら，自由民主党と連立を組んだことにより，スコットランド労働党は，いくつかの政策分野で労働党政権がイングランドで行っているのとは異なる立場をとることになった。例えば，労働党政権が高等教育の充実のために大学授業料(tuition fees)を導入した際，スコットランドでは自由民主党の反対もあって，在学中に支払う授業料ではなく，卒業後に納入する税金(graduate tax)に置き換えられた[16]。また，公的な高齢者介護に関しても，イングランドでは厳しいミーンズ・テスト(資力調査)にもとづいてサービス受給資格認定がなされるのに対して，スコットランドでは介護の必要が認められる65歳以上のすべての高齢者に受給資格が認められることになった。このような手厚い高齢者介護サーヴィスについては，スコットランド労働党の中からもそれを求める声は見られたが，自由民主党との連立によってその実現が促進されることになった(Fraser 2004, 138)。

　時期も，2007年以降のSNP政権の時期にも実際に使われることはなかった。さらに，2012年スコットランド法によって所得税率変更権が大幅に拡大された後も，スコットランドの所得税率はイギリスの税率と同様のままとなっている(梅川・力久 2014, 71-71)。分離独立住民投票否決後に制定された2016年スコットランド法により，所得税に関する権限が全面的にスコットランド議会に移譲されることになったが，これまで所得税率の変更がなされてこなかったことを考えれば，スコットランドの所得税率がイングランドなどイギリスの他の地域の所得税率と異なる税率になる可能性は必ずしも高いとは言えないだろう。

16　なお，卒業税についても，2007年スコットランド議会選挙で誕生したSNP政権によって廃止されることになり，スコットランド出身の学生は学費無料となった。なお，大学の学費が徴収されるイングランドからスコットランドの大学に大挙して学生がやってくるのを抑制する目的で，イングランドなどスコットランド以外の地域出身の学生には一定の学費が課されることになった。興味深いのは，イングランドの学生からは学費を徴収するのに対して，他のEU加盟国からの学生については，差別的取り扱いが禁止されているために，学費無料となっていることである。

比例代表制の色合いが強い追加議員制によって選出されるスコットランド議会においては，労働党が単独過半数議席を達成する可能性はほとんどなかった。その結果，連立政権の形成がほぼ不可避なために，連立相手との間でスコットランド労働党がさらなる政策的譲歩を余儀なくされ，国政レヴェルとスコットランドの間での政策的乖離が拡大するおそれは常に存在していた。実際，2003年スコットランド議会選挙を経て，再びスコットランド労働党と自由民主党の連立政権が形成されたが，今度はスコットランドの地方自治体の選挙制度改革，すなわち，それまでとられてきた小選挙区制から比例代表制の一種である単記移譲式比例代表制の導入が実現することになったのである。

　スコットランド労働党にとって，比例代表制への変更は大きな譲歩であった。なぜなら，それまで小選挙区制により単独過半数を維持してきた多くの自治体で，労働党は議席を大幅に減らすことが予想されたからである。そして，現実に2007年地方議会選挙において，スコットランド労働党は前回選挙で獲得した議席数から大幅な減少を余儀なくされた。前回2003年の地方議会選挙において，スコットランド労働党は得票率33％で509議席を獲得していたが，2007年の地方議会選挙では得票率がやや減って29％となったが，獲得議席については348議席と，前回のほぼ3分の2にまで落ち込んだのである。前回の選挙では第一党に有利な小選挙区制の影響により，スコットランド労働党の議席数は得票率をはるかに上回っていたのに対して，2007年の選挙では比例代表制のために得票率を反映した議席数しか獲得できなかったことが響いていた（McGarvey and Cairney 2008, 73-74）。

　このように単記移譲式比例代表制の導入は，スコットランド労働党にとってかなりの痛みを伴うものではあったが，スコットランド議会における連立政権継続のための譲歩として，選挙制度改革は受け入れられた（Fraser 2004, 138）。これにより，イングランドの地方議会選挙などでは小選挙区制がとられるのに対して，スコットランドでは比例代表制がとられるという対照的な状況が生まれることになった。

　スコットランドにおける労働党と自由民主党の第一期連立政権（1999年～2003年），および，第二期連立政権（2003年～2007年）の8年間は，国政レヴェルの労働党政権に対して大きな困難をもたらさなかった。すでに見たように，国政レヴェルと地域レヴェル（スコットランド）の間で，連立政治

の力学にもとづいていくつかの政策的相違が生じることになったが，それは中央の労働党指導部とスコットランド労働党指導部の間に決定的な対立をもたらすものではなかったのである。

この間，労働党がイギリス議会下院において圧倒的多数の議席を持っていたことが，スコットランドなど地域レヴェルに対して，ある程度政策的独自性を容認するうえで役立ったと言えるかもしれない。労働党政権としては，国政レヴェルで推進する自己の政策プログラムが，スコットランドなどとの政策的相違に刺激された与党議員の造反によって足をすくわれることはないという安心感が存在していたようである。それゆえ，労働党政権はスコットランドなど地域レヴェルにおける一定の政策的相違に，「傍観(benign neglect)」の立場をとったのである。

前述のように，2007年スコットランド議会選挙において政権交代が実現し，それまで政権を担当してきたスコットランド労働党と自由民主党が野に下り，それに代わってSNPによる単独少数政権が発足することになった。スコットランドにおける政権交代の翌月，イギリスの国政レヴェルでも首相が交代することになった。それまで10年間にわたって首相の座にあったブレアが退陣し，代わってゴードン・ブラウンが政権を担当することになったのである。

中央の労働党における党首交代から3ヵ月後の2007年9月に，スコットランド労働党の新しい党首にウェンディー・アレクサンダーが就任することになった。アレクサンダーの党首就任は，ブラウンの場合と同様に，対立候補がいなかったことから無投票で実現していた(Hassan ans Shaw 2012, 126-129)。スコットランド議会設立以来，初めて野党となったスコットランド労働党を率いるアレクサンダーは，少数与党のSNPに対して，選挙で行った公約を守れない場合には，公約違反を厳しく追及していく姿勢をとって，野党第一党としての労働党への有権者の信頼回復をめざすことになった。

アレクサンダーはさらに，スコットランドに対する権限移譲を拡大する問題についても，重要なイニシアティヴを発揮した。2007年11月30日のスコットランド守護聖人，聖アンドリューの日に行った演説において，アレクサンダーはスコットランド議会の権限拡大を検討する超党派委員会の設置を提案したのである(*The Scotsman*, 1 December 2007)。アレクサンダーの提案は，新たに誕生したSNP政権による分離独立をめざす政府白書の公刊に対

するスコットランド労働党の対応であった。それまで労働党は，1998年スコットランド法に示された権限移譲の枠組について，十分な自治権を保障するものであり，さらなる権限移譲の拡大よりも，むしろ与えられた権限を有効に活用することが重要であるという立場をとってきた(Scottish Executive 2007)。しかし，アレクサンダーのイニシアティヴにより，スコットランド労働党は権限移譲の枠組をさらに発展させることに関して積極的な立場をとった。

　後に「カルマン委員会(Calman Commission)」[17]として知られる検討委員会には，労働党に加えて保守党と自由民主党などスコットランド独立に反対する政党の代表，さらに有識者や各種団体代表などが参加することになった。それに対して，政権与党のSNPは，カルマン委員会の議題が権限移譲に限定され，スコットランド独立の問題が検討対象に含まれないことを批判して参加しなかった。

　2009年6月に発表されたカルマン委員会の最終報告書は，所得税に関するスコットランド議会の権限を，それまでのイギリスの税率から上下3％の範囲内で変更できるというものから，若干拡大する内容を提案していた。すなわち，スコットランドに適用される所得税の税率を10％引き下げ，それによる所得税減収分を一括補助金から削減する。そして，一括補助金の削減分を所得税でどのように埋め合わせるかは，スコットランド議会が自由に決定できるようにすべきとされた。イギリスと同様の税率にするために，所得税の税率にあらためて10％を付け加えるのか，あるいは，イギリスよりも高いもしくは低い税率にするかは，スコットランド議会が自由に決定できるようにすべきとされたのである。こうした所得税に関する権限強化に加えて，一部の資産税などの課税権移譲や，公共投資のための一定の借り入れをする権限の付与などが提案されていた(Commission on Scottish Devolution

---

17　グラスゴー大学学長のケネス・カルマン(Kenneth Calman)を委員長として，イギリス政府の資金面，行政面での支援を受けて設立されたカルマン委員会は，保守党，労働党，自由民主党などの代表に加えて，経営者団体，労働組合，その他各界の代表が参加していた。2009年6月に提出された最終報告書の内容は，2010年のイギリスの総選挙後に誕生した保守党と自由民主党の連立政権によって，2012年スコットランド法に結実することになった(Commission on Scottish Devolution 2009)。

2009)。

　2010年総選挙後に国政レヴェルで成立した保守党と自由民主党の連立政権は，カルマン委員会における超党派の合意を尊重して，報告書の内容を含むスコットランド法案を議会に提出することにした。そして，カルマン委員会の提案は，連立政権の下で2012年スコットランド法として制定された。

　アレクサンダーによる2007年の提案から約5年弱を経てスコットランド法が制定され，スコットランド議会の権限が大幅に強化されることになったわけだが，その間，スコットランド労働党のリーダーシップは大きく動揺した。まず，カルマン委員会設置の立役者であったアレクサンダーが，国外からの違法な政治資金を受領していたスキャンダルが明らかにされたことにより，2008年6月に党首辞任に追い込まれた（*Sunday Herald*, 29 June 2008）。また，アレクサンダーの後任として選出されたイアン・グレイも，2011年スコットランド議会選挙での敗北の責任をとって退陣し，後任にジョアン・ラモントが選出された。スコットランド議会の2007年選挙から2011年選挙にかけての4年ほどの短い期間に，スコットランド労働党は3回もの党首交代を経験する羽目に陥ったのである。相次ぐリーダーの交代は，スコットランド労働党がSNPから政権を奪回するどころか，野党第一党として有効な対応をとることさえ困難にしたと言えるだろう。

　金銭スキャンダルによって注目を集めていたアレクサンダーは，2008年5月のテレビ・インタビューにおいて，スコットランドの分離独立問題に関して，それまでのスコットランド労働党および彼女自身の立場とは異なる見解を示して，大きな反響を呼ぶことになった。すなわち，SNP政権の誕生を受けて，スコットランドの分離独立の是非を問う住民投票に関する質問を受けたアレクサンダーは，住民投票の実施を「望むところだ（Bring it on）」としたのである（*The Scotsman*, 5 May 2008）。これは分離独立はおろか住民投票の実施さえも，スコットランドの直面する社会的経済的問題を解決する努力を損なうとして，原則として反対してきたスコットランド労働党にとって大きな転換であった。

　住民投票の実施をSNP政権に迫るという方針転換は，苦境にあったアレクサンダーとスコットランド労働党にとって，状況打開に向けた一手として意味があった。金銭スキャンダルに対するメディアの注目に悩まされていた

アレクサンダーとしては、スコットランドの将来を大きく左右する住民投票に関心が集中することは、悪い展開ではなかった。また、高い支持率を維持していたSNPに有効な打撃を与えるうえで、住民投票においてイギリスからの分離独立が大差で否決されることは、スコットランド労働党の政権奪回戦略にとって重要な後押しになると期待したからである。

問題は、アレクサンダーがスコットランド労働党の党内、および、中央の労働党指導部との間で、住民投票をめぐる方針転換について十分な了解を得ていなかったことであった[18]。スコットランド労働党については、スコットランド議員の多くがアレクサンダーの立場を支持することを明らかにしたが、スコットランド選出の下院議員については、住民投票に強硬に反対する人々が多数派となっていたのである(Hassan ans Shaw 2012, 133-135)。スコットランド労働党の党内が住民投票の問題をめぐって割れていたのは、アレクサンダーにとって懸念される事態であったが、より大きな問題は中央の労働党指導部が住民投票の実施を容認しなかったことであった。当時首相であったゴードン・ブラウンは、下院の首相クエスチョン・タイムで分離独立住民投票について問われた際、アレクサンダーの立場を支持することを拒否したのである(*The Times*, 8 May 2008)。

結局、アレキサンダーは住民投票の実施について方針を撤回せざるを得なくなり、党首としての権威を大きく損ねることになった。また、スコットランド選出議員であるブラウン首相も、中央とスコットランドの労働党組織の間で意思疎通がうまくいっていないことが明らかにされたことで、一定のダメージを被った。

前述のように、2011年スコットランド議会選挙で惨敗を喫して以降、スコットランド労働党の党勢は退潮傾向を加速させていた。2015年総選挙では、前回獲得した41議席のうち40議席をSNPに奪われるという惨憺たる結

---

18 アレクサンダー自身は、スコットランド労働党党首選挙の時期に、彼女を支持する人々の間で住民投票の実施をSNPに迫るという方策が議論されたと述べている。また、党首選出後にスコットランド労働党や国政レヴェルの労働党との間で、住民投票の実施に関する転換について意見交換をしたと語っているが、結局のところ、ブラウン首相など中央の労働党指導部の明確な了解を得ないまま、先走ってメディアで発表することになったようである(著者とのインタビュー、2009年3月20日)。

果となった。加えて，2016年スコットランド議会選挙では，SNPからの政権奪還はおろか，野党第一党としての地位さえもスコットランド保守党に奪われるという屈辱的な敗北に直面したのである。

　2007年にスコットランドにおいて政権与党の地位を失ってから，スコットランド労働党は驚くほどのスピードで凋落しつつある。スコットランド労働党の党勢衰退には様々な要因が関係していると考えられるが，もっとも大きな打撃をもたらした政治的事件は，スコットランド独立の是非を問う住民投票であった。

6　分離独立住民投票

　スコットランドがイギリスから分離独立することの是非を問う住民投票は，2014年9月18日に実施された。この住民投票の実質的な契機は，2011年のスコットランド議会選挙で分離独立をめざすSNPが過半数議席を獲得したことに求めることができる(Torrance 2013, 8)。

　ただし，法的に言えば，分離独立をめざすSNPがスコットランド議会で過半数議席を獲得したことにより，住民投票を合法的に実施できるようになったわけではない。なぜなら，イギリス，すなわち「グレート・ブリテンおよび北アイルランド連合王国(The United Kingdom of Great Britain and Northern Ireland)」の国家構造に関する権限は，1998年スコットランド法が示すように，スコットランド議会ではなくイギリスの国政に携わるウェストミンスター議会が持っていたからである。それゆえ，スコットランド議会で過半数議席を獲得したSNPには，分離独立住民投票を実施する民主主義的正統性があったと言えるかもしれないが，そのような住民投票を実施する法的な権限があったわけではなかった(Lynch 2013, 283)。

　そこで，スコットランドの分離独立住民投票をいつどのような形式で行うのか，という問題をめぐって，スコットランドのSNP政権とイギリスの保守党および自由民主党の連立政権の間で交渉が行われた。SNPのサーモンド首相(第一大臣)は，世論調査で分離独立を支持する割合が多数となっていなかったことから，独立に懐疑的な有権者を説得する時間を確保するために，2014年以降に住民投票を行うことを求めていた(Salmond 2015, 26-27)[19]。

19　イギリスのスコットランド，スペインのバスクとカタルーニャ，ベルギーの

また，世論調査では，分離独立よりもスコットランド議会の権限のさらなる拡大を求める声が強いことが確認されていたために，住民投票の形式として分離独立への賛否という二択ではなく，最大限の権限移譲(devolution max)という3番目の選択肢を加えた三択で行うことをSNP政権は求めていた(Scottish Government 2012, 5-6)。

それに対して，イギリスの保守自民連立政権はSNPに時間的余裕を与えることを嫌い，比較的早い時期に住民投票を実施して否決の結果に導くことにより，分離独立問題の早期決着を望んでいた。また，住民投票の選択肢に最大限の権限移譲という3番目の選択肢を加えることは，分離独立という目標が達成できないとしても，SNPに次善の賞品として権限移譲の大幅拡大を与える可能性があった。また，最大限の権限移譲がなされれば，それが後々，スコットランド独立の足がかりになる恐れがあることから，三択での住民投票は避けるべきであると考えられた(Torrance 2013, 27-31)。

スコットランド議会において過半数議席を有するSNP政権の発足を契機として，保守自民連立政権とSNP政権との間で，分離独立住民投票をめぐる対立点に関して歩み寄りの可能性を探る交渉が，ほぼ1年半にわたって断続的に行われた。その結果，2012年10月15日に両者の間でエディンバラ協定が結ばれた。このエディンバラ協定では，2014年中に住民投票を実施することが合意され，時期に関してはSNPの要望が受け入れられた。一方，選択肢については保守自民連立政権が求める分離独立への賛否という二択に限られることになり，最大限の権限移譲という選択肢は排除された。

以上のような時期と形式に関する妥協に加えて，住民投票で問われる文言については，独立機関である選挙委員会(Electoral Commission)が責任を持って明確な内容にするという連立政権の要求が反映される一方，住民投票で投票できる有権者資格については，SNPの要求を入れて，イギリスの通常の有権者資格である18歳以上の男女ではなく，16歳以上の男女に引き下げられた(*The Scotsman*, 28 June 2013)。そして，結果が賛否のどちらになるにせよ，スコットランド政府とイギリス政府は住民投票の結果を尊重することが

フランデレンにおける独立運動の比較研究によれば，必ずしも独自のアイデンティティの強さが独立を求める声の強さと関連しているわけではなく，政党政治や経済状況などの複雑な関連が見られるとされている(Liñeira and Cetrà 2015)。

確約された(HM Government and the Scottish Government 2012)。

　この時期，スコットランド労働党は，イギリスの国政レヴェルでも，スコットランドの地域レヴェルでも野党であったことから，分離独立住民投票の実施をめぐる交渉に直接関わることはできなかった。しかし，住民投票の形式をめぐって，スコットランド労働党の党内に対立が存在することが明らかになった。2012年3月のスコットランド労働党大会において，一部の労働組合が，住民投票を分離独立への賛否という二択ではなく，最大限の権限移譲という選択肢を加えた三択にすることを求めたのである。それに対して，ジョアン・ラモント党首をはじめとするスコットランド労働党指導部は，住民投票の形式は二択であるべきとの立場を崩さなかった(*Sunday Herald*, 4 March 2012)。

　結果として，スコットランド労働党としては，イギリスの連立政権と同様に二択による住民投票を行う立場をとることを決定したが，権限移譲の拡大を求める組合への譲歩として，住民投票で独立が否決された後のスコットランド議会の権限に関する検討委員会を党内に設置することになった。

　スコットランド労働党の各種議員，選挙区組織代表，労働組合など各種加盟団体代表が加わった検討委員会は，その設置が決まった党大会から2年後の2014年3月に報告書を提出した。『意味のある権限：責任の強化と人々のエンパワーメント(Powers for a Purpose: Strengthening Accountability and Empowering People)』と題された報告書は，財政権限の移譲(税源移譲)，広範な政策分野に関するさらなる権限移譲，スコットランド議会から地方議会への権限移譲の3つを主な柱としていたが，検討委員会の議論の中で中心を占めたのは財政権限の移譲であった(Scottish Labour Devolution Commission 2014)。

　スコットランド労働党の党内は，スコットランド議会に対する財政権限の移譲について，必ずしも積極的な立場でまとまっていたわけではなかった。一方の側に，スコットランド議会の議員を中心として，財政に関して財務省からの一括補助金に相当程度依存している現状を問題視し，財政権限移譲によってスコットランド議会の財政的自律性を高めることにより，有権者に対して責任ある財政運営が可能になるとする人々がいた。しかし，他方の側に，スコットランド選出の下院議員を中心として，スコットランド議会に対する財政権限の大幅な移譲は，ロンドンのウェストミンスター議会およびそ

こに代表されているスコットランド選出議員の権威を低下させるとして，それに消極的な人々も存在していたのである(Shaw 2014, 62-63)。

問題の背景には，いわゆる「ウエスト・ロジアン問題」[20]が存在していた。スコットランド議会の設立など労働党政権による権限移譲改革以後，保守党では自治議会を有するスコットランドなどから選出された下院議員に対して，そのような議会を持たないイングランドから選出された下院議員が不利な扱いを受けているという不満が高まっていた。すなわち，イングランド選出下院議員はスコットランド議会に権限移譲された分野(スコットランド議会の決定事項)について決定に参加できないのに対して，スコットランド選出下院議員はイングランドに関係する同分野の決定に参加できる。一例をあげると，イングランドの下院議員はスコットランド議会に権限移譲された医療分野に関する決定に関与できないが，スコットランドの下院議員はイギリス議会(ウェストミンスター議会)で決定されるイングランドの医療政策に関与できるようになっていたのである(Hazell 2006, 7)。

スコットランド議会への財政権限の移譲をめぐる党内対立を反映して，スコットランド労働党の検討委員会は，所得税について課税権限の全面的な移譲ではなく，2012年スコットランド法で認められた権限を一定程度強化するという妥協案を提示することになった。具体的には，2012年スコットランド法において認められた，所得税の基本税率20％の半分，すなわち10％についてスコットランド議会の権限とするという内容を，15％にまで若干拡大するというものであった。また，高所得者向け税率についても一定の変更権を認めることとされたが，公共サーヴィスの悪化を招く減税競争を避けるために，高所得者向け税率についてイギリス政府が最低限の税率を定めていた場合には，その税率を下回ることはできないことになっていた。そして，VAT（付加価値税：Value Added Tax)や法人税など所得税以外の各種税制については，イギリス議会・政府の留保事項として権限移譲の対象外とされ

20　ウェスト・ロジアン問題は，要するに権限移譲の行われていないイングランドの問題であると言うことができる。権限移譲によってこの種の問題が発生することを1970年代に下院の審議の中で提起したのが，ウェスト・ロジアン(West Lothian)選挙区選出の労働党下院議員タム・ダリエル(Tam Dalyell)であったことから，「ウェスト・ロジアン問題」という名称で知られるようになった(Hazell 2006, 7)。

たのである(Scottish Labour Devolution Commission 2014, 167-168)。

　スコットランド労働党と同時期に，スコットランド保守党やスコットランド自由民主党も，スコットランド議会に対する権限移譲の拡大を検討していたが，3政党の中でもスコットランド労働党の提案が権限拡大に最も消極的な内容となっていた。イギリス(連合王国)を連邦制国家に変革することを求める自由民主党の提案が，スコットランド議会へのさらなる権限移譲に最も積極的であったことは驚くことではなかった。しかし，かつて権限移譲に反対してきた保守党の提案と比べても見劣りする内容であったことは，スコットランド労働党が権限移譲後のスコットランド政治にうまく適応できていないことを示すものとして見ることができるかもしれない[21]。

　2012年10月のエディンバラ協定が成立する半年ほど前に，分離独立住民投票の実施を見越して，超党派を標榜する賛成派と反対派の運動団体がそれぞれ立ち上げられていた。賛成派の団体としては，「イエス・スコットランド(Yes Scotland)」が2012年5月に結成され，反対派の団体としては翌6月に「ベター・トゥギャザー(Better Together)」が発足することになったのである(Maxwell and Torrance 2014)。

　国民投票や住民投票などのレファレンダムに関する研究によれば，有権者の投票に対して政党からの指示(cue)が相当程度の影響を与えるとされている。レファレンダムで問われる問題について選択を行う際，多くの有権者が必ずしも十分な知識を有しているとは言えない中で，普段支持している政党によるレファレンダムの投票指示が重要な判断材料のひとつとなるのである(Hobolt 2007, 160-161)。

　スコットランドの分離独立住民投票において，主要4党が独立問題でどのような立場をとっているかは，有権者には明らかであった。スコットランド独立を党是とするSNPが独立に賛成していたのに対して，労働党，保守党，自由民主党といった全国政党が独立に反対していたことは，スコットランドの大多数の有権者にとって自明のことだったのである。なお，スコットランド緑の党は，2011年スコットランド議会選挙マニフェストにおいて独立に

21　スコットランド労働党とは異なり，スコットランド保守党は所得税に関する権限のスコットランド議会への全面的な移譲を提案することになった(Commission on the Future Governance of Scotland 2014)。

賛成する立場を掲げていたが，独立に向けた一歩として権限移譲を拡大することを求めていたこともあって，有権者の多くは緑の党が独立派とは認識していなかったようである（Scottish Green Party 2011, 24）。

　近年，SNPに第一党の座を奪われるまで，長期にわたってスコットランドにおいて支配的地位を占めてきたスコットランド労働党が，分離独立住民投票における独立反対派の中心的役割を占めることが期待されていた。住民投票では，労働党に加えて，保守党や自由民主党も，独立反対派の超党派団体である「ベター・トゥギャザー」に加わったが，スコットランドにおいて保守党のイメージが依然として良くないこと，そして，国政において連立与党となって以降，自由民主党のイメージも急速に悪化したことから，「ベター・トゥギャザー」の運動を支えるのがスコットランド労働党であることに疑いはなかった。それゆえ，「ベター・トゥギャザー」のリーダーとして，かつてゴードン・ブラウン労働党首相の下で財務相を務めたアリステア・ダーリング（Alistair Darling）が選ばれたのである（*The Scotsman*, 26 June 2012）[22]。

　しかしながら，「ベター・トゥギャザー」への密接な関与に対しては，スコットランド労働党の党内でも異論は少なくなかった。そもそも，独立反対派の超党派団体を形成するイニシアティヴが，スコットランド労働党ではなく，中央の労働党指導部と保守自民連立政権によって握られていたことに対して不満が存在した。さらに，連立政権が福祉縮減などの新自由主義的な緊縮政策を追求する中，労働党が保守党や自由民主党などの国政において連立与党となっている勢力と協力することは，住民投票で独立を阻止できたとしても，保守党と協力したことに対する逆風に見舞われる影響で，スコットランド労働党はその後の各種選挙で大きな打撃を受けるのではないかという懸念も出されていたのである（*Sunday Herald*, 17 November 2013）。

　保守党など国政与党との協力関係に対するこうした懸念が存在していた

---

[22]　大学卒業後すぐベター・トゥギャザーに専従活動家として参加したナイジェル・アンソニー（Nigel Anthony）は，ダーリングがリーダーに選ばれた理由として，世界金融危機の時期に財務相としてイギリスの金融機関の破綻を防いだ人物であるという点を挙げていた。アンソニーによれば，住民投票の最大の争点となると考えられていた経済問題で信頼できる人物をリーダーとすることで，有権者に対して独立反対論を広げるうえで有利になるとされた（著者とのインタビュー，2014年3月14日）。

ために,「ベター・トゥギャザー」とは別個に,労働党独自の運動団体が形成されることになった。2013年5月に結成された「労働党との結束(United with Labour)」では,スコットランド労働党党首のジョアン・ラモントに加えて,特に住民投票の投票日が迫った時期については,ブラウン前首相が中心的な役割を果たすことになった。なお,「ベター・トゥギャザー」のダーリングが保守党や自由民主党など他党の政治家との協力を惜しまなかったのに対して,ブラウンは決して保守党関係者と場を同じくすることはなく,基本的に「労働党との結束」を通じて住民投票の運動に関与することになった(Shaw 2014, 61-62)。

　分離独立住民投票をめぐる有権者の投票が政党からの指示に強い影響を受けることになれば,独立賛成派は反対派より劣勢に立たされることを意味した。なぜなら,独立派のSNPが2011年スコットランド議会選挙で過半数議席を獲得したとはいえ,得票率からすれば独立に反対する労働党,保守党,自由民主党の得票率の合計を下回っていたからである。また,世論調査によれば独立反対派政党支持者のかなりの部分が独立反対の立場をとっていたのに対して,独立派であるべきSNP支持者の一部は独立反対の立場であることが示されていた。そのため,独立賛成派としては,SNP支持者内の独立反対派を最小限にすることに加えて,独立反対派政党,特にその最大勢力であるスコットランド労働党支持者の一部を独立賛成派に変える必要があった。

　そこで,スコットランド労働党指導部による独立反対の指示の影響を弱める方策として,「イエス・スコットランド」と連携した労働党関係者による独立賛成派団体,「独立を支持する労働党(Labour for Independence)」が形成された。「独立を支持する労働党」には,スコットランド労働党の現職議員の参加は見られなかったが,元下院議員や元地方議員などかつて党内である程度知られた人物が関与することになった(*The Herald*, 30 July 2012)。

　結果として,「独立を支持する労働党」の影響はそれほど大きなものではなかったと思われるが,2014年9月18日に設定されていた住民投票の投票日が迫るにつれて,それまで世論調査で10〜20ポイントほどあった独立反対派と賛成派の差が急速に接近した。そして,9月7日に公表されたYouGovの世論調査結果では,僅差ではあったが,初めて賛成が反対を上

回ったのである[23]。態度未定を除くと，分離独立に賛成が51％であったのに対して，反対は49％となっていた(The Sunday Times, 7 September 2014)。

　住民投票の終盤で独立賛成派が急速な追い上げを見せて分離独立への賛否が拮抗するようになった背景には，「イエス・スコットランド」やSNPなど独立賛成派が土壇場で打ち出したネガティヴ・キャンペーンがあった。独立賛成派のネガティヴ・キャンペーンについては第5章で詳しく見ることにするが，要するに住民投票で分離独立が否決された場合の危険を強調する戦術であった。具体的には，イギリスの公的な医療制度であるNHS（国民保健サーヴィス：National Health Service）が，緊縮政策を追求する保守自民連立政権によって「民営化」される危険性が強調された(The Daily Telegraph, 1 August 2014)。戦後確立したNHSはイギリス国民の幅広い支持を集めていたが，特にスコットランドでは，NHSを公的制度として維持することの重要性が強く意識されていた。それゆえ，独立賛成派によるNHS「民営化」の危険をアピールするキャンペーンは，住民投票の終盤で大きなインパクトを与えたのである。

　ちなみに，ネガティヴ・キャンペーンは独立賛成派に限定されていたわけではなく，むしろ「ベター・トゥギャザー」を中心とする反対派の方が住民投票で分離独立否決を勝ち取るためにネガティヴ・キャンペーンに重点を置いていたと言っても誇張ではなかった。独立反対派のネガティヴ・キャンペーンについても，第五章で詳しく見ることにするが，主に住民投票の最大争点となった経済問題に関係していた。すなわち，独立反対派によれば，分離独立によりスコットランド経済は大幅な落ち込みに見舞われることにな

23　SNP政権において法相を務めたケニー・マカースキル（Kenny MacAskill）は，当初，大差がついていた独立賛成派と反対派への支持が，住民投票の終盤で伯仲するまでになった理由として，以下の3つを挙げていた。第一に，キャンペーンの中で有権者がスコットランド独立に関する情報に接する機会が増えたことが，特に態度未定者の間で独立支持を拡大した。第二に，イエス・スコットランドのポジティヴなキャンペーンとベター・トゥギャザーのネガティヴなキャンペーンを比較して，後者よりも前者にひかれた有権者が多かった。第三に，独立反対派に肩入れしていたイギリスの保守自民連立政権が実施していた福祉縮減などの緊縮政策への反発が，イギリスからの独立を求める動きを強化した（著者とのインタビュー，2014年9月14日）。

り，その影響でスコットランド人の生活は苦しくならざるを得ないとされた。そして，このような独立に伴う経済的困難について，イギリスの財務省や経済シンクタンクの予測にもとづいて，徹底的に印象づけるキャンペーンが行われたのである（力久 2016a, 61-65）。

　特に，経済問題に関わる争点の中でも，独立賛成派の弱点と思われた通貨問題が集中的に取り上げられた。なぜなら，「イエス・スコットランド」やSNPなど独立賛成派は，独立後もスコットランドがイギリスの通貨ポンドを継続して使用することにより，経済的な安定が保たれるという主張をしていたからである。それに対して，スコットランド労働党など独立反対派は，スコットランドの人々が抱いていた独立後の経済的な不安を和らげるポンドの継続使用に関する可能性を閉ざす必要があると考えた。そこで，保守党，労働党，自由民主党という主要全国政党の財政担当者（財務相や影の財務相など）が，スコットランドが独立した場合には，ポンドを継続使用することを認めないことを明言することになった（*The Daily Telegraph*, 14 February 2014）。それにより，独立すればスコットランドはポンドが使用できなくなり，経済的に重大な困難に直面するというイメージが有権者に強く訴えられることになったのである。

　ネガティヴ・キャンペーンの効果などにより大きくリードしていたにもかかわらず，独立賛成派の追い上げによって住民投票が予断を許さぬ接戦となったことで，保守党，労働党，自由民主党の党首，すなわちデイヴィッド・キャメロン（David Cameron）首相，エド・ミリバンド（Ed Miliband）労働党党首，ニック・クレッグ（Nick Clegg）副首相は，スコットランドの主要紙であるデイリー・レコード紙に連名で「誓約（The Vow）」を掲載することになった。「誓約」の中では，スコットランドの独立が否決された場合に，スコットランド議会の権限を大幅に拡大することが約束された。また，その内容は，2015年5月に行われるイギリスの総選挙に向けた各政党のマニフェストに明記されることになっていた[24]。まさに，次期総選挙でどの政党

24　デイリー・レコード紙への「誓約」の掲載は，労働党のブラウン前首相のイニシアティヴによって実現することになったとされている（*The Guardian*, 16 December 2014）。なお，ブラウンはスコットランド議会の権限拡大に向けたスケジュールの明確化にも尽力している。住民投票での独立否決後，ただちにSNP

が政権をとっても,スコットランドへのさらなる権限移譲は確実に実施される,ということが強くアピールされたわけである(*Daily Record*, 16 September 2014)。

分離独立住民投票キャンペーンにおける「ベター・トゥギャザー」など独立反対派の基本的な戦略は,イギリスからの独立によりスコットランドに経済的混乱がもたらされるという経済問題に焦点を当てたネガティヴ・キャンペーンを中心とするものであった。独立のネガティヴな側面をあまりに強調していたことから,「ベター・トゥギャザー」のキャンペーンは,独立賛成派やメディアなどから「恐怖のプロジェクト(Project Fear)」と呼ばれるまでになった[25]。しかし,住民投票終盤で独立への賛否が拮抗するようになると,独立反対派は独立のネガティヴな側面を強調するだけではなく,独立に反対することのポジティヴな側面も強調することになった。すなわち,独立への反対票を投じることは,権限移譲の枠組に関して単なる現状維持を意味するのではなく,スコットランドへのさらなる分権を意味するというポジティヴなメッセージが前面に掲げられたのである(Torrance 2014b, 17-18)。

分離独立住民投票において,独立反対派の最大政党としてスコットランド労働党は重要な役割を担うことになった。しかしながら,独立反対派のイニシアティヴは,スコットランド労働党のようなスコットランドの政党組織が握っていたわけではなく,イギリス(連合王国)の政党指導部によって握られていた。それは,「ベター・トゥギャザー」の設立や,そのリーダーとしてダーリング元財務相が選ばれた経緯,さらに,住民投票終盤での「誓約」のような戦略転換などにあらわれていた。特に,「誓約」の公表過程については,ブラウン前首相の働きかけが大きかったと言われている(*The Guardian*, 16 December 2014)。さらに,住民投票最大の見せ場となったテレビ討論に

を含む主要政党の代表が参加する超党派委員会を立ち上げること,そして,そこでの合意内容にもとづいて総選挙前にスコットランドへの分権法案の試案を作成し,それを総選挙後に遅滞なく成立させるというブラウンの提案を,キャメロン首相など主要政党の党首はこぞって支持することになった。

25 もともと,「恐怖のプロジェクト」という表現は,「ベター・トゥギャザー」のメディア担当者がジョークとして使っていたようだが,独立反対派のキャンペーンの特徴をうまく捉えた表現として,独立賛成派やメディアによって幅広く使用されていくことになった(Pike 2015, 31-32)。

スコットランド労働党の宣伝バス（力久昌幸撮影）

ついても，独立賛成派からはスコットランド首相でSNP党首のサーモンドが選ばれたのに対して，反対派からはダーリング元財務相が選ばれていたのである[26]。

　それに対して，ラモント党首を中心とするスコットランド労働党の活動は，中央の労働党指導部が定めた戦略にもとづいて，日々のキャンペーンに従事するという控えめなものにとどまっていた。その日々のキャンペーンについても，ラモントなどスコットランド議会の労働党議員の活動よりも，元スコットランド相ジム・マーフィーによるスコットランド各地での有権者との対話集会が注目を集めるなど，国政レヴェルの労働党がかなり大きな存在感を示していたのである。その意味では，スコットランドの分離独立住民投票における主要なプレーヤーは，実質的には国政レヴェルの主要政党指導部

26　ちなみに，テレビ討論はサーモンドとダーリングの間だけでなく，スコットランド労働党党首のラモントが参加するものも実施されたが，メイン・イベントであるサーモンドとダーリングの討論に比べれば，はるかに関心は低かった（Mitchell 2016, 95）。

とスコットランドのSNP指導部であり，スコットランド労働党など主要政党のスコットランド政党組織は脇役の役割に甘んじていたとすることができるだろう。

7　SNPの「津波」

　分離独立住民投票の結果は，独立に反対が2,001,926票(55.3%)，賛成が1,617,989票(44.7%)で，10ポイントを超える差でスコットランドの独立が否決されることになった(Electoral Management Board for Scotland 2014)。これは世論調査において，投票日の2週間ほど前から賛成派と反対派の支持率が拮抗するようになっていた状況からすれば，反対派のキャンペーンによる巻き返しが，ある程度成功した結果と見ることができるかもしれない。

　しかしながら，住民投票後の政治状況は，あたかも敗者が勝者で勝者が敗者であるかのような様相を見せることになった(Cairney 2015)[27]。

　まず，住民投票で敗北した独立賛成派のSNPとスコットランド緑の党は，入党者の急増によって組織を急速に拡大させていった。SNP党首でスコットランド首相のサーモンドは住民投票敗北の責任をとって辞任したが，有権者の高い支持を受けていたSNP副党首で副首相のニコラ・スタージョン(Nicola Sturgeon)が後任党首・首相に選出された。そして，スタージョンの選出とともに，SNPの党勢は拡大の一途をたどることになったのである。その結果，住民投票後の入党者の急増により，SNPはスコットランドに限定された政党であるにもかかわらず，全国政党である自由民主党を抜き去り，党員数で二大政党の保守党，労働党に続く第三党に躍り出た。なお，2015年3月時点で，SNPの党員数は10万人の大台を超えることになった(*The Scotsman*, 22 March 2015)。一方，SNPと並んで独立を訴えたスコットランド緑の党も，それまで党員数わずか1000人あまりであったのが，住民投票後の入党者の急増で9000人を超えて1万人の大台に迫るまでに成長したの

---

[27]　ちなみに，分離独立住民投票の実施が確定する前から，ヘンリー・マクリーシュは住民投票に敗北したSNPが大幅に勢力を拡大する危険性について懸念していた。国政レヴェルで保守党が政権を握り，スコットランド議会に対するさらなる権限移譲が進展しない状況が続けば，たとえ住民投票で敗北したとしても，SNPに対する支持がそれまで以上に高まるのではないかという懸念をマクリーシュは示していたのである(著者とのインタビュー，2009年3月26日)。

である(*The Scotsman*, 4 May 2015)。

　それに対して，かつて3万人を超える党員を有していたスコットランド労働党の党員は，住民投票での勝利にもかかわらず党員流出に歯止めがかからず，13000人を下回るようになっているのではないかと推測された(*The Herald*, 16 June 2015)。また，「ベター・トゥギャザー」で協力関係を結んだスコットランド保守党やスコットランド自由民主党の党員数も低迷していた。それゆえ，イギリスの主要3政党がスコットランドにおいて有する党員数を合計したとしても，急速に勢力を拡大したSNPの党員数の4分の1にも満たないという驚くべき状況が現出したのである(Ramsay 2014)。

　さて，住民投票開票終了直後の9月19日早朝に首相官邸前で発表されたキャメロン首相の声明が，住民投票後の政治状況に大きな波紋を引き起こすことになった。この声明の中で，キャメロン首相は，スコットランドの分離独立否決という投票結果を歓迎するとともに，住民投票キャンペーンの中で約束されたスコットランド議会に対するさらなる権限移譲をすみやかに実現すると述べた。しかし，スコットランドへの権限移譲に続いて，イギリス(連合王国)全体にかかわる改革に着手することを表明した部分が，スコットランドにおいて大きな反発を生むことになったのである。

　キャメロン首相は，スコットランド議会に対する権限移譲の拡大とともに，ウェールズ議会や北アイルランド議会についても分権枠組の強化に前向きな姿勢を見せつつ，自治議会を持たないイングランドについて，「イングランドのみに適用される法律はイングランド選出下院議員が決定する(EVEL：English Votes for English Laws)」という方策について，真剣に検討すべき時機が到来したと表明したのである。ちなみに，EVELについては，イングランドの下院議席の過半数獲得が困難と見られていた労働党は反対の姿勢をとっていたが，独立派のSNPはイングランドだけにかかわる問題の採決には棄権していたこともあって，必ずしも否定的な立場をとっていたわけではなかった[28]。

28　EVELは下院の議事規則の改正を通じて2015年10月に導入された。ただし，その内容は，「イングランドのみに適用される法律はイングランド選出下院議員が決定する」という厳格な形ではなかった。すなわち，イングランドのみに適用される法案が下院に提出された際には，下院本会議で第二読会の採決を行う前

しかし，住民投票で分離独立問題の決着がついた直後に出されたキャメロンの声明の中で，スコットランド議会に対する権限移譲の拡大が，「ウエスト・ロジアン問題」の解決策としてのEVELの導入と「並行かつ同じペースで(in tandem with, and as the same pace as)」実施されるべきとした表現が，大きな批判を浴びることになった(Cameron 2014)。スコットランドの人々からすれば，「誓約」によって迅速に実現されることが約束されていたスコットランドへのさらなる権限移譲が，EVELをめぐる政党間の対立が泥沼化することにより，その実現が遠のくのではないかという懸念が生じたのである。

　こうした懸念を受けて，辞任表明を行っていたSNPのサーモンド首相は，キャメロン首相は権限移譲の拡大について守る気もない「誓約」によって，スコットランドの人々をだまして独立に反対投票させた，と痛烈に批判することになった(The Scotsman, 21 September 2014)。その後，スコットランドにおける反発の強さに驚いた首相官邸から，スコットランドへのさらなる権限移譲とEVEL導入は必ずしもリンクするものではない，という首相声明の趣旨に関する説明が出されたが，EVELをめぐる議論がスコットランド人の間でイギリスの政府や政党に対する不信感をいっそう深めることになった[29]。

に，イングランド選出下院議員だけで構成される「大委員会(Grand Committee)」の承認を得なければならないとされたのである。これは，正確に言えば，「イングランドのみに適用される法律の制定についてイングランド選出下院議員が『拒否権』を持つ」という形式であった。厳密な形でのEVELの導入には，労働党やSNPの強い反対や上院(貴族院)の抵抗が予想されたことから，より反発を買わない「拒否権」の導入に留められたとすることができるだろう(The Guardian, 23 October 2015)。

29　ちなみに，「ベター・トゥギャザー」のリーダーであった労働党のダーリング元財務相は，キャメロン首相の声明の内容について，公表されるわずか数時間前に知らされた。ダーリングはすぐに首相官邸のキャメロンに電話して，スコットランドへの権限移譲とEVELをリンクすることの危険性を訴えたが，その訴えは聞き入れられなかった。ダーリングは首相声明が分離独立住民投票のやり直しにつながりかねないと恐れていたが，その懸念は2015年総選挙におけるスコットランドでのSNPの地滑り的勝利によって，いっそう現実味を帯びてきたと言えるかもしれない(The Guardian, 15 December 2014)。

SNPなど独立賛成派の勢いは、住民投票後のスコットランドに対するさらなる権限移譲をめぐる政治過程にも反映し、2015年総選挙にも大きなインパクトをもたらすことになった。まず、住民投票の投票日直前に出された3党首の「誓約」にもとづいて、2014年9月末に元BBC（British Broadcasting Corporation）[30]会長のスミス卿（Lord Smith of Kelvin）を委員長とする独立委員会が設置された。スミス委員会には、独立賛成派と反対派の双方を含むスコットランドの主要5政党[31]の代表がメンバーとして参加し、スコットランド議会に新たに移譲される権限についての検討が始められた。

　SNPなど独立に賛成した政党の代表は、外交、防衛、マクロ経済政策などを除いて、スコットランドに関係するすべての権限が移譲されるべきとして、最大限の権限移譲を主張することになった。それに対して、独立に反対したスコットランドの労働党、保守党、自由民主党の代表は、2012年スコットランド法で認められた権限に加えて、財政権限を中心としてさらに権限移譲を拡大するという「誓約」で示された立場を踏襲していたが、最大限の権限移譲はイギリスの国家としての一体性を危うくするばかりか、経済低迷や福祉削減などにつながるために、スコットランドの人々の利益にもならないと主張した（HM Government 2014a）。

　財政権限の移譲に関して、独立に反対した3政党の間で興味深い相違が見られた。長年にわたってイギリスの連邦制化を主張してきた自由民主党が、3政党の中で最も大胆な財政権限の移譲を求めたのは想定内のことであった。しかし、スコットランド議会を設立し、権限移譲改革を実施してきた労働党が、権限移譲に消極的と見られてきた保守党よりも控えめな立場をとることになったのである。保守党が累進課税の税率変更権を含めて所得税に関する権限の全面的な移譲を主張したのに対して、本来権限移譲に積極的であるべき労働党は、2014年3月の権限移譲に関する検討委員会の提言を踏

30　BBCは1922年に実質的に設立されたイギリスの公共放送である。日本のNHK（日本放送協会）を含め、世界の公共放送のモデルになっている。

31　5政党の内訳は、SNP、スコットランド緑の党、スコットランド労働党、スコットランド保守党、スコットランド自由民主党であった。なお、スミス委員会には、主要5政党だけでなく、労働組合などの諸団体から407件の意見書が、さらに、一般の有権者からも18,381件にも上る多くの意見書が寄せられていた（Smith Commission 2014, 10）。

襲した小規模な改革を主張するにとどまった。すなわち，2012年スコットランド法で認められた所得税の基本税率の半分にあたる10%の税源移譲を15%に引き上げる[32]，および，最高税率をイギリス（連合王国）の税率からさらに引き上げる権限を与える，というのがスコットランド労働党の主な提案となっていた（HM Government 2014a, 19）。

　スミス委員会の議論が進む中で，財政権限の移譲に関して，最大限の権限移譲を求めるSNPや連邦制化を求める自由民主党に加えて，保守党も大幅な権限移譲を訴えたことで，労働党の消極性が際立つことになった。スコットランドの人々が，住民投票において分離独立は否定したものの，現状よりもかなり大幅な権限移譲を求めていると見られていたので，スコットランドの主要政党の中で労働党が権限移譲の足を引っ張るという状況は望ましいものではなかった。そこで，ミリバンド党首を中心として，中央の労働党指導部の働きかけを受けて，スコットランド労働党も所得税に関する権限の全面的な移譲を受け入れることになった（*The Guardian*, 27 November 2014）。

　2014年11月27日に発表されたスミス委員会の報告書では，財政権限の移譲について，所得税の全面的な移譲が提案されたほか，付加価値税（VAT）の税収の半分をスコットランドの独自財源として割り当てる提案が示された。ちなみに，税率設定など付加価値税に関する権限は，イギリス政府の権限として留保されることになっていた。なお，こうした付加価値税の税収割り当てについても，スコットランド労働党の当初の立場は保守党よりも控えめなものとなっていた（HM Government 2014a, 22）。

　スミス委員会の報告書では，それまでイギリス全体で同一の制度を維持することが肝要なので，スコットランドへの権限移譲の対象としてなじまないとされていた社会保障についても，障害者向けの給付や低所得層向けの住宅給付など，いくつかの分野で権限移譲の提案が示された。スコットランド労働党は，社会保障の恩恵を受ける社会権は，イギリスの国民であればスコットランドであれイングランドであれ，居住地域によって格差が生じない平等

32　所得税の基本税率は20%だったので，労働党の提案では基本税率の税収の4分の3はスコットランドの財源となる計算であった。さらに，最高税率をイギリスの税率（45%）から引き上げれば，その分がスコットランドの財政収入になるわけであった。

な権利でなければならないとするイデオロギー面での基本的な立場から，それまで社会保障に関する権限移譲には慎重な姿勢を示していた。ただし，スコットランド労働党の検討委員会の報告書でも，スミス委員会の報告書と同様に，障害者向けの給付や低所得層向けの住宅給付などについては，権限移譲の余地があるとされていたので，この点についてスコットランド労働党が大幅な譲歩をしたというわけではなかった（Scottish Labour Devolution Commission 2014, 171-191）。

　2014年9月の住民投票から1年もたたない2015年5月に総選挙が実施されたことは，スコットランド労働党にとってあまりよいタイミングではなかった。保守自民連立政権が制定した2011年議会任期固定化法により，イギリスの総選挙は例外的な事態を除くと5年ごとの任期満了選挙となったが，前述の党員数激増にも示されていたように，独立賛成派の勢いがそのまま総選挙でのSNP支持に反映することになったからである。

　分離独立が否決された住民投票において，独立賛成票が多数を占めた地域はスコットランドの中でも貧困や失業の問題が深刻な地域[33]であったが，そのかなりの部分は伝統的にスコットランド労働党の地盤となっていた。典型的なのは，スコットランドの最大都市グラスゴーで，前回2010年総選挙では労働党が7議席すべてを独占していた。しかし，グラスゴーは住民投票においてスコットランドの32地域の中で独立賛成票が多数を占める4地域のひとつとなっていた（Mullen 2016, 13）。かくて，スコットランド労働党は最も得票と議席が期待される自らの地盤において，SNPの脅威にさらされていたのである。

　住民投票が終わって，SNP党首・首相がサーモンドからスタージョンに交代して以降，世論調査でのSNPの支持率はスコットランド労働党に10～20ポイントの大差を付けるようになった。このままでは総選挙でSNPに大敗を喫するのは明白だったことから，スコットランド労働党の党内では党首交代を求める声が起こり始めた。そして，当初はこうした党内の異論に耳を傾けなかったラモントであったが，住民投票の翌月2014年10月に党首辞

33　スコットランドで最も豊かな上位20％の地域に住む住民は，36％しか独立賛成票を投じなかったのに対して，最も貧しい下位20％の地域に住む住民は65％が独立賛成票を投じていた（Mullen 2016, 13）。

任を発表した。しかしながら，ラモントが明らかにした辞任理由は，スコットランド労働党にとって少なくないダメージをもたらすものであった。すでに見たように，ラモントは辞任理由として，中央の労働党指導部がスコットランド労働党を単なる「支部」のように取り扱っていることを挙げたのである（*Daily Record*, 25 October 2014 ）。これは，スコットランド労働党をロンドンの労働党の指揮命令下にあり，スコットランドの利益を代表する政党ではないとする SNP による批判の正しさを，党首自ら認めたということを意味していた。

　ラモントの後任には，独立反対派のキャンペーンで注目されたジム・マーフィーが選ばれた。しかし，マーフィーの選出も，スコットランド労働党の前途に漂う暗雲を払拭するものではなかった。マーフィーはそれまでのスコットランド労働党党首のようにスコットランド議会の議員ではなく下院議員であった。そして，単なる下院議員ではなく，ブレア政権やブラウン政権において閣外相や閣僚を歴任するなど，中央の労働党指導部と深い関わりを持っていた。そのため，スコットランド労働党の党内には，マーフィーの選出を必ずしも歓迎しない勢力が，労働組合を中心として少なからず存在していた。そのため，2014年12月に行われたスコットランド労働党党首選挙において，マーフィーは勝利したものの，対立候補との票差はそれほど大きくはなく，労働組合員の投票に限れば劣勢にあったのである。こうして，新党首を迎えたスコットランド労働党は，数ヵ月後の総選挙に向けて党内が一致団結する状況にはなかったと言える（Mitchell 2015, 92）。

　総選挙に向けた態勢が万全ではなく，また世論調査でも SNP に支持率で大差を付けられていたにもかかわらず，スコットランド労働党にはひとつの期待があった。それは，多層ガヴァナンスの選挙によく見られる，国政レヴェルの選挙と地域レヴェルの選挙の間での政党パフォーマンスの違いが，住民投票と総選挙でも繰り返されるだろう，という期待であった（Thorlakson 2006, 42-45）。すなわち，住民投票で独立賛成票を投じた労働党支持者は，総選挙においては SNP に投票せず，労働党に戻ってくるだろうという期待である。こうした期待があったことから，新党首のマーフィーは，総選挙でスコットランド労働党の現有議席をすべて守ってみせるという抱負を語っていた（*The Herald*, 13 December 2014）。

　しかしながら，選挙結果はこうしたマーフィーなどスコットランド労働

党の期待を大きく裏切るものとなった。先述のように，そして，世論調査にもとづく選挙結果予測が示していたとおりに，SNPはスコットランドの59議席中56議席を獲得する圧勝をおさめた。それに対して，スコットランド労働党は，現有議席をすべて維持するどころか，41議席からわずか1議席にまで減少したのである。なお，得票率についても，前回の42.9％から24.3％とほぼ半減することになった。

　2015年総選挙でのスコットランド労働党の壊滅的な惨敗については，すでに挙げたように，住民投票で独立に賛成した有権者の大多数が総選挙でもSNPに投票したのに対して，反対した有権者は投票先が労働党，保守党，自由民主党と分散したのに加えて，かなりの部分が棄権していたということがあった(McAngus 2016, 38-39)。ちなみに，投票率は前回2010年総選挙の63.8％から7.2ポイントも高い71.0％を記録し，イングランド，ウェールズ，北アイルランドの投票率を5ポイント以上上回る非常に高いものとなっていた。こうした投票率の高さには，住民投票で見られた独立問題への関心の高まりが影響していたと見ることができる(Cowley and Kavanagh 2016, 436)。

　加えて，この総選挙では，これまでスコットランド労働党を支えてきた要因が，もはや有効性を発揮できなくなっていた。すなわち，これまで労働党はスコットランドにおける保守党への強い反発を背景に，イギリス議会で保守党に対抗できる唯一の政党として多くの支持を集めてきた。しかしながら，住民投票で「ベター・トゥギャザー」などの活動を通じて保守党と協力関係を結んだことが，スコットランド労働党の「反保守党勢力」としての正統性を大きく損なうことになったのである。また，SNPも労働党に対して「赤い保守党(Red Tories)」というレッテルを貼ることにより，スコットランドの有権者の間で労働党支持を弱める執拗なキャンペーンを行った。

　さらに，2015年総選挙が「ハング・パーラメント(hung parliament：宙づり議会)」[34]になるという予測がなされていたことから，SNPが保守党に対

34　下院においてどの政党も過半数議席を獲得せず，イギリスにおいて通常見られるような二大政党の一方による単独多数政権が形成できない政治状況を指す。第二次世界大戦後は，1974年2月と2010年の二度にわたって，総選挙の結果，ハング・パーラメントが出現することになった。

抗する「反緊縮連立政権」の一翼を占める姿勢を示していたことも，スコットランド議会だけなく，イギリス議会でもSNPが政権与党となる可能性を有権者に印象づけることにより，SNPへの投票に関するハードルを下げることになった[35]。その結果，労働党はもはや保守党に対抗してイギリスの政権を担う統治政党としての資格を独占する存在ではないと見られるようになったのである(Mitchell 2015, 95)。

　2015年総選挙におけるSNPの「津波」に呑み込まれたスコットランド労働党では，敗北の責任をとってマーフィーは党首を辞任することになった。そして，マーフィーの後任として，副党首を務めていたケズィア・ダグデールが2015年8月に選出された。また，総選挙に敗北した責任により，国政レヴェルの労働党党首もエド・ミリバンドから最左派のジェレミー・コービンに交代した。

　ダグデールの党首就任から半年少々，そして総選挙惨敗から1年後のスコットランド議会選挙において，労働党はそれまでの党勢衰退傾向を押しとどめることができなかった。先述のように，2016年スコットランド議会選挙では，スコットランド労働党はSNPから政権を取り戻すどころか，SNP政権下で維持してきた野党第一党の地位さえスコットランド保守党に奪われることになったのである。ダグデール党首は最初に直面した大規模な選挙で大敗したわけだが，スコットランド労働党の党内では党首の責任を問う声は見られなかった。党首就任から間もない時期の選挙に向けて，十分な準備をすることは困難であったということに加えて，党首交代で党勢回復を求めるような小手先のやり方では問題の解決にならないということが，認識されるようになったとすることができるだろう。

おわりに

　本章では，戦後半世紀以上にわたってスコットランドの各種選挙で支配的

35　ちなみに，労働党はスコットランドにおいては，住民投票での保守党との協力をSNPに批判されていたが，イングランドなどでは，SNPと「反緊縮連立政権」を構成すれば，スコットランド独立を求めるSNPの言いなりになるという保守党の批判にさらされていた。このようにスコットランドとイングランドで挟み撃ちにあった労働党は，スコットランドにおいて壊滅的惨敗を喫する一方，イングランドなどでも議席を減らすことにより，総選挙で敗北することになる。

な立場にあったスコットランド労働党が，スコットランド議会の設立などイギリスにおける領域の再構築が継続的に進展する過程で，どのような対応を見せてきたのか検討した。権限移譲改革後，スコットランド労働党は当初は連立政権のシニア・パートナーとして優位政党の地位を維持したものの，2007年スコットランド議会選挙での政権喪失を契機として党勢衰退傾向が顕著となった。そして，2014年分離独立住民投票後には，スコットランド労働党はSNPはおろか，それまで勢力を著しく後退させていたスコットランド保守党にまで抜かれ，第三党の位置に低迷することになったのである。

概して言えば，2007年スコットランド議会選挙までの労働党は，権限移譲改革によってもたらされた多層ガヴァナンスに，比較的スムーズに対応してきたと言っても誇張ではないかもしれない。スコットランド議会が設立された初期の段階では，候補者選出手続きや選挙戦略の形成をめぐって，中央の労働党指導部による介入がなかったわけではない。序章で触れたヘプバーンとデターベックの4分類のうち，集権型政党組織にもとづく国政レヴェルによる地域レヴェルへの介入が行われたのである。こうした中央による介入は，スコットランド議会選挙における労働党のパフォーマンスに，何らかのマイナス要因として作用せざるを得なかっただろう。

しかしながら，その後，労働党の党内における国政レヴェルと地域レヴェルの間の緊張関係は，中央の指導部が異なるレヴェルにおける選挙戦略および政権戦略の多様性を受け入れる自治型政党組織への移行をめざす動きにより緩和されることになった。言い換えれば，一定の枠内において地域レヴェルの自律性を認める，すなわち，労働党の党内における一定の地域分権を促進することにより緩和されてきた。そして，国政レヴェルと地域レヴェルの間で選挙戦略や政権戦略をめぐって齟齬が生じた場合には，連邦型政党組織のように公式な手続きを通じてというわけではないが，中央とスコットランドのリーダーの間での非公式な交渉を通じて，イギリス全体として労働党の一体性を維持することが目ざされたのである。

さまざまなイデオロギー的立場，および，社会的利益や地域的利益の連合体である政党は，地域分権の進展による党内対立を抑制するための工夫として，それまでのヒエラルキー（階層序列制：hierarchy）的組織からストラータキー（階層自律制：stratachy）的組織への変容を見せることになるという見方がある。ストラータキーとは，政党内部の多様な利害のバランスをとる

ために，階層制組織における中央の統制を緩和し，それぞれの階層に一定の自律性を認める組織形態である。党内の団結を維持し，それぞれの地域ごとの環境に応じて選挙でのアピールを最大化するために，中央の政党指導部は地域レヴェルに対して一定の権限移譲を行うというわけである（Mair 1994, 17；Carty 2004, 10-11）。

2007年スコットランド議会選挙での敗北は，第一党となったSNPとの議席差もごくわずかであったことから，国政とスコットランドの双方で長期にわたって政権を維持してきた労働党としては，有権者の批判的見方が強まる中，比較的善戦したとも見ることができた。そのため，労働党の党内における権限移譲を拡大するストラータキー化には進展がなかった。その代わりに，分離独立をめざすSNPに対抗する手段として，カルマン委員会の設置などを通じてスコットランド議会に対する権限移譲拡大が追求されることになった。

2011年スコットランド議会選挙に向けて，選挙戦が始まるまでは世論調査で優位に立っていたことから，スコットランド労働党では政権復帰への期待が高まっていた。しかしながら，選挙結果は政権復帰どころか，スコットランド議会選挙では不可能と思われていた過半数議席をSNPに許す一方，スコットランド労働党は議席を大幅に減少させて惨敗を喫した。選挙惨敗のショックにより，スコットランド労働党では党組織改革を求める声が高まり，スコットランドの労働党組織全体を代表する公式のスコットランド労働党党首の地位が設置された。しかし，この改革が必ずしも十分なものではなかったことは，その後，スコットランド労働党党首が，人事をめぐる中央の介入に反発して辞任したことで明らかになった[36]。

そして，2014年9月18日の分離独立国民投票およびその後のスコットランドの政治状況により，スコットランド労働党はSNPの「津波」に呑み込まれることになった。その結果，2015年総選挙では前回選挙で獲得した41議席のうち40議席をSNPに奪われる歴史的な大敗を喫することになった。

---

36 スコットランド労働党党首を辞任したジョアン・ラモントは，スコットランド労働党が中央の労働党指導部から十分な自律性を確保していなかったことが，2015年総選挙でわずか1議席しか獲得できないという惨敗につながった一因であるとしている（著者とのインタビュー，2016年3月10日）。

さらに，翌年のスコットランド議会選挙では，政権復帰どころか野党第一党の地位さえ保守党に奪われ，労働党は第三党の位置にまで落ち込んだのである。2007年スコットランド議会選挙以降の労働党の党勢低落のスピードとその規模の大きさは，スコットランド政党政治が大きな転換点を迎えたことを示しているとすることができるだろう。

結局のところ，スコットランド議会の設立など権限移譲改革を実現するのに貢献した労働党は，新たな多層ガヴァナンスの政党間競合において成功するための戦略的対応をとることができなかった，と結論づけることができるかもしれない。かつて，権限移譲改革が実現する前に，労働党の影のスコットランド相であったジョージ・ロバートソン（George Robertson）は，「権限移譲によってナショナリズム〔SNP〕[37]は一掃される（devolution will kill nationalism stone dead）」と述べていた（*The Sunday Times*, 27 April 1997）。しかし，現実には，領域の論理にもとづいてスコットランドの利益を最もよく代表する政党としての信頼を勝ち取ったSNPが支配的地位を確保する一方，対照的に労働党は厳しい状況に追い込まれているのである。

2015年総選挙惨敗後に党首に選出されたダグデールのリーダーシップの下，スコットランド労働党は，中央の労働党指導部からのコントロールから離れた自治型政党組織の方向に歩みを進めている。しかし，2016年スコットランド議会選挙での惨敗を見る限り，党勢復活の動きは今のところ見られていない。そのことは，国政レヴェルの労働党が政権復帰への道を見出すうえで大きな足かせとなっている。なぜなら，2010年総選挙までスコットランドにおいて圧倒的多数の議席を獲得してきた労働党にとって，スコットランドでの議席回復が望めないということは，他の地域で今まで以上に多くの議席を獲得しなければならないからである。イングランド南部など保守党の地盤で大量の議席獲得をするというのは，労働党にとって至難の業と言って

---

37 〔 〕内は筆者による注釈である。ちなみに，地域ナショナリズム政党が存在する地域に対する権限移譲改革による分権は，「自治のパラドックス（Paradox of Autonomy）」をもたらす恐れが指摘されている。すなわち，分離独立の動きを鎮静化させる目的で実施された分権改革が，むしろ地域ナショナリズム政党の要求を過激化させ，その結果として分離独立の動きに対して火に油を注ぐ結果になるという問題である（Anderson 2004; 2010; Massetti and Schakel 2016; 力久 2016a）。

も大げさではないだろう。その意味で，かつて労働党の強力な地盤であったスコットランドでSNPが支配的地位を占めたことは，スコットランド労働党のみならず国政レヴェルの労働党にとっても大きな打撃となっているのである[38]。

---

38 なお，コービン党首誕生後，左翼的立場の党首を懸念する支持者の離反が見られ，国政レヴェルの労働党の支持率も低迷していることから，労働党は比較的支持率の高いウェールズを除いて，イギリス全体で困難な状況に直面していると見ることができる。

第二章　スコットランド保守党

～「反スコットランド的」イメージ解消に向けた「汚名返上戦略」～

はじめに

　第二次世界大戦が終結してから70年が経過する中で，スコットランドにおいてめざましい台頭を見せた政党は，スコットランドの分離独立をめざすスコットランド国民党である(Mitchell, Bennie and Johns 2012)。一方，SNPに対してスコットランドの労働党と保守党の二大政党は勢力を大きく後退させることになったが，衰退の時期がより早く訪れ，また当初衰退の規模がより大きかったのは保守党であった。

　保守党は1955年総選挙において，スコットランドの過半数議席を獲得したばかりか，有効投票総数の過半数を獲得するほど大きな支持を得ていた。単純化すれば，スコットランド人の半数以上が保守党を支持していたわけである。しかし，それから40年ほど過ぎた1997年総選挙では，保守党はスコットランドにおける得票率を1955年のほぼ3分の1に低下させ，議席については，わずか1議席も獲得できない状況に追い込まれることになった。その後，21世紀に入ってもスコットランドにおける保守党の党勢が上向く兆候は見られず，総選挙の得票率では15％前後，獲得議席はわずか1議席という危機的な状況が続いた。

　戦後のスコットランドにおける保守党の衰退に関して，1979年から1997年まで18年間に及ぶ保守党政権が大きな原因となったとするのが一般的である(Hassan 2012)。この時期，スコットランドの人々が必ずしも支持したわけではない新自由主義改革を，イギリス議会(連合王国議会もしくはウェストミンスター議会)の過半数議席を握る保守党政権が断行した結果，重工

業を中心とするスコットランドの主要産業が衰退し，失業者が増加したことから，保守党に対する批判的な見方が強まっていったのである。また，この時期の総選挙で，スコットランドにおいて2割から3割程度の得票率および議席しか獲得できなかった保守党が，イングランドで多数の議席を得ることにより政権を維持していたことから，保守党にはスコットランドを統治する民主主義的権限はないとする「統治権欠如論」が影響力を持つようになっていた(Hassan 2014a, 130)。

そのため，領域の論理にもとづいて，保守党はスコットランドの人々を代表する政党ではない(unScottish)，あるいは，スコットランドの利益を損なう反スコットランド的政党である(anti-Scottish)，という汚名もしくはマイナスのレッテルが貼られるようになった。その結果，スコットランドにおける保守党の党勢は右肩下がりになったというわけである(Seawright 1999, 137-139)。

また，同時期にスコットランドでは，大幅な自治権を持つ議会の設立を求める動きが強まったが，保守党政権がこうした権限移譲の求めを拒絶したことが，さらに保守党支持を低下させることにつながった。その帰結が，保守党が政権を喪失した1997年総選挙におけるスコットランドでの獲得議席ゼロという惨敗であった。

振り返ってみると，19世紀末から20世紀前半にかけて，スコットランド独自の政治行政制度の発展に最も貢献したのは保守党であった。1885年にスコットランドの行政を担当するスコットランド省を発足させたのは保守党政権であり，1892年にスコットランド省の所管大臣を閣僚として内閣のメンバーに加えたのも保守党政権であった。さらに，1926年にスコットランド省担当大臣を「スコットランド大臣(Secretary of State for Scotland)」として，内閣の主要メンバーの地位に引き上げたのも保守党政権だったのである(Mitchell 2003, 182-188; 梅川 2006, 68)。

このようにスコットランドが独自の政治行政制度を発展させるうえで目に見える貢献をしたことに象徴されるように，20世紀前半までの保守党がスコットランドの人々の要望に適切に対応してきたことが，1955年総選挙での有効投票の過半数獲得という大きな成果をもたらす一因になったと見ることができるだろう。しかしながら，その後，前述のように，保守党はスコットランドの人々が求めていない新自由主義改革を行う一方で，スコットラン

ドの人々に求められていた権限移譲を拒否するという頑なな対応の影響により，党勢が大きく落ち込むことになった。

本章では，まず19世紀末から20世紀末までのスコットランドにおける保守党，すなわちスコットランド保守党の歴史を概観し，政党組織に関する中央とスコットランドの間の関係，および，権限移譲問題をめぐる対応に注目する。その上で，1999年のスコットランド議会設立以降，スコットランド保守党が権限移譲の問題に関してどのような対応を見せることになったのか検討する。さらに，2014年9月のスコットランド分離独立住民投票におけるスコットランド保守党の対応，および，分離独立否決後のスコットランド保守党の将来について展望したい。

1 スコットランド統一党からスコットランド保守党へ

19世紀におけるイギリス政治の転換点のひとつとして，1886年の自由党分裂を挙げることができる。このときウィリアム・グラッドストン（William Ewart Gladstone）首相が議会に提出したアイルランド自治法案への賛否をめぐって，与党であった自由党が分裂することになったのである。アイルランド自治を認めればイギリスの分裂につながりかねない，とするジョゼフ・チェンバレン（Joseph Chamberlain）などの反対派は，自由党を離れて新たに自由統一党を結成することになった。一方，二大政党の相手方の自由党が分裂したことは，保守党にとって大きなチャンスであった。アイルランド自治法案が議会で否決されたために，グラッドストン首相は下院を解散して総選挙で国民の信を問うことにした。このとき保守党はすかさず新党の自由統一党と協力関係を結び，1886年総選挙で勝利を収めたのである（Brown and Fraser 2013, 392-395）。

その後，保守党と自由統一党は緊密な関係を維持し，選挙協力や連立政権構築などで協力していくことになるが，しばらくの間，組織的には別個の政党という形式を続けていた。しかし，1912年に3度目のアイルランド自治法案が時の自由党政権によって議会に提出されると，前年に制定された議会法で上院の権限が大幅に削減されたこともあって，アイルランドの自治が現実の問題として迫ってきた。このような切迫した状況の下で，それまでのように保守党と自由統一党が別個の組織を維持するよりも，選挙区組織から全国組織に至るまで，すべてのレヴェルで両党の合同を実現すべきという声が

高まった。

　1912年5月に，まずイングランドとウェールズにおいて党組織の合同が行われ，保守統一党(Conservative and Unionist Party)[1]が誕生することになった。その7ヵ月後の1912年12月にはスコットランドでも合同が実現し，新たにスコットランド統一党(Scottish Unionist Party)が誕生したのである(Warner 1988, 181-182)。ちなみに，公式には保守統一党とスコットランド統一党は別々の政党という形になっていたが，実際にはイギリス議会（ウェストミンスター議会）に選出されたスコットランド統一党の下院議員は，保守統一党の下院議員と常に一致した行動をとったので，ほとんど単一政党と変わるところはなかった。また，ボナー・ロー（Bonar Law）やアレック・ダグラス=ヒューム（Alec Douglas-Home）のように，スコットランド統一党の下院議員がイギリス首相を務めた際にも，イングランドやウェールズの保守統一党の下院議員が，首相のリーダーシップに対して特に強い反発を見せることもなかったのである。

　スコットランド統一党は第一次世界大戦後の総選挙において健闘することになった。そもそも，スコットランドでは自由党が非常に強い支持基盤を維持してきたことから，保守党の議席獲得は常に困難に直面していた。その状況は自由党の分裂によって若干改善されたものの，依然として保守党単独での議席獲得は容易ではなかった。それが自由統一党との合同によりスコットランド統一党が誕生する一方，自由党がデイヴィッド・ロイド=ジョージ（David Lloyd George）首相とハーバート・ヘンリー・アスキス（Herbert Henry Asquith）前首相の対立で，第一次大戦後に事実上の分裂状況に陥ったために，スコットランド統一党と新しく登場した労働党が漁夫の利を得ることになったのである。

　その後，戦間期から1950年代にかけて，スコットランド統一党は労働党との間で，スコットランドでの下院議員の獲得議席第一党の座をめぐって激しく争うことになった。そして，スコットランド統一党は，1955年の総選挙において，スコットランドの下院議席の過半数(71議席中の36議席)を獲

---

[1] 現在でもイギリスの保守党の正式名称は「保守統一党」であるが，スコットランドや北アイルランド以外ではこの名称が使われることはほとんどなく，一般に保守党という名称が使用されている。

得したばかりか，普通選挙が導入されて以降，どの政党も達成していなかった得票率に関して有権者の過半数の支持(50.1%)を獲得する，という偉業を成し遂げたのである(第一章，表1-1参照)。また，1940年代から1950年代にかけて，総選挙の得票率では，イングランドやウェールズの保守統一党よりもスコットランド統一党の方が，概してよいパフォーマンスを見せていた[2]。

1955年総選挙はスコットランドにおける保守党(公式にはスコットランド統一党)の党勢拡大の頂点となった。その後，得票率でも獲得議席でも長期低落傾向を示すようになっていった。そこで，党勢衰退に対処する方策として，1965年に党名変更がなされた。すなわち，それまでの「スコットランド統一党」という名称に「保守」を付け加えて，イングランドやウェールズと同様に，スコットランドでも「保守統一党」を名乗るようになったのである。

さらに，当時野党であった保守党の党首エドワード・ヒース(Edward Heath)のイニシアティヴにより，スコットランド議会を設立して中央政府から一定の権限移譲の実施をめざす「パース宣言(Declaration of Perth)」[3]も出された(Warner 1988, 210-212)。また，1970年総選挙に向けて出されたマニフェストにおいても，スコットランドの住民がスコットランドの問題について自ら決定権を持つことに肯定的な表現が盛られたように，スコットランドへの権限移譲に前向きな立場が示された。しかし，このような党名変更

---

[2] 20世紀前半の保守党がスコットランドにおいて高い支持を得た理由は，保守党の支持基盤である中産階級に加えて，労働党の支持基盤である労働者階級からかなりの支持を獲得していたことであった。彼らにとって，保守党はプロテスタントの宗派と帝国の栄光の守護者として見られていたのである。ここから，その後のスコットランド保守党衰退の一因を引き出すことが可能である。すなわち，スコットランド社会の世俗化が進み，帝国からの撤退が加速するとともに，労働者階級における保守党支持が減少していくことになったのである(Devine 2008b, 151)。

[3] 1967年11月の下院補欠選挙におけるスコットランド国民党(SNP)の勝利によって，スコットランド・ナショナリズムが高まったことから，主要政党の側は何らかの対応を迫られていた。ヒース党首はスコットランドに対する権限移譲について，時の労働党政権に先んじて積極的な立場を採用したと言うことができる。

や権限移譲を支持する立場の採用は目立った効果を発揮することなく，その後もスコットランド保守党(公式には保守統一党)の党勢は回復しなかった(Mitchell and Convery 2012, 177-178)。

1975年2月に党首がヒースからマーガレット・サッチャー(Margaret Thatcher)に交代したことは，1979年総選挙において保守党のスコットランドにおける獲得議席数を若干増加させた[4]。しかしながら，サッチャーの党首就任および1979年以降の首相就任は，総選挙での議席増という形で短期的にはスコットランドでの保守党の党勢拡大に貢献したが，長期的には大きな困難をもたらすことになった。

なお，サッチャーの党首就任を契機として，スコットランドへの権限移譲に対する保守党の立場に変化が見られた。党首就任直後は，権限移譲に肯定的なヒース党首時代の立場が維持されたが，スコットランド議会の設立に向けた労働党政権の法案を審議する過程で，保守党は当該法案に反対する立場を明確にしたのである。これは保守党がスコットランドへの権限移譲そのものに反対するというわけではなく，労働党政権の法案には問題があるので反対せざるを得ない，という理由で正当化されていたが，保守党が権限移譲に消極的になりつつある兆候として理解された(Torrance 2014a, 81-82)。

1979年総選挙のマニフェストでは，保守党はスコットランドにおける統治の将来像について建設的な議論を行う用意があるとされたが，保守党政権の成立とともに，権限移譲の問題に対するサッチャー首相の関心は失われていった(Conservative Party 1979, 277)。権限移譲よりもむしろ，議会主権に象徴されるイギリスの中央集権体制のもとで，スコットランドを含めたイギリス(連合王国)全体に新自由主義的な改革を広げることが追求されるようになったのである。スコットランドへの権限移譲に対する保守党政権の否定的な態度は，労働党の党内対立を契機とする同党の分裂，および，その結果として保守党に対抗する勢力が労働党と連合(自由党＋社会民主党)の間で二分されたために，1983年総選挙では大きなダメージにはならなかった。保守党はスコットランドで前回の1979年総選挙結果にほぼ匹敵する議席を獲得

---

4 保守党はスコットランドの選挙区において，前回1974年10月選挙で獲得した16議席から22議席にまで増加させ，6議席増となっていた(Cairney and McGarvey 2013, 45)。

したのである[5]。

　しかしながら，サッチャー政権が追求する新自由主義改革は，スコットランドやイングランド北部など製造業を主軸とする地域に大きなダメージを与えることになった。1980年代のスコットランドでは，1930年代の世界恐慌の時代以来見られなかった大量の失業者が発生し，その元凶と見なされた保守党政権に対する強い反発が噴出した。1987年総選挙では，有権者の反発と戦術投票[6]のターゲットとなったスコットランド保守党は，前回の1983年総選挙で獲得した21議席から10議席に半減することになった（Butler and Kavanagh 1988, 284）。

　1987年総選挙は，スコットランドへの権限移譲を求める動きを加速させる契機となった。なぜなら，保守党はスコットランドでは大幅に議席を減らして有権者の支持を得ていないことが明確になったが，イングランドでは前回に続いて労働党など野党に大差をつけて地滑り的勝利を得ていたために，スコットランドとイングランドの政治的な違いに注目が集まったからである。スコットランドでは支持されていない保守党が，人口の多いイングランドで多数の議席を獲得して政権を握り続けることで，「民主主義の赤字（democratic deficit）」が発生しているという主張が影響力を持つようになった。そして，保守党政権によってスコットランド人が求めていない新自由主義改革が押しつけられることを防止するために，大幅な自治権を持つスコットランド議会を設立する権限移譲の実現を求める声が高まっていった（Hassan 2014b, 128）。

　1987年総選挙の翌年，野党の労働党と自由民主党[7]は，労働組合など各

---

[5]　保守党は1983年総選挙においてスコットランド全体で21議席を獲得していた。これは前回の選挙結果からわずか1議席を減らしたにすぎなかった（Cairney and McGarvey 2013, 45）。

[6]　1987年総選挙では，保守党が議席を有する選挙区で，保守党の候補者を破る可能性がある政党の候補者に，他の政党の支持者が投票を行うことにより，保守党候補者の落選を狙う投票行動が幅広く見られた。こうした投票は戦術投票（tactical voting）あるいは戦略投票と呼ばれる。

[7]　「連合（Alliance）」という形で選挙協力を行っていた自由党と社会民主党は，1987年総選挙直後に合同に向けた交渉を開始し，その結果1988年に「社会自由民主党」が成立することになった。なお，その後，合同した政党の名称として

種団体や宗教組織とともにスコットランド憲政会議を設立して，党派を超えて権限移譲を求める広範な運動を展開することになった(Marr 2013, 195-205)。これに対して，サッチャー首相は1988年5月に開かれたスコットランド保守党大会の演説において，スコットランドに対する権限移譲は分離独立への踏み石になるとして，「私がこの党の党首である限り，連合王国の一体性を守り，立法面での権限移譲をはっきりと否定する」(Thatcher 1988)と述べて，スコットランド議会の設立を認めない立場を変えなかった。こうした権限移譲の問題に関するサッチャー首相の頑なな姿勢は，保守党はイングランドの利益を代表する政党であり，スコットランドの利益を代表する政党ではないとする見方をいっそう強めていくことになる。

　1990年11月にサッチャー首相が退陣し，後任首相および保守党党首にジョン・メイジャー(John Major)が就任した。しかし，党首の交代が権限移譲に関する保守党の立場を転換させることはなかった。メイジャー首相はサッチャー首相時代に導入され，有権者の不評を買っていた人頭税(Poll Tax，公式にはCommunity Charge)を廃止して，新たな住民税(Council Tax)を導入するなどの政策転換を行った。しかし，スコットランド議会の設立は分離独立につながるという点については，メイジャーはサッチャーと同様の見方であった。

　1992年総選挙では，保守党の得票率と獲得議席に前回選挙からわずかばかりの回復が見られた(得票率で1.6ポイント，獲得議席では1議席の増加)。この選挙結果は，イギリスの国家としての一体性維持，すなわち権限移譲の否定というメイジャー首相の方針の正しさを示すものとして受け取られた。ちなみに，1992年総選挙の保守党マニフェストでは，スコットランド議会の設立が明確に否定され，「保守党はそのような不必要な政府機構の設立には断固反対する」(Conservative Party 1992, 47)という立場が示されていた。

　しかし，次の1997年総選挙は，権限移譲を否定してきたサッチャー首相以降の保守党の立場が，スコットランドの有権者を遠ざけたことをまざまざと示す結果となった。保守党はこの選挙でも，マニフェストの中で権限移譲を明確に否定していたが，選挙結果は得票率を大幅に減らしたばかりか，前

は，「自由民主党」という名称が使われるようになった(Driver 2011, 117)。

回選挙で獲得した11議席をすべて失うことになったのである(Conservative Party 1997, 50-51)。その結果，スコットランドはウェールズとともに保守党下院議員が1人もいない，いわば保守党「フリーゾーン」を形成することになった。

　1997年総選挙で地滑り的な大勝を収めた労働党は，新政権発足後間もない1997年9月にスコットランドへの権限移譲の是非を問う住民投票を実施した。すでに第一章で見たように，労働党の1997年総選挙マニフェストでは，スコットランドの住民投票において2つの質問が行われることが示されていた。すなわち，スコットランド議会を設立することの是非，および，スコットランドにおける所得税の税率を全国レヴェルの税率から一定の範囲内で変更する権限を与えることの是非が，それぞれ問われることになっていたのである(Labour Party 1997, 33-35)。

　スコットランド保守党の中には，1997年総選挙における大敗を受けて，スコットランド議会の設立を受け入れたうえで，保守党とは別個にスコットランド独自の保守主義政党を結成することを求める人々もあった(*The Scotsman*, 19 May 1997)。しかしながら，総選挙の翌月に開催されたスコットランド保守党大会では，権限移譲の是非をめぐる住民投票において保守党は反対の立場をとるべし，とする決議が圧倒的多数で可決されることになった[8]。総選挙で明確に反対の立場を示した権限移譲の問題について，わずか数ヵ月後の住民投票で一転して賛成に回るわけにはいかないという議論が大勢を占めたのであった(*The Scotsman*, 29 June 1997)。1997年9月に予定されていた住民投票に向けて，保守党はスコットランド議会の設置と税率変更権限の付与という2つの項目に両方とも反対(NO，NO)することを訴える運動団体として，「再考せよ」を結成することになった[9]。

---

[8] 興味深いのは，保守党はスコットランド議会の設立に反対する一方で，もし住民投票において賛成多数で議会が設立された場合には，スコットランド議会選挙に候補者を立てて戦うことが確認されていたことであった。いわば，住民投票が実施される前から，保守党はスコットランド議会が設立される可能性が高いことを認めていたのである。

[9] なお，権限移譲をめぐる住民投票において，議会設置と税率変更権限の付与という2つの項目に対して，両方とも賛成(YES，YES)することを求める超党派の運動団体として，「スコットランド前進」が結成されていた。スコットランドの

「再考せよ」による権限移譲反対運動は広がりを見せなかった。なぜなら，この団体は特定の政党に支配されない超党派の運動団体を標榜していたものの，実際には，その実態は保守党の別働隊であることは明白だったので，有権者に対するアピール力が限られていたからである。ちなみに，「再考せよ」は保守党以外の主要政党の支持を獲得することができなかった。また，実質的に保守党が中心となった「再考せよ」は，総選挙で保守党がスコットランドの議席をすべて失っていたために，有権者によく知られた有力リーダーを欠いていたことからも，そのアピール力には限界があった（力久 2003, 292）。

1997年9月11日に実施された住民投票の結果は，権限移譲に反対するキャンペーンを行った「再考せよ」とスコットランド保守党の完敗に終わった。スコットランド議会設立の問題については，投票総数の74.3%が賛成したのに加えて，新たに設立される議会に所得税率変更権限を付与することに賛成する割合は，63.5%に上っていたのである。住民投票は，保守党などの反対論にもかかわらず，スコットランドの多くの人々が権限移譲を支持していることを明らかにした。

2　権限移譲の消極的受け入れと党勢の停滞

住民投票の敗北を受けて，スコットランド保守党はこの敗北を権限移譲問題に関する転換の好機として捉えるべき，とする見方があった。住民投票での承認によってスコットランド議会の設立が確定したわけだが，保守党は1999年に予定されていたスコットランド議会選挙に単に候補者を立てて戦う準備をするだけでなく，権限移譲に関して労働党を超えるような大胆な立場を打ち出すべきであるという声が，党内で起こるようになったのである。

たとえば，財政に関してスコットランド議会・政府の歳入はイギリス政府からの一括補助金に依存する形式が予定されていた。それに対して，財政に関する責任を確立するために，スコットランド保守党は財政権限すなわち課税権に関する権限移譲の実現を追求すべきであるという主張が，住民投票敗

主要政党のうち，労働党，SNP，自由民主党の3党が「スコットランド前進」に参加することになった。

北直後からなされていた(*The Herald*, 24 September 1997)。また，党名について，スコットランド保守党(保守統一党)から，1965年以前の「スコットランド統一党」に戻すべきとする意見もあった。しかしながら，こうした急進的な提案が受け入れられることはなかった。スコットランド保守党党首の地位を新たに設定するなどの若干の組織変更はあったものの，党の基本的な立場としては権限移譲の消極的受け入れにとどまるなど大きな変化は見られなかった(Torrance 2012, 95-96)。

　1999年5月に行われた第一回スコットランド議会選挙は，スコットランド保守党にとって皮肉な結果に終わった。初のスコットランド保守党党首となったデイヴィッド・マクレッチー（David McLetchie)の下で，1997年総選挙惨敗からの巻き返しが図られたこの選挙で，保守党は一定の議席数を確保することに成功したが，その得票率は惨敗に終わった総選挙の数値をさらに下回ったのである。保守党は1997年総選挙で獲得した得票率17.5%から，さらに2ポイント近く低い15.6%の得票率にとどまった[10]。皮肉であったのは，イギリス議会(ウェストミンスター議会)下院の選挙制度について比例代表制の導入に反対し，小選挙区制の維持を強く求めてきた保守党が，比例代表制の要素が強いスコットランド議会選挙では，まさにそれまで反対していた比例代表制のおかげで18議席を獲得できたということであった(第一章，表1-4参照)。

　ちなみに，スコットランド議会の選挙制度は追加議員制と称され，小選挙区制に比例代表制の要素を加えた選挙制度であった。有権者は小選挙区と比例代表の2票を持ち，73名が小選挙区から，56名が拘束名簿式比例代表制で選出されることになっていた。スコットランド保守党は，1999年選挙では小選挙区の当選者を1人も出すことができず，党首マクレッチーの議席を含め，保守党の18議席はすべて比例代表によって選出されたものであった。それまで反対してきた比例代表制のおかげで議席獲得に成功した皮肉を指摘されたマクレッチーは，選挙制度に則って正当に勝ち取った議席なので何ら恥じるところはない，と述べている(*The Herald*, 8 May 1999)。

　新たに設立されたスコットランド議会における保守党は，権限移譲後の

10　この得票率は選挙区のもの。比例代表の得票率はさらに低く，15.4%となっていた。

スコットランド政治において明確な方針の下に復活の道を歩み始めたとは言い難かった。スコットランド保守党の初代党首となったマクレッチーや，2005年に後継党首に選ばれたアナベル・ゴールディー（Annabel Goldie）は，労働党のお株を奪うような高齢者介護無料化などの社会民主主義的な福祉政策を打ち出す一方，学校の場で同性愛に関する教育を禁止する規定の削除に反対するなどの社会的保守主義の立場をとったために，必ずしも一貫した政策パッケージを提示したわけではなかった。そのため，有権者からすれば，スコットランド保守党の政策的な立ち位置が非常にわかりにくくなっていた（Torrance 2012, 101-105）。そして，特に問題であったのは，スコットランド保守党が住民投票の敗北によって権限移譲を受け入れたものの，スコットランドの人々の利益となるように権限移譲を発展させる積極的な姿勢が一向に見られなかったことであった。

ただ，マクレッチーやゴールディーのリーダーシップが一貫したものではなかった背景には，スコットランド保守党やイギリスの保守党の党内で，権限移譲をめぐる対立が解消されていなかったという事情もあった。イギリスの下院議員や上院議員の中には，スコットランド議員の職をすべて廃止して，代わりにスコットランド選出下院議員がその役割を担うようにすれば，多額の費用を節約できるという主張を平気で行う者も見られたのである（*The Scotsman*, 19 May 2005）。それに対して，スコットランド議員の中には，財政権限の移譲に加えて，スコットランド保守党をイギリスの保守党から組織的に独立させることにより，ドイツのキリスト教民主同盟（Christlich-Demokratische Union）とキリスト教社会同盟（Christlich-Soziale Union）の関係のような，異なる政党の間での協力関係に移行すべきであるという，かなり急進的な改革を求める声もあった（*The Scotsman*, 23 May 2005）。

このようにスコットランド議会や保守党組織の将来について大きく異なる見方があったために，党内対立の激化を恐れたマクレッチーやゴールディーは，安全第一の慎重な立場をとらざるを得なかったとも見ることができる[11]。

---

11 スコットランド保守党が比較的強い地盤を有してきたイングランドに接するスコットランド南部では，党勢停滞を立て直すために選挙組織の拡充と選挙戦術の洗練が追求された。しかし，平凡な行動主義（banal activism）と呼ばれるこうし

マクレッチーとゴールディーがそれぞれ党首を務めた時期は，スコットランド保守党の党勢が停滞を続けた時期でもあった。党勢の停滞は，イギリスの総選挙結果とスコットランド議会選挙結果の両方に示された。

　総選挙での結果については，1997年総選挙での惨敗によって保守党に対する支持が底を打った後，緩やかではあっても党勢の回復が見られるだろうという期待があった。しかし，その後4回行われた総選挙において，少なくとも得票率で見た場合のスコットランド保守党の党勢は，回復するどころかさらなる微減を見せたのである。1997年総選挙での得票率は17.5%であったが，2001年総選挙では15.6%，2005年総選挙では15.8%，そして，国政レヴェルにおいて保守党が自由民主党との連立政権ではあったが政権復帰を果たした2010年総選挙でも16.7%と，1997年総選挙の得票率をいずれも下回る結果となったのである。さらに，保守党が単独過半数議席を回復した2015年総選挙では，20世紀以降で最低となる14.9%を記録することになった。ただし，スコットランド保守党にとって若干の救いとなったのは，比較的保守党支持が強いイングランドとの境界に近い南部の選挙区において，2001年総選挙以降1議席を確保してきたことであった。しかし，その後2015年総選挙に至るまで，スコットランドでの保守党の獲得議席は，1議席から増大することはなかった。

　スコットランド議会選挙でのパフォーマンスも，総選挙とほぼ同じ状況が長い間見られた。保守党は1999年選挙で獲得した18議席を10年以上にわたって超えることはなく，2003年選挙では18議席の現状維持となったが，2007年選挙では17議席，2011年選挙では15議席と獲得議席を少しずつ減らす党勢減退が見られたのである。また，得票率についても，1999年選挙で獲得した15%程度を10年以上にわたって大きく超えることはできなかった。なお，総選挙と同様に，スコットランド議会選挙においても，保守党は2003年選挙以降，若干の小選挙区で議席獲得に成功しているが，比例代表の議席を加えた全体での議席増にはなかなかつながらなかった。しかし，スコットランド保守党の党勢減退傾向に大きな変化をもたらしたのが，2016年スコットランド議会選挙であった。この選挙については，後で詳しく見る

た努力だけでは，有権者の間でのスコットランド保守党に対する根強い不信感を払拭することはできなかったようである(Smith 2011)。

ことにしよう。

3　汚名返上戦略

　2007年のスコットランド議会選挙において，分離独立をめざすスコットランド国民党(SNP)少数政権が誕生したことは，スコットランド保守党に対して新たな機会を提供する契機となった（力久 2013）。それまで保守党は，スコットランド議会において労働党と自由民主党の連立政権に対抗する野党第一党としてSNPが注目されていたこともあって，比較的目立たない存在であった。すでに見たように，スコットランド保守党は権限移譲の問題に関して積極的な提案を打ち出すこともなく，スコットランド議会の設立を消極的に受け入れただけにとどまっていた。

　さらに問題であったのは，スコットランドの有権者の中で，保守党はイングランドの政党であり，自分たちスコットランド人を代表する政党ではないという見方が，1997年総選挙敗北後10年を経た後も根強く残っていたことであった。スコットランド保守党としては，スコットランドの広範な有権者から「スコットランドの政党」として認めてもらうことなしに，党勢の回復は実現できるはずもないことは火を見るよりも明らかだったのである。

　そこで，スコットランド保守党が追求することになったのが，「解毒戦略(detoxification strategy)」，言い換えれば汚名返上戦略であった。

　汚名返上戦略が追求されるようになった背景には，サッチャー政権とメイジャー政権の18年間で，スコットランドにおける保守党のイメージはかなり「有毒な(toxic)」なものになっていたことがあった。すなわち，スコットランドの多くの有権者が，イデオロギーや政策の内容とは関係なく，保守党は「反スコットランド的」というイメージを抱くようになっていたのである（Finlay 2008, 168）。スコットランド保守党としては，「反スコットランド的」というレッテルを何とかして解毒・中和しないことには，保守的な考え方を持つ人々にさえも支持されない状況にあったとすることができるだろう。

　SNP少数政権の誕生を受けて，スコットランド保守党は2つの戦略的な対応を見せることになった。

　ひとつは，議会で過半数を持たないSNP少数政権の予算案を支持するのと引き替えに，政策面での譲歩を引き出すという対応であった。予算案への賛成によって，保守党はSNPから警察官の増員，麻薬中毒者のリハビリ予

算増額，中小企業への税控除拡大など，政策面でいくつかの成果を獲得することになった。それにより，スコットランドの有権者に対して，保守党の存在意義を一定程度アピールすることが可能となった(*The Herald*, 2 February 2008)。

もうひとつは，スコットランドに対するさらなる権限移譲について，それまでの消極的な態度を改めて，より積極的な態度を見せるようになったことである。権限移譲の問題に関するスコットランド保守党の転換の契機は，2007年のスコットランド議会選挙でSNPに政権を奪われたスコットランド労働党によってもたらされた。

選挙敗北の責任により，ジャック・マコーネルに代わり，ウェンディー・アレクサンダーがスコットランド労働党の新しい党首に選出されていた。第一章で見たように，スコットランド労働党党首に就任してすぐに，アレクサンダーはスコットランドへのさらなる権限移譲を超党派の合意によって実現すべきとする提案を行った。それに対して，スコットランド保守党党首のゴールディーは，この提案を「権限移譲の第二段階の開始を告げるものである」として歓迎し，労働党および自由民主党とともに，後に「カルマン委員会」として知られる検討委員会に参加することになった(*The Scotsman*, 7 December 2007)。

SNPはカルマン委員会の議題が権限移譲に限定され，スコットランド独立の問題が検討対象に含まれないことを批判して参加しなかった。一方，スコットランド保守党指導部は，それまで権限移譲に消極的と見なされていた保守党が，労働党および自由民主党とともにさらなる権限移譲の問題について前向きな立場から検討に加わることは，保守党の「解毒」，「汚名返上」にとって少なからぬ意味を持つものとして捉えていた。しかしながら，党内には依然として権限移譲の拡大に批判的な勢力もあった。そのため，カルマン委員会へのスコットランド保守党の対応は，1960年代に「パース宣言」が出された際と同様に，それほど熱のこもったものではなかった(Torrance 2012, 106)。

2005年12月に保守党党首選挙でデイヴィッド・キャメロンが選出されたことにより，スコットランド保守党が汚名返上戦略を追求するうえで好ましい環境が形成されていた。それまでの保守党党首とは異なり，キャメロンはスコットランドへの権限移譲に否定的な態度をとっていたわけではなかっ

たので，スコットランド保守党がカルマン委員会に参加するうえで問題はなかった。ちなみに，労働党の場合には，中央の指導部によるスコットランド労働党の人事などへの介入がしばしば見られたが，キャメロン以降の保守党の場合には，スコットランド保守党の活動に対する「傍観（benign neglect）」の姿勢が顕著だった（Convery 2014a, 31; 2016, 73）。2010年総選挙に向けた保守党マニフェストでは，カルマン委員会報告書の勧告を尊重して，政権復帰後1年以内に政府白書を作成し，その後，早い時期にスコットランド議会の権限拡大を実現する法律を制定することが公約されていた（Conservative Party 2010, 83）。

　2010年総選挙直前のスコットランド保守党大会において，キャメロンはイギリス（連合王国）におけるスコットランドの存在意義を確認し，首相に就任した暁には，スコットランドのSNP政権との間で建設的な協力関係を構築することを約束していた（*The Daily Express*, 13 February 2010）。実際に，キャメロンは首相に就任してわずか数日後にはエディンバラを訪問して，スコットランド首相（第一大臣）のアレックス・サーモンドと会見し，保守党首相によるスコットランド重視の姿勢を印象づけている（*The Scotsman*, 15 May 2010）。

　保守党が自由民主党との連立によって国政レヴェルで政権復帰を果たした2010年総選挙では，スコットランドにおいても保守党の勢力回復が期待されていた。2007年スコットランド議会選挙以降の汚名返上戦略によって，スコットランド保守党は「反スコットランド的」というレッテルを取り去り，その結果として総選挙での一定の勢力拡大が予想されたのである。しかしながら，実際の選挙結果は，得票率で前回2005年総選挙の15.8％から16.7％と，0.9ポイントばかりの微増を果たしたに過ぎなかった。また，獲得議席は前回同様わずか1議席にとどまった（第一章，表1-1参照）[12]。

12　SNP党首でスコットランド首相のサーモンドは，スコットランドの保守党下院議員とジャイアント・パンダに関する自分のジョークがお気に入りであった。2011年12月に中国からエディンバラ動物園に2頭のジャイアント・パンダがやってきたが，そのときスコットランド選出の保守党下院議員は1人だけだったので，スコットランドには保守党下院議員よりもジャイアント・パンダの方が多い（すなわちスコットランドで保守党は支持されていない），ということをサーモンドは皮肉ったのである（Salmond 2011）。

2010年総選挙でも党勢停滞傾向に変化の兆しが見られないことから、スコットランド保守党は検討委員会を設置して党組織に関する改革に取り組むことになった。総選挙やスコットランド議会選挙において得票率や議席が伸びない一因は、スコットランド保守党の党組織の衰退に求められた。かつて4万人を超える党員を抱えていたスコットランド保守党の党組織は、2010年総選挙時点で1万人を切るほど縮小していたことに注意が喚起された。また、より深刻な問題として取り上げられたのは、スコットランドの有権者の多くが保守党の存在意義を疑い、また少なくない人々が保守党を「反スコットランド的」と見なしているという状況であった。

　検討委員会の報告書は、政策面では、スコットランド議会・政府に対する財政権限移譲の問題について、スコットランド保守党指導部と一般党員並びにイギリスの保守党指導部との間で率直な議論を行うべきであるとして、特に方向性を示したわけではなかった。それに対して、組織面では、従来公式にはスコットランド議会の保守党グループのリーダーにすぎなかったスコットランド保守党党首の地位を、スコットランドにおける保守党組織全体のリーダーにするべきであるという勧告がなされた。そして、名実ともにスコットランド保守党の「党首」を選ぶ党首選挙については、1人1票の党員投票で行うべきとされたのである[13]。

　ただ、かつて見られたように、スコットランド保守党をイギリスの保守党から組織的に独立させたうえで、「保守党」という党名自体についても変更する急進的な改革は退けられた。スコットランド保守党がイギリスの保守党組織の一員であることのメリットは大きいとされたのである（Scottish Conservative and Unionist Party 2010）。

　2011年スコットランド議会選挙に向けて、保守党は過大な期待を抱いていたわけではなかったが、SNPのサーモンド首相に次いでスコットランドの有権者から支持されていたゴールディーを党首としていることで、党勢停滞

---

[13] ゴールディー党首は検討委員会に対して、スコットランド保守党党首の地位強化を訴えていた。結果として、スコットランド保守党党首が、スコットランド議会だけでなく、スコットランド選出下院議員を含むその他の党組織についても責任を負う態勢が整えられたことが、スコットランド保守党の勢力回復に貢献することになるとゴールディーは考えていた（著者とのインタビュー、2014年3月11日）。

傾向を逆転することができるという見方は強かった[14]。

　しかしながら，SNPが過半数議席を獲得する地滑り的な勝利をおさめた2011年選挙は，スコットランド保守党にとって1999年の第一回スコットランド議会選挙以降，最悪の結果をもたらした。得票率は，小選挙区が13.4%，比例代表が12.4%と過去最低となり，獲得議席数は15議席と前回からさらに2議席減らしていたのである[15]。9議席を失った労働党や11議席を失った自由民主党と比べれば，スコットランド保守党の敗北の規模は大きくなかったとすることができるかもしれないが，ゴールディーは選挙敗北の責任をとって党首の地位から退くことを明らかにした (*The Scotsman*, 10 May 2011)。

4　2011年党首選挙

　ゴールディーの辞任によって実施されたスコットランド保守党の党首選挙では，権限移譲問題をめぐる立ち位置，および，それと密接に関係するスコットランドの分離独立住民投票に向けた対応をめぐって，2つの対照的な選択肢が提示されることになった。なお，スコットランド保守党党首選挙が行われた2011年11月の時点では，分離独立住民投票の実施は確定していなかった。しかし，スコットランド議会選挙において独立派のSNPが過半数議席を獲得していたために，2015年までの任期中に住民投票が実施される可能性はかなり高いと見られていた[16]。

14　Ipsos MORIの世論調査では，支持率から不支持率を引いた純支持率について，サーモンドはプラス30%，ゴールディーはプラス10%であった。なお，スコットランドの労働党と自由民主党の党首はそれぞれプラス1%，マイナス4%であった (Ipsos MORI 2011)。

15　スコットランド保守党とウェールズ保守党を比較した研究によれば，2007年と2011年の選挙では後者の勢力回復が前者を上回っていた。その理由としては，ウェールズ保守党がいち早く権限移譲を支持する立場を明確にしたことに加えて，ウェールズ独自の政策的立場をとるようになったことが挙げられていた。なお，保守党の党内権限移譲については，スコットランド保守党の方がウェールズ保守党よりも進んでいたが，必ずしもそれが結果をもたらしていないことが明らかにされたと見ることができる (Convery 2016)。

16　分離独立をめざしていたSNPがスコットランド議会で過半数議席を獲得したことにより，分離独立をめぐる住民投票を合法的に実施できるようになったわけ

1999年のスコットランド議会設立以降，スコットランド保守党の党首を務めたマクレッチーとゴールディーの2人は選挙で選ばれたわけではなかった。彼らは他に出馬する候補者がいなかったために，無投票で選出されていたのである[17]。それに対して，2011年の党首選挙には4人の候補者が名乗りをあげた。

　党首選挙に出馬した候補者の中で，スコットランド保守党のそれまでの立場から大きな転換を迫る急進的な主張を行ったのは，ゴールディの下で副党首を務めていたマード・フレイザー（Murdo Fraser）であった。

　かつてフレイザーは，他のスコットランド保守党政治家と同様に，スコットランド議会の設立などの権限移譲に対して反対する姿勢をとっていた。しかし，フレイザーはこの党首選挙の期間中，権限移譲の是非を問う1997年の住民投票で保守党が反対派の運動に参加したのは誤りであったことを率直に認めたのである。そのうえで，フレイザーは，近い将来に実施されることが確実視されていた分離独立をめぐる住民投票を，スコットランド保守党は「脅威」としてではなく「機会」として捉えるべきであるとした。来たるべき住民投票においてスコットランドの独立を阻止し，イギリス（連合王国）の国家としての存続を確実にするためには，スコットランド保守党は2つの大幅な転換を必要としていると，フレイザーは論じたのである。

　フレイザーが掲げた第一の転換は，権限移譲およびスコットランド議会に関する転換であった。すでに見たように，スコットランド保守党は1997年

ではない。なぜなら，イギリスの国家構造に関する権限は，権限移譲を定めた1998年スコットランド法に示されていたように，スコットランド議会ではなくイギリスの国政に携わるウェストミンスター議会が持っているからである。それゆえ，SNPには分離独立住民投票を実施する法的な権限はなかった（Lynch 2013, 283）。

17　2011年党首選挙が行われるまで，スコットランド保守党の党首選出はスコットランド議会の保守党議員の投票によって行われることになっていた。しかしながら，2011年スコットランド議会選挙での敗北により党改革を検討するために設置された検討委員会の勧告を受けて，スコットランド保守党党首の選出については一般党員の投票によって行い，その選出方法も単純な相対多数制ではなく，オーストラリアの下院選挙と同様の選好順位指定投票制に変更されることになった（Convery 2014b, 310-312）。

の住民投票敗北後,スコットランドに対する権限移譲を容認することになったが,それはともすればスコットランド議会の設立という「現実」に対する消極的な適応にすぎないと見られていた。その後,スコットランド保守党は,ゴールディー党首の下で追求された汚名返上戦略の一環として,カルマン委員会に参加して一定の権限移譲拡大を支持することになった。しかし,こうしたさらなる権限移譲への支持は,必ずしも熱意を持って行われたわけではなかったために,スコットランドの有権者に対して保守党の変化を印象づけることにはならなかった。フレイザーによれば,状況に迫られて権限移譲の拡大を徐々に受け入れていくというこのようなやり方では,保守党はいつまでたっても「スコットランドの政党」として認められることはない,とされたのである。

　そこで,それまでとは大きく異なる立場,すなわち,一方でイギリスの国家としての一体性を維持するためにスコットランドの独立に反対する立場を堅持しつつ,他方でスコットランド議会に対する権限移譲に関して,労働党をはるかに超える積極的な立場をとることをフレイザーは推奨した。それにより,保守党を「スコットランドの政党」として有権者に印象づけることが肝心であるとされたのである。そして,スコットランド議会へのさらなる権限移譲を推進するために,カルマン委員会やその勧告を反映したスコットランド法に示された財政権限移譲の内容を大幅に拡充するべきであるという立場が示された。フレイザーによれば,スコットランド保守党は「権限移譲の進化(evolution of devolution)」を掲げる政党にならなければならない,とされたのである(*The Guardian*, 5 September 2011)。

　フレーザーが掲げた第二の転換は党組織に関するものであった。その内容は,スコットランド保守党のあり方を根本的に変える提案であったことから,党内に大きな波紋を呼び起こすことになった。フレイザーはスコットランド保守党の解党的再スタートを提唱したのである。これはすなわち,イギリス全域で活動する保守党の地方組織というスコットランド保守党の位置づけを全面的に改めることを意味していた。スコットランド保守党の組織や人員を基礎として,まったく新しい保守主義政党をスコットランドで立ち上げるという提案だったのである。

　新しい政党のイメージとしては,ドイツのバイエルン州におけるキリスト教社会同盟が例としてあげられた。キリスト教社会同盟は,バイエルン州以

外のドイツ各州で活動するキリスト教民主同盟とは，密接な協力関係を有する姉妹政党の関係にある。両党はドイツ連邦議会において統一会派を組むことにより，あたかもひとつの政党のように活動している。フレイザーは，スコットランド以外で活動するイギリス保守党とスコットランドの新しい保守政党が，ドイツのキリスト教民主同盟とキリスト教社会同盟と同じように，組織面では独立しているが，イデオロギー面や国政に関する活動では一致協力する関係を構築することが望ましいとしていた。

なぜこのような根本的な組織改革が必要とされるかと言えば，スコットランド保守党がイギリス保守党の地方組織としての位置にあることで，「スコットランドの政党」として受け入れられずに，「イングランドの政党」である保守党の言いなりの下部組織という印象を払拭することができないからであった。フレイザーによれば，スコットランド保守党の追求する減税や規制緩和などの中道右派的な政策を求める人々は，スコットランドでもかなりの割合を占めていると思われるが，スコットランド保守党が「イングランドの政党」として見られている限り，こうした中道右派的政策選好を持つ有権者の支持を得ることは非常に困難になっているとされた。

要するに，現状のままでは，中道右派の有権者はスコットランド保守党に投票するどころか，その政策内容に目を向けることさえない。それゆえ，まずは「イングランドの政党」というレッテルをはがし，「スコットランドの政党」として保守党のスコットランド・アイデンティティを明確にするために，イギリス保守党からの分離，そして，新しい保守主義政党の立ち上げが求められたのである(Fraser 2011)[18]。

ちなみに，本章の冒頭で見たように，自由統一党との合同によって1912年から1965年までスコットランドの保守党は，「スコットランド統一党」としてイギリス(連合王国)の他の地域で活動する保守党(保守統一党)と形式的には別個の存在とされていた。そうした過去の経緯を考えれば，フレイ

---

18 スコットランド保守党の国政レヴェルの保守党からの分離は実現しなかったが，党首選に勝利したダヴィッドソンが，後にスコットランド議会に対する権限移譲の拡大を支持する立場に転換したことは，フレイザーによれば，彼の主張が党内で一定の支持を得たことにより実現することになったとされている(著者とのインタビュー，2014年3月11日)。

ザーの提案は、かつての組織的な形式をより実質的な形で再現するものであったと見ることもできる[19]。

スコットランド保守党に根本的な転換を迫ったフレイザーに対して、他の3人の候補者は、権限移譲の問題と党組織改革の問題についてそれまでの路線を維持する立場を明確にしていた。

とりわけフレイザーに対抗する候補者として注目されるようになったルース・ダヴィッドソン(Ruth Davidson)は、フレイザーの求める新しい保守主義政党の立ち上げは混乱を招くだけであり、党勢回復のために必要なのは党員の拡大や政策の再検討などの地道な改革であると主張していた。そして、重要なのは、活力とカリスマを持ったリーダーの下でそのような改革を着実に進展させることであるとした。その意味で、党首選当時32歳と若く、またかつて「鉄の女」と呼ばれたサッチャーを彷彿とさせる意志の強い女性であること、保守党政治家としては珍しく同性愛者であることをオープンにしている自分が党首に就任することにより、スコットランド保守党のイメージを大きく改善することができるという点を、ダヴィッドソンは強くアピールした[20]。さらに、スコットランド議会に対する権限移譲については、カルマン委員会において合意され、2012年スコットランド法に反映されることになる部分的な財政権限の移譲にとどめるべきとして、この点でもダヴィッドソン(およびその他2人の候補者[21])は、フレイザーとは対照的な立場をとって

---

19 スコットランドにおける保守党の総選挙での成果は、「スコットランド統一党」として戦った1955年総選挙が最もよかったことも、党組織の分離が望ましいとするひとつの理由として挙げられていた(*Scotland on Sunday*, 4 September 2011)。

20 エディンバラ大学を卒業後、BBCで働いていたダヴィッドソンが保守党に入党したのは2009年のことであった。また、スコットランド議会の議員となったのは、まさに党首選が行われた2011年の選挙であった。その意味で、スコットランド保守党は新人議員を党首に選ぶという、きわめて危険な賭に出るほど追い詰められていたと言えるかもしれない(Leslie 2016)。

21 スコットランド保守党の党首選挙には、フレイザーとダヴィッドソンの他に、ジャクソン・カーロウ(Jackson Carlaw)とマーガレット・ミッチェル(Margaret Mitchell)が出馬していたが、両者とも支持を広げることができず、党首選はフレイザーとダヴィッドソンの実質的な一騎打ちとなった(Convery 2014b)。

いた(*The Scotsman*, 9 September 2011)。

　2011年11月4日に開票結果が公表されたスコットランド保守党の党首選挙では，ダヴィッドソンがフレイザーを抑えて新党首に選出された。選好順位指定投票制で行われたこの選挙では，第一選好票についてはダヴィッドソンの2278票に対してフレイザーが2096票であったが，落選が確定した他の2候補の第一選好票を下位の選好に応じて振り分けた結果，ダヴィッドソン2983票，フレイザーが2417票となり，ダヴィッドソンの当選が確定した。ちなみに，最終的な得票率では，ダヴィッドソンが55.2%，フレイザーが44.8%であり，10ポイントほどの差をつけた当選であった(*The Scotsman*, 11 November 2011)。

　ダヴィッドソンの当選は，一方でスコットランド保守党の党員の多数がイギリス保守党からの分離を望んでいないことを明らかにした。しかし，他方で党組織の分離と新党結成というフレイザーの急進的な提案を支持する党員が4割を超えていたということは，スコットランド議会設立以降の党勢低迷に危機感を抱く人々が少なくないことを示していた(Convery 2014b, 319-320)。

　スコットランド保守党が，党首選挙において根本的な転換を求めたフレイザーではなく，現状維持に近い立場を掲げていたダヴィッドソンを選択した直後，キャメロン首相を中心とするイギリス保守党指導部は，スコットランドへの権限移譲の枠組について，さらなる検討を行う用意があるという姿勢を見せた。2012年2月にエディンバラを訪問したキャメロンは，スコットランドのイギリスからの分離独立の是非を問うことになる，来たるべき住民投票においてイギリス残留という結果が出た場合には，すでに2012年スコットランド法で認められていた権限に加えて，さらにスコットランド議会の権限を拡大することについて検討の用意があると述べたのである(Cameron 2012a)。

　これは，ダヴィッドソンが前年のスコットランド保守党党首選挙で示した現状維持の立場とは明らかに異なるものであった。キャメロン首相の発言は，イギリスからの独立には不安を抱いているが，スコットランド議会が有している現状の権限では不十分であるという考えの有権者を，分離独立をめぐる住民投票において反対投票させるための戦術的な方策として理解することができるだろう。しかしながら，キャメロンの発言によって，ダヴィッド

ソンの立場は党首選挙からわずか数ヵ月で覆される結果となった。

キャメロン首相の「指示」に従ってスコットランド保守党が権限移譲に関する立場を改めることは、「イングランドの政党」というマイナスのレッテルをさらに強めてしまう恐れがあったために、ダヴィッドソンとしてはなんとしても避けねばならなかった。そこで、2013年3月に、元上院院内総務のストラスクライド卿（Lord Strathclyde）を委員長とする検討委員会の設置が発表された（*The Herald*, 27 March 2013）。そして、1年あまりの審議を経て2014年6月に公表された報告書において、所得税に関するすべての権限をスコットランド議会に移譲するなどの財政権限の移譲を中心として、広範な権限移譲の提案が示されたのである（Commission on the Future Governance of Scotland 2014）。

ストラスクライド委員会の報告書を受けて、ダヴィッドソンはスコットランド議会の将来に関する「非常によい青写真である」と述べた。キャメロン首相の「指示」に従ったのではなく、独立したストラスクライド委員会の提言に応じるという形式をとることにより、ダヴィッドソンは党首選挙の際に示した、さらなる権限移譲への反対の立場を、何とか面子を保つ形で変化させることになった（*The Herald*, 2 June 2013）。

5　分離独立住民投票

スコットランド分離独立の是非を問う住民投票は2014年9月18日に実施された。第一章で見たように、住民投票の時期および形式をめぐって、スコットランドのSNP政権とイギリスの保守党と自由民主党の連立政権の間で交渉が行われた。

SNPの側は、世論調査で分離独立を支持する割合が多数になっていなかったことから、独立に懐疑的な有権者を説得する時間を確保するために、2014年以降に住民投票を行うことを求めていた。それに対して、イギリスの保守自民連立政権の側は、世論調査で独立反対が圧倒的多数を占めている状況を利用して、できるだけ早い時期に住民投票を実施することを望んでいた。また、住民投票の形式についても、SNPの側が、分離独立への賛否という二択ではなく、最大限の権限移譲という選択肢を加えた三択で行うことを求めていたのに対して、連立政権の側は、最大限の権限移譲が独立へ向けた足がかりになることを恐れて、分離独立への賛否という二択に限定すること

を求めていた。

　上記の対立点を中心として，保守自民連立政権とSNP政権との間で，分離独立住民投票をめぐる交渉が行われ，2012年10月15日に，キャメロン首相とサーモンド首相（第一大臣）との間でエディンバラ協定が結ばれた。このエディンバラ協定では，2014年中に住民投票を実施することが合意され，時期に関してはSNPの要望が受け入れられた。一方，選択肢については保守党などが求める分離独立への賛否という二択に限られることになり，最大限の権限移譲という三番目の選択肢は排除された[22]。また，住民投票の運営について独立機関である選挙委員会が責任を負うこと，そして，有権者資格を18歳以上から16歳以上に引き下げることが合意された（HM Government and the Scottish Government 2012）。

　エディンバラ協定をめぐる交渉においては，イギリス（連合王国）の国家構造に関する権限をイギリス議会（ウェストミンスター議会）およびイギリス政府が握っていることから，必然的にスコットランド保守党は主要な役割を果たすことはなく，キャメロン首相を中心とするイギリス保守党指導部と連立与党の自由民主党指導部が中心的な役割を担うことになった。このようなイギリス保守党がイニシアティヴをとり，スコットランド保守党がそれに従うというパターンは，エディンバラ協定成立後に実質的な住民投票キャンペーンがスタートして以降も繰り返されることになる。

　エディンバラ協定が成立する半年ほど前に，分離独立住民投票の実施を見越して，超党派を標榜する独立賛成派と反対派の運動団体がそれぞれ立ち上げられていた。賛成派の団体としては「イエス・スコットランド」，反対派の団体としては「ベター・トゥギャザー」が発足することになった（Maxwell and Torrance 2014）。

　住民投票では，労働党や自由民主党とともに保守党も「ベター・トゥギャザー」の活動に密接に関与することになるが，スコットランドにおいて保守党のイメージが依然として良くないこともあって，目立った活動は避けられ

---

[22] キャメロン首相は，住民投票に関してSNPが非妥協的な態度を崩さなかった場合には，イギリス政府のイニシアティヴで分離独立の是非を問う住民投票の早期実施に踏み切るという，「最終手段（nuclear option）」を考えていたと言われている（Cochrane 2014, 9）。

エディンバラ城（力久昌幸撮影）

た。そのため，反対派運動団体のリーダーとしては，保守党や自由民主党など連立与党からではなく，ゴードン・ブラウン前労働党首相の下で財務相を務めたアリステア・ダーリングが選ばれた。そして，スコットランド保守党党首のダヴィッドソンなど保守党関係者は，「ベター・トゥギャザー」のダー

リングの下で比較的控えめな役割を果たすことになった。

　なお，超党派団体の「ベター・トゥギャザー」とは別個に，住民投票における保守党独自の運動団体として，「保守党連合の友(Conservative Friends of the Union)」も作られたが，その基本的な位置づけは，労働党や自由民主党など他の政党とともに超党派の運動に関わることに抵抗感を持つ保守党支持者のネットワーク，という性格にとどまった(*The Herald*, 4 September 2012)。

　分離独立住民投票に向けて，スコットランド保守党はひとつのけじめをつけておく必要があった。それはスコットランド議会の設立など権限移譲に反対した過去の立場について，単に住民投票に敗れたから渋々権限移譲を受け入れるようになったのではなく，そもそも権限移譲に反対する立場をとったのは誤りであったということを明確に認める意思の表明であった。このようなけじめをつけることなしに分離独立住民投票に臨むことになれば，スコットランドの人々が保守党の主張に耳を傾けるようになるとは期待できなかったのである。

　スコットランド保守党党首のダヴィッドソンは，2013年の演説の中で，スコットランド議会を設立することがスコットランドの人々の「揺るぎない意思(settled will)」であることが明らかであったにもかかわらず，その設立に反対した保守党は，スコットランドの将来に関心がない政党として見られるようになったと指摘した。そのうえでダヴィッドソンは，スコットランド保守党はスコットランドの人々の希望を妨害するのではなく，むしろその実現に貢献するために努力すること，および，過去にとらわれることなく，スコットランド議会の権限強化を望むスコットランドの人々とともに，その実現に向けて前進すべきであるとしたのである。さらに，分離独立問題については，イギリスへの残留がスコットランドの利益にかなっているとしながらも，万が一独立が賛成多数となった場合でも，保守党がスコットランドのために全力を尽くすことに変わりはないという立場が示された(Davidson 2013)。

　分離独立をめぐる住民投票キャンペーンにおいて，スコットランド保守党は労働党や自由民主党とともに，反対派の超党派団体「ベター・トゥギャザー」の運動を支える役割を果たすことになった。スコットランドの独立に反対し，イギリスへの残留を求める主張については，労働党や自由民主党と

大きく異なるわけではなかった。イギリスから独立するよりも，残留する方がスコットランドにとってよりよい将来を約束する(それゆえ「ベター・トゥギャザー」)，というところに焦点が当てられていたのである。ただ，キャンペーンの中で保守党らしい特徴も見られた。それはスコットランドの愛国主義(patriotism)の強調である。

　2012年のスコットランド保守党大会演説の中で，キャメロン首相は，スコットランドの愛国主義についてSNPの独占を許してきたことが，分離独立を求めるナショナリズム勢力の拡大に歯止めをかけることができなかった主要な理由であると述べた。

　青地に斜め白十字のセント・アンドリューズの旗はスコットランドを象徴する誇り高いシンボルであるが，SNPはそれを自分たちの党のシンボルとして利用している。SNPによれば，スコットランドを愛する愛国者は独立を支持すべきで，イギリス残留を求める者は「反スコットランド的」というレッテルを貼られることになる。こうしたSNPによる愛国主義の独占に対して，キャメロンは，スコットランドを愛することとイギリス残留を求めることは両立する，ということを粘り強く主張していかなければならないとしたのである(Cameron 2012b)。また，ダヴィッドソンは，スコットランドがイギリス(連合王国)の一員であることの意義を評価する人々と独立を求める人々の間で，国を愛する思いの強さに関して何ら違いはないことを強調していた(Davidson 2013)。

　さらに，SNPからの「反スコットランド的」，「非愛国的」という攻撃をかわすために，スコットランドがイギリスから分離独立することができる「可能性」については受け入れる立場が示された。

　キャメロン首相は，スコットランドは小さすぎるのでイギリスから独立してやっていけないと主張したことは一度もなく，むしろ独立国家としてのスコットランドは十分存立可能性を有するとした。ただし，スコットランドにとって，およびイングランドにとっても，連合王国としてのパートナーシップを維持する方が望ましいことから，スコットランドの独立に反対であるとしたのである(Cameron 2012b)。誇りあるスコットランド人のひとりとして，スコットランド保守党党首のダヴィッドソンもスコットランドの独立国家としての存立可能性を肯定していたが，独立可能ということと独立論への支持を安易に結びつけるべきではないとして，イギリスへの残留がスコット

ランドによりよい将来を約束すると論じていた(Davidson 2013)。

　愛国主義をSNPから取り戻すことと並んで重視されたのが，分離独立をめぐる住民投票における反対投票は「現状維持」を意味するわけではない，ということをスコットランドの人々にはっきりと印象づけることであった。SNPや「イエス・スコットランド」は，住民投票で独立が否決されれば，スコットランド議会の権限は変化しないばかりか，保守自民連立政権が推進している緊縮政策の影響により，スコットランドの人々の生活が大きく悪化するという主張をキャンペーンの中心に位置づけていた。いわば，独立しなければ生活が苦しくなるという不安をあおることにより，独立賛成票の掘り起こしが追求されたのである。

　こうした独立賛成派の攻撃の矛先をかわすためには，それまで権限移譲の拡大に消極的であると見られてきたスコットランド保守党が，労働党や自由民主党のお株を奪うような積極的な立場を示す必要があった。そこで，先述のように，キャメロン首相を中心とするイギリス保守党指導部のイニシアティヴにより，住民投票で残留の結果が出た場合には，スコットランド議会の権限をさらに拡大する用意があることが示された(Cameron 2012a)。また，2011年のスコットランド保守党党首選において現状維持の立場を示したダヴィッドソンも，自らの立場を大きく変化させることになった。ストラスクライド卿を委員長とする検討委員会の答申にもとづき，ダヴィッドソンは，所得税課税権などの財政権限の移譲を中心として，スコットランド議会に対する広範な権限移譲を支持するようになったのである(Commission on the Future Governance of Scotland 2014)。

　第一章で見たように，住民投票の投票日が迫るにつれて，それまで世論調査で見られていた独立反対派と賛成派の差が急速に縮小した。そして，投票日まで2週間を切った時期に公表された世論調査では，僅差ではあったが初めて賛成が反対を上回ったのである(*The Sunday Times*, 7 September 2014)。それまで大差での勝利が予想されていたにもかかわらず，賛成派の追い上げによって投票結果が予断を許さぬ接戦となったことで，保守党のキャメロン首相，労働党のエド・ミリバンド党首，自由民主党のニック・クレッグ副首相は，デイリー・レコード紙に連名で「誓約」を掲載した。3党首の「誓約」の中では，スコットランドの独立が否決された場合に，スコットランド議会の権限を大幅に拡大することが約束され，その内容は次期総選挙に向け

た各政党のマニフェストに明記されることになった。これにより，総選挙でどの政党が政権をとっても，スコットランドへのさらなる権限移譲は確実に実施される，ということが強くアピールされた(*Daily Record*, 16 September 2014)。

分離独立をめぐる住民投票を反対多数の結果に導くためには，スコットランド議会の権限拡大などのポジティヴなアピールだけでなく，独立した場合の経済的困難を強調してSNPおよび「イエス・スコットランド」の独立論を攻撃する，ネガティヴ・キャンペーンも重視された。そして，独立賛成派の主張の中で最大の弱点と目されたのが通貨問題であった。

SNPは，独立に関する青写真を示したスコットランド政府白書の中で，独立後もスコットランドがイギリスの通貨ポンドを継続して使用することが，スコットランドのみならず，イギリスの経済的な利益にもなるとしていた。同じ通貨を使い続けることにより，為替相場の変動などのリスクをなくすことができるので，独立後のスコットランドとイギリスの経済関係を良好に保つことができるというわけである(Scottish Government 2013, 110-112)。スコットランドの人々が抱いていた独立後の経済的な不安を和らげるうえで，信頼性ある通貨ポンドを引き続き使用可能であることを保証するのは，住民投票で賛成多数の結果をめざすSNPにとっては不可欠と言っても誇張ではなかった。

それに対して，独立反対派としては，ポンドの継続使用に関するSNPの保証を掘り崩す必要があった。そのために，投票日直前に出された「誓約」と同様のフォーマットで，独立後のスコットランドはポンドを使用できないことが明確にされた。すなわち，保守党の財務相ジョージ・オズボーン(George Osborne)，自由民主党の財務首席担当相ダニー・アレクサンダー(Danny Alexander)，労働党の影の財務相エド・ボールズ(Ed Balls)の3人が，スコットランドが独立した場合には，引き続きポンドを使用することは不可能であるという立場を明らかにしたのである(*The Daily Telegraph*, 14 February 2014)。

その結果，2015年に予定されていたイギリスの総選挙でどの政党が勝利したとしても，独立と同時にスコットランドがポンドを失うことが有権者に強く印象づけられることになった(Macwhirter 2014a, 385-390)。分離独立住民投票に反対派が勝利するためには，必ずしも分離独立の意義を認めてい

ない，いわゆる「サイレント・マジョリティー」の票を確実につかむことが必要であると考えられていた。そのためには，通貨問題を中心として経済問題に関するスコットランド人の不安を喚起することが，決定的な重要性を占めていたと見ることができる(力久 2014)[23]。

以上のように，分離独立住民投票キャンペーンにおける独立反対派の基本的な戦略は，反対票を投じることは現状維持を意味するのではなく，スコットランドへのさらなる分権を意味するというポジティヴなメッセージを前面に掲げつつ，独立は通貨ポンドの喪失により経済的混乱をもたらすなど，有権者の不安を喚起するネガティヴ・キャンペーンを展開するという２つの柱によって構成されていた(Torrance 2014b, 17-18)。

ただ，前者については保守党，労働党，自由民主党の党首による「誓約」が注目される一方，後者についても３政党の財務担当者の主張に重点が置かれたように，イギリスの国政レヴェルの政党指導部が中心的な役割を果たすことになった。それに対して，スコットランド保守党などスコットランドの政党組織の活動は，中央の政党指導部が定めた戦略にもとづいて，日々のキャンペーンに従事するという控えめなものにとどまっていた。スコットランド保守党党首のダヴィッドソンは，30代半ばという若手政治家であったにもかかわらず，住民投票においてスコットランド独立反対論を有権者に説得的に展開できる論客として一定の評価を受けるようになった。しかし，キャメロン首相やオズボーン財務相，あるいは，SNPのサーモンド首相やニコラ・スタージョン副首相と比べても，「軽量級」政治家という印象を払拭することはできなかった(Torrance 2013, 265)。

---

23 ちなみに，オズボーン財務相らが，スコットランドの独立とポンドの継続使用は両立しないことを明言した直後の世論調査では，独立反対が増加するどころか若干減少し，逆に独立賛成が数ポイント増加することになった。これはスコットランドにポンドの継続使用を認めないというオズボーンらの主張が，イングランドの政治家がスコットランドに対して「命令」をしていると受け取られたことで，イングランドへの反発感情が独立賛成論を一時的に押し上げた結果と見ることができる。ブラウン前首相などスコットランドの政治家の中には，通貨問題に関するオズボーンらの主張を支持しつつも，そのプレゼンテーションのあり方が「イングランド対スコットランド」という枠組で捉えられる危険性について危惧する者も存在した(*The Guardian*, 16 December 2014)。

その意味では，スコットランドの分離独立住民投票の基本的な対立は，主としてイギリスの主要政党指導部とスコットランドのSNP指導部の間に存在し，スコットランド保守党など主要政党のスコットランド政党組織は脇役の役割を演じていたとすることができるだろう。

6　分離独立住民投票後のスコットランド保守党

2014年9月18日に行われたスコットランド分離独立住民投票は，独立反対票が55.3%，賛成票が44.7%となり，10ポイントを超える差でスコットランドの独立が否決された(Electoral Management Board for Scotland 2014)。これは世論調査で独立賛成と反対が拮抗する状況があらわれていたことからすれば，独立反対派の余裕ある勝利と言っても誇張ではなかった。

しかしながら，第一章で見たように，住民投票後の政治状況は，あたかも敗者が勝者で勝者が敗者であるかのような様相を見せたのである(Cairney 2015)。

すなわち，住民投票で敗北した独立賛成派のSNPとスコットランド緑の党が，入党者の急増によって組織を急速に拡大させていったのに対して，独立反対派の労働党，保守党，自由民主党の党員数は拡大するどころか，むしろ低迷したのである。ルース・ダヴィッドソンは，スコットランド保守党大会での党首演説において，2011年の党首就任以来の党員増により11000人を数えるようになったと述べていた(Davidson 2012)が，住民投票後には再び1万人を切っているのではないかと見られている。それに対して，SNPの党員数は急速に増大し，2015年3月時点で10万人の大台を超えることになった(The Scotsman, 22 March 2015)。保守党と同様に独立反対派の労働党や自由民主党の党員数も低迷していたことから，イギリスの主要3政党がスコットランドにおいて有する党員数を合計したとしても，急速に勢力を拡大したSNPの党員数の4分の1にも満たない状況になった。

住民投票開票終了直後に発表されたキャメロン首相の声明が，住民投票後の政治状況に大きな波紋を巻き起こした。この声明の中で，キャメロン首相は，住民投票キャンペーンにおいて約束したスコットランド議会に対するさらなる権限移譲をすみやかに実現すると述べていた。しかし，それに加えて，イギリス(連合王国)全体にかかわる改革，特にイングランドの立法過程の改革を進めるという点が，スコットランド人の間で大きな反発を生むこと

になった。

　キャメロン首相は，スコットランド議会に対する権限移譲の拡大とともに，ウェールズ議会や北アイルランド議会についても分権枠組の強化に前向きな姿勢を見せつつ，分権議会を持たないイングランドについて，「イングランドのみに適用される法律はイングランド選出下院議員が決定する（EVEL）」という立法手続きを導入する改革を進める態度を明確にした。EVELについて独立派のSNPは必ずしも否定的な立場をとっていたわけではなかったが，キャメロンの声明の中で，スコットランド議会に対する権限移譲の拡大が，EVELの導入と「並行かつ同じペースで」実施されるべきとした表現が，大きな批判を浴びることになったのである（Cameron 2014）。なぜなら，「誓約」によって迅速に実現されるはずのスコットランド議会の権限拡大が，EVELをめぐる政党間の対立により，速やかに実現しないのではないかという懸念が生じたからである。

　住民投票直後のキャメロンの声明に対する反発の強さに驚いた首相官邸は，スコットランドへのさらなる権限移譲とEVEL導入は必ずしもリンクしたものではない，という趣旨の説明を行ったが，EVELをめぐる議論がスコットランド人の間でイギリスの政府や政党に対する不信感をいっそう深めることになった。なお，EVELについては，1999年の権限移譲改革以降，保守党の公式の立場となっていたので，スコットランド保守党の中で異論があるわけではなかった。しかし，住民投票において分離独立が否決されたタイミングでこの問題を提起するという判断については，キャメロン首相を中心とする首相官邸においてなされ，スコットランド保守党の関与はほとんどなかった（*The Guardian*, 15 December 2014）。

　第一章で詳しく見たように，住民投票キャンペーン中に出された3党首の「誓約」にもとづいて，2014年9月末に元BBC会長のスミス卿を委員長とする独立委員会が設置され，スコットランドの主要5政党の代表がメンバーとして参加し，スコットランド議会に新たに移譲される権限についての検討がなされることになった。独立賛成派政党の代表は，外交，防衛，マクロ経済政策などを除いて，スコットランドに関係するすべての権限が移譲されるべきとして，最大限の権限移譲を主張したが，スコットランド保守党を含む独立反対派政党の代表は，最大限の権限移譲はイギリスの国家としての一体性を危うくするばかりか，経済低迷や福祉削減などにつながるために，

スコットランドの人々の利益にならないと主張して，両者の対立が見られた（HM Government 2014a）。

なお，財政権限の移譲に関して，独立反対派政党の間で興味深い相違が見られた。特に注目すべきなのは，それまで権限移譲にそれほど積極的とは見られていなかったスコットランド保守党が，2014年のストラスクライド委員会報告書で打ち出されていた内容，すなわち累進課税の税率変更を含めて所得税の全面的な移譲を主張したことである。それに対して，スコットランド議会設立に貢献し，本来権限移譲に積極的であるべきスコットランド労働党の提案は，所得税の全面的な移譲を求める革新的なものではなく，2012年スコットランド法で認められた所得税の税源移譲を若干拡大する程度の控えめなものとなっていた（HM Government 2014a, 19）。スコットランドへの権限移譲をめぐって，住民投票キャンペーンの前後で保守党と労働党との間で無視できない相対的立場の変化（権限移譲に消極的であった保守党が労働党よりも若干積極的になった）が見られたことは，大変興味深いとすることができるだろう。

2014年11月に発表されたスミス委員会の報告書では，財政権限の移譲について，スコットランド保守党の主張していた所得税の全面的な移譲が提案されたほか，付加価値税の税収の半分をスコットランドの独自財源にすることとされた。ちなみに，こうした付加価値税の税収割り当てについても，労働党と比較して保守党はより前向きな立場を示していた（HM Government 2014a, 22）。さらに，それまで権限移譲の対象とされてこなかった社会保障についても，障害者向けの給付や低所得層向けの住宅給付など，いくつかの分野で権限移譲の提案が示された。こうした社会保障分野に関する権限移譲に関しても，保守党は一部の福祉政策に関してスコットランドが独自の政策運営を行う意義を認めるようになっていた。なお，スミス委員会の報告書の内容は，その構成メンバーである主要5政党の立場の中間的位置に落ち着くことになったが，それはスコットランド保守党が主張していたものとかなり近いものになったと見ることができる。

2007年のSNP少数政権誕生をきっかけとして追求されてきた「汚名返上戦略」にもとづいて，権限移譲の拡大に関する立場を前向きなものに改めてきたスコットランド保守党の着実な努力は，スミス委員会の報告書とそれを基盤とするスコットランドに対する新たな権限移譲法案に反映されることに

なった。2015年総選挙に向けた保守党のマニフェストでは，スミス委員会の報告書に示された所得税を含む大幅な財政権限の移譲や一部の社会保障分野に関する権限移譲を速やかに実現するために，総選挙後に召集される議会に新しいスコットランド法の法案を提出し，その早期成立をめざす旨が明記されることになった。そして，こうした権限移譲を通じて，スコットランド議会を世界のどの自治議会と比べても遜色のない，広範な権限を有する強力な議会にするという公約がなされていた（Conservative Party 2015, 70）。

　保守党の政権維持か労働党の政権奪還か注目された2015年総選挙において，スコットランド保守党の勢力回復について大きな期待があったわけではなかった。たしかに，前年の住民投票での分離独立否決という成果をもとにして，スコットランドでの保守党議席に若干の増加が見られるかもしれない，という希望的観測がなかったというわけではない。しかし，前回選挙でわずか1議席にとどまったスコットランド保守党が，議席の大幅増を遂げることはないだろう，という現実的な見方が大勢だったのである。

　実際の選挙結果はまたしても落胆させるものとなった。まず獲得議席については，前回同様わずか1議席にとどまった。さらに問題であったのは，得票率に関して，前回の16.7％から14.9％へと，1.8ポイントの減少を見せたことであった。これは総選挙での保守党の得票率に関して，20世紀以降の最低記録となった2001年総選挙での15.6％から，さらに0.7ポイント低い数値だったのである[24]。一方，保守党はイングランドとウェールズでは得票率と獲得議席を伸ばし，2010年総選挙では達成できなかった下院の過半数議席を獲得することに成功した。保守党はイングランドで得票率を前回の39.6％から41.0％に増加させ，21議席増を果たしていた。また，ウェールズでも得票率を前回の26.1％から27.2％に増加させ，3議席増を果たして

---

[24] スコットランド保守党とは異なり，ウェールズ保守党は2015年総選挙において一定の成果を上げていた。ウェールズ保守党は，27.2％の得票率で獲得議席を前回よりも3議席増やして，11議席を獲得していたのである。なお，ウェールズ保守党の党勢拡大については，スコットランド保守党よりも早い段階で「汚名返上戦略」を採用したこと，そして，ウェールズ議会の権限拡大の是非を問う2011年の住民投票において賛成派キャンペーンに積極的に関与したことなどにより，ウェールズの人々の間で保守党はウェールズの利益を代表する政党であるという認識を広めたことなどが理由として考えられる（Melding 2012）。

いた。得票率ではそれぞれわずか1ポイント強ほどの増加であったが，獲得議席については前回から1割弱ほどの増加となったことで，全体として過半数議席獲得につながったのである(Cowley and Kavanagh 2016, 436)。こうした保守党のイングランドやウェールズでの勢力拡大と比較すると，過大な期待はなかったとはいえ，スコットランド保守党の選挙結果は見栄えのしないものであった[25]。

25　スコットランド保守党がスコットランドの有権者からなかなか支持を得ることができなかったことの説明として，よく聞かれるのが次の2つである。
　ひとつは，イギリスの中でもスコットランドは特に社会民主主義的なイデオロギー的立場を持つ有権者が多いので，右派政党である保守党の支持が広がりにくいというものである。2010年総選挙時に行われた所得再分配に関するスコットランド人とイングランド人の世論調査結果は，こうした説明を支持しているようにも見える。政府が高所得者から低所得者に所得再分配を実施すべきかという質問に，イングランド人は34％が同意していたのに対して，スコットランド人は43％が同意していたのである。しかし，両者の間の9ポイント差は必ずしも大きなものではなく，保守党がイングランドで獲得した得票率(39.6%)とスコットランドでの得票率(16.7%)の間の圧倒的な差を説明するものではない。スコットランドは，右派保守主義のイングランドとは異なり，左派急進主義が政治の主流となっているという一般の見方は必ずしも妥当であるとは言えず，むしろ両者の違いはそれほど大きくはないのである(Mitchell 2014, 281)。
　もうひとつの説明は，スコットランド保守党による権限移譲への反対などのかつての「汚名」返上が進まず，「反スコットランド的な」「イングランドの政党」というスコットランド人のアイデンティティを刺激する批判を受けていたことが，支持拡大の大きな足かせになったというものである。たしかに，アイデンティティ政治の視点から見ると，スコットランド保守党の苦境が理解しやすいように思われる。スコットランド人の中で，自分はスコットランド人(Scottish)であるという意識が強い人々は，スコットランド保守党をわずか13％しか支持していなかったのに対して，イギリス人(British)という意識が強い人々やスコットランド人とイギリス人の意識を同程度持つ人々は，スコットランド保守党を26％が支持していたのである。スコットランド人の間でスコットランド人意識が強い人々が多数派となっている状況からすれば，そうした人々の支持を得ることができないスコットランド保守党が苦境に立つのは，ある意味当然のこととして見ることができるかもしれない。
　ちなみに，イングランド人の間では，保守党はイングランド人(English)意識が強い人々の47％の支持を受けており，それはイングランド人とイギリス人の意

しかし、2015年総選挙でのスコットランド保守党の見栄えのしない選挙結果は、スコットランド労働党やスコットランド自由民主党の惨状と比較すれば、相対的には立派な成果と見ることもできた。スコットランドの下院議席59議席中、56議席を獲得するというSNPの地滑り的大勝のあおりを受けて、前回11議席を獲得した自民党は1議席に、そして、労働党に至っては41議席からわずか1議席にまで落ち込むという歴史的大敗を喫していたのである。ちなみに、得票率については、自民党が18.9%から7.6%に、労働党が42.9%から24.3%に大きく減らしていた。こうした労働党と自民党の惨敗と並べると、SNPの「津波」に押し流されずに1議席を死守した保守党は、むしろ健闘したと言っても大袈裟ではないかもしれない。

2015年総選挙での「健闘」にもかかわらず、スコットランド保守党は党勢の衰退に歯止めをかけることができなかった。しかしながら、2016年スコットランド議会選挙は、スコットランド議会設立以来、前回2011年選挙まで10年以上続いた党勢停滞を大きく転換させることになった。第一章の表1-4が示すように、この選挙でスコットランド保守党は、得票率及び獲得議席で大きな躍進を示したのである。すなわち、得票率では、小選挙区が22.0%、比例代表が22.9%と、前回から10ポイント前後増加させ、ほぼ倍増を果たすことになった。そして、獲得議席についても、前回の15議席から倍増以上の31議席となったのである（SPICe 2016）。

2016年スコットランド議会選挙では、小選挙区、比例代表ともに40％を超える得票率で63議席を獲得したSNPが「勝者」であることに間違いなかった。しかし、SNPは前回選挙から若干議席を減らして過半数議席を失い、単独少数政権を発足させることになった。一方、先述のように、スコットランド労働党は得票率、獲得議席ともに大きく勢力を後退させたために、今や保守党はスコットランド議会の野党第一党の地位に就くことになったのである。なお、スコットランド自由民主党は、惨敗した前回選挙から得票率、獲得議席ともに基本的に横ばいだったことから、スコットランド保守党の躍進が際立つ結果となった。

識を同程度持つ人々からの38％の支持を上回っていた（Curtice 2012）。その意味では、アイデンティティ政治に関して、保守党はスコットランドでは対応に苦慮してきたが、イングランドではかなりうまく対応してきたと言えるだろう。

それでは、2016年スコットランド議会選挙において、なぜ保守党はそれまで長い間達成できなかった党勢低迷から脱却し、議席倍増という成果を手に入れることになったのか。スコットランド保守党の躍進を説明するうえで、2014年の分離独立住民投票が重要な背景を提供していた。すなわち、住民投票において分離独立が否決された後も、独立派のSNPや緑の党の勢力拡大が顕著に見られていたように、スコットランド独立問題が依然として注目されていたことが、選挙戦においてスコットランド保守党を有利な立場に置くことになったのである。換言すれば、住民投票で独立に反対した有権者にとっては、独立反対派政党の中で分離独立をめぐる住民投票を再度実施することを認めない姿勢を明確にしていたスコットランド保守党は、独立を阻止するために期待される存在として映ったからである（Scottish Conservative and Unionist Party 2016, 6-7)[26]。いわば、独立問題をめぐってスコットランド政治が両極化する中で、反独立姿勢に関して労働党よりも旗幟を鮮明にしていた保守党の方が、独立に反対した有権者にとっては魅力的な存在として映るようになった、とすることができるだろう。

　独立反対派政党の中でスコットランド保守党を際立たせたのが、税制をめぐる違いであった。2012年スコットランド法によりスコットランド議会の税制など財政権限が拡大し、2016年スコットランド法によりさらに財政権限が強化されることになっていたことから、所得税やその他の税に関する権限をいかに使うのか、という点がスコットランド議会選挙でひとつの争点となった。この問題では、労働党と自由民主党が、それぞれ所得税などの税率を若干引き上げて、公共サーヴィスの充実を図るという公約を掲げていた。それに対して、保守党は所得税やその他スコットランド議会の権限となった各種税制について、税率を引き上げない立場を明確にしたのである（Scottish Conservative and Unionist Party 2016, 19）。ただ、選挙戦の中で、増税の労働党に対して税率据え置きの保守党に有権者の支持が集まったとまでは言えな

26　ちなみに、スコットランド保守党は住民投票を再度実施することに反対する姿勢を、マニフェストの冒頭に掲げていた。それに対して、スコットランド労働党のマニフェストでは、住民投票を再度実施することに反対する姿勢は示されていたものの、それはマニフェストの末尾に回されていたことから、保守党との温度差が際立つことになった（Scottish Labour Party 2016, 60-63）。

いだろう。なぜなら，世論調査の質問に対する回答では，労働党などが掲げた増税政策について賛成が反対を上回っていたからである。2016年2月の調査では，所得税を引き上げて公共サーヴィスを充実させることに賛成が42％，反対が31％となっていた(*Daily Record*, 18 February 2016)[27]。

　スコットランド保守党の党勢回復について，2007年スコットランド議会選挙以来の「汚名返上戦略」の論理に沿った選挙戦略の有効性も見逃せない。この点で，重要な鍵となったのが，分離独立住民投票で知名度を上げた党首のルース・ダヴィッドソンが，非常に人気の高かったSNPのスタージョン党首に次ぐ支持率を得ていたことであった(Anderson 2016)。スコットランドでは「保守党」という名称に対して広く嫌悪感が残っていたことから，マニフェストをはじめとして選挙キャンペーン文書では，保守党の名前を控えめに表示する一方で，ダヴィッドソンの名前と写真を前面に出したリーダー中心のレイアウトがなされていた(Cairney 2016, 287)。

　また，この選挙でスコットランド保守党は，通常，政党がめざすべき目標である政権獲得や政権参加を狙わないという，いわば奇策に打って出た。すなわち，マニフェストのタイトルおよびダヴィッドソンによる冒頭のメッセージにおいて，スコットランド保守党はSNP政権を厳しく追及する責任ある野党第一党の地位をめざす，ということが強調されていたのである(Scottish Conservative and Unionist Party 2016, 2-3)。政権を狙わないこうした姿勢は，2015年総選挙での圧勝や世論調査での支持率の高さからしてSNPの勝利は確実という選挙情勢分析にもとづいていたが，政権獲得の可能性はないと見られていたスコットランド労働党が，実現されることのない政権公約を掲げていたことと比べると，かなり現実的な態度として一定の評価を得ることになった。

　結局のところ，SNPが圧倒的な差で第一党そして政権与党になることは確実であったので，スコットランド保守党としては比較的人気のある党首という違いを強調することにより，スコットランド労働党から野党第一党の地位を奪取することを狙い，見事に成功したとすることができるだろう。しかし

27　ちなみに，この調査では，スコットランド保守党と同様に所得税の税率据え置きの立場をとっていたSNPが，スコットランド労働党に対して支持率で30ポイントもの大差をつけていた。

ながら，党首のアピールに頼るやり方で，スコットランド保守党が確実な党勢回復の道を歩んでいくことになる，と結論づけることはできないだろう。分離独立問題の行方や，国政レヴェルでの保守党政権がスコットランドでどのような反応を引き起こすのかという点と深く関係することになるだろうが，スコットランド保守党の「汚名返上」の歩みは，まだその途上にあると言ってよいだろう。

おわりに

　本章では，20世紀中頃には総選挙で有効投票の過半数を獲得するほど強力な存在であったスコットランド保守党が，スコットランド議会の設立など権限移譲をめぐる政治過程で，次第に党勢を低下させてきた経緯について概観してきた。

　まず，権限移譲はイギリス（連合王国）の国家としての一体性を危険にさらすという理由で，その実現を頑なに拒んできたことが，領域の論理にもとづく他党からの攻撃を招いて，スコットランド保守党は「反スコットランド的」であるというイメージを確立させることになり，それが有権者からの支持を大きく失うことにつながった。1999年のスコットランド議会設立後，スコットランド保守党は，それまでの権限移譲に対する敵対的対応から適応的対応に転換したが，権限移譲のそれ以上の拡大は受け入れないという消極的な姿勢にとどまったことから，必ずしも党勢拡大にはつながらなかった。

　その後，2007年，2011年のスコットランド議会選挙，および，2010年総選挙における党勢の停滞を受けて，「反スコットランド的」というマイナス・イメージを払拭するために，より積極的な適応的対応として権限移譲の拡大を支持する「汚名返上戦略」がとられた。また，スコットランド独立が否決された2014年住民投票後には，権限移譲の拡大について労働党を超えるほどの前向きな姿勢まで示されたのである。

　以上のようなスコットランド保守党の「汚名返上戦略」の効果は，2015年総選挙までは明確な形で発揮されなかった。その背景には，スコットランド保守党の党内で「汚名返上戦略」を必ずしも一致して推進する体制になっていなかったことに加えて，権限移譲の拡大を支持する保守党の転換はイメージアップのための見せかけに過ぎないという，SNPなどによるネガティヴ・キャンペーンの影響があった。実際，それまで長きにわたって権限移譲

に反対してきたスコットランド保守党が，一転して推進する立場になったからといって，それを素直に信じられないとする人々は少なくなかっただろう。

　2015年総選挙において，保守党がイギリス議会（ウェストミンスター議会）下院の過半数議席を獲得して単独多数政権を発足させたことは，スコットランド保守党にとっては，それまで以上の困難をもたらす可能性があった。

　なぜなら，2010年総選挙で成立した保守党と自由民主党の連立政権の時期でさえ，スコットランドの人々の間での緊縮政策に対する反発から，保守党に対する支持が伸び悩む傾向があったのに加えて，保守党単独政権となった2015年以降も緊縮政策が継続されることにより，有権者の反発はスコットランド保守党に集中することが予想されたからである。また，連立政権の時期には，保守党の1議席と自由民主党の11議席を合わせれば，連立与党はスコットランドの下院議席の2割程度を有していたが，保守党単独政権となったことにより，スコットランドの与党議員は保守党の1名だけとなってしまった。その結果，スコットランドでわずか1議席しか有しない保守党政権は，スコットランドの人々の信任を全く得ていないという「統治権の欠如論」が，SNPなどによりそれまで以上に声高に主張される状況になっていたのである。

　スコットランド議会への権限移譲に一定の進展が見られることが約束されているとはいえ，年金など社会保障のかなりの部分については引き続きイギリス政府，すなわち保守党政権が責任を負う状況が続く中で，緊縮政策による福祉縮減が進行すれば，スコットランド保守党に対する逆風はさらに増すものと思われた。また，近年中にイギリスの連邦化に向けた歩みが進まなければ，今後10年の間にスコットランドの分離独立の是非を問う住民投票が再度実施されることになるという見方もなされていた（Macwhirter 2014b, 27）。

　イギリスの保守党が，長期間にわたって存続に成功したばかりか，政権の座に長くあり続けることができたのは，つきつめればこの党が時代の変化にうまく適応してきたからだ，というのが一般的な見方である（Gilmour 1977; Charmley 1996; 戸澤 2010）。しかし，時には時代の流れに頑なに抵抗することにより，大きな打撃を受けた場合もある。

スコットランド議会が設立されるまでの権限移譲に対する保守党の対応は，必要な変化に柔軟に応じる「保守」ではなく，変化に頑迷に抵抗する「守旧」の態度にもとづく敵対的対応が，スコットランドにおける支持の大幅減少につながった一例に数えられるだろう。前述のように，スコットランド議会設立前の権限移譲に対する抵抗，そして，その後も権限移譲について優柔不断な態度をとり続けたことにより，スコットランド保守党は「反スコットランド的」というレッテルによって支持の低迷に悩むことになった。近年になって，「汚名返上戦略」にもとづいてスコットランド議会への権限移譲の拡大に積極的に取り組む姿勢が見られるようになっているが，「反スコットランド的」イメージの払拭は一朝一夕には成し遂げられるものではなかった。

　しかしながら，2016年スコットランド議会選挙における一定の党勢回復と，党勢衰退の著しい労働党に代わって野党第一党の地位を得たことは，スコットランド保守党にとって明るい兆しと見ることができるかもしれない。比較的人気の高い党首を擁し，政権を狙わず，野党第一党としてSNP政権の責任を追及するという選挙戦略の効果もあったかもしれない。あるいは，分離独立住民投票によってスコットランド政党政治の対立軸として独立の是非が浮上したことにより，独立賛成のSNPと独立に最も明確に反対する保守党という形で両極化が進行したことが，独立を懸念する有権者の間での保守党投票を後押ししたと見ることもできるだろう。

第三章　スコットランド自由民主党

〜異なるレヴェルの連立政治に対する小政党の対応〜

はじめに

　1999年のスコットランド議会開設とイギリス議会からの大規模な権限移譲は，スコットランドの政治を大きく変えることになった。最も大きな変化は，1970年代に一時的な台頭が見られたものの，長期にわたって小勢力にとどまっていたスコットランド国民党(SNP)が，当初は労働党に対抗する第二党の地位を確保し，ついには労働党を乗り越えて第一党そして政権与党となったことであろう。2014年9月の分離独立住民投票において，スコットランド独立までもう一歩というところまで独立賛成票を集めるのに貢献したSNPの台頭は，近年のスコットランド政治において最も注目される変化である。

　SNPの台頭ほどめざましいものではなかったが，スコットランドにおける自由民主党も，権限移譲改革によって注目すべき変化を遂げることになった。自由民主党およびその前身たる自由党は，二大政党政治が展開する戦後のイギリスで長きにわたって政権に手が届く位置にはなかった。しかし，1999年のスコットランド議会設立により，労働党，SNP，保守党に続く第四党にすぎなかった自由民主党は，第一党となったものの過半数議席を獲得できなかった労働党との連立政権に参加することになったのである。スコットランドにおける労働党との連立政権は，1999年から2003年までの第一期および2003年から2007年までの第二期，あわせて8年間継続した。

　その後，2007年のスコットランド議会選挙において第一党となったSNPが少数政権を発足させたことにより，自由民主党は野に下ることになる。ス

コットランドにおいて8年間安定した連立政権を運営した経験は，イギリスの2010年総選挙後に成立した国政レヴェルでの保守党と自由民主党の連立政権に活かされることになる。

　一例を挙げれば，スコットランド議会選挙については，首相（第一大臣）に解散権がなく，例外的な事態を除けば任期満了選挙となっている。それに対して，イギリス議会の総選挙については，かつて国王の権限であった議会解散権を実質的に首相が掌握することにより，時の首相が任期中の都合のよい時期に解散総選挙を行うことが可能であった。自由民主党は保守党との連立合意をめぐる交渉の中で，首相を出す保守党が解散権を握るのは望ましくないとして，連立政権の安定のために首相の解散権を制約する固定任期制導入を要求することになった。この自由民主党の要求を保守党が受け入れたことにより，2011年に議会任期固定化法が制定された。その結果，スコットランド議会と同様に，例外的な事態を除いて，イギリス議会の総選挙は任期満了とともに実施されることになったのである[1]。

　2010年総選挙後の連立政権は，スコットランド議会やウェールズ議会での連立政権を除けば，自由民主党が戦後初めて公式の連立政権に参加した事例となったが，イギリスで政権与党となったことの代償はきわめて大きなものであった。まず，翌年のスコットランド議会選挙で大幅に議席を減らし，2014年の欧州議会選挙では単に議席を減らしたばかりか，得票率で二大政党はおろかUK独立党（UKIP：UK Independence Party）や緑の党の後塵を拝する第五党に低迷したのである。また，保守党との連立政権が継続する間に行われた地方選挙において，自由民主党は毎年のように大きく議席を減らしていった。そして，2015年総選挙において，自由民主党は連立相手の保守党に大きく議席を奪われた結果，前回獲得した57議席からわずか8議席にまで落ち込むという惨敗を喫することになり，まさに政党として存続の危機にさらされていると言っても大袈裟ではないのである。

　本章では，まず20世紀のスコットランドにおける自由党（自由民主党の前身）の衰退について概観したうえで，権限移譲改革や労働党との連立政権を

1　ちなみに，連立交渉の中で自由民主党は総選挙を4年ごとに実施する提案を行ったが，保守党の側がより長い任期を求めたことから，5年ごとの総選挙実施というところに落ち着いた（Law 2016, 10）。

めぐる自由民主党の対応を見ることにする。そして，2014年9月のスコットランド分離独立住民投票における自由民主党の関わりを検討したうえで，分離独立否決および2015年総選挙大敗後のスコットランド自由民主党の将来について展望したい。

1　スコットランドにおける自由党の衰退

　イギリスの自由民主党は，1988年に自由党と社会民主党が合同することにより結成された新しい政党である。しかし，その起源をたどると，17世紀の内戦(いわゆるピューリタン革命)における議会派勢力「ホイッグ党」にまで至る，きわめて古い政党であると言うこともできる。ホイッグ党は，19世紀中頃に急進派(選挙権拡大や自由貿易を求める中産階級の政治勢力)やピール派(保守党から分離)と合同することにより，自由党を発足させることになった。自由党は，中産階級と新たに選挙権を獲得した労働者階級の支持を集めることにより，19世紀後半から20世紀初頭にかけてのイギリスで，保守党とともに二大政党の一角を占めることになった(成廣 2014, 169)。

　自由党にとって，ウェールズとともにスコットランドは強力な地盤となっていた。自由党は19世紀後半から20世紀初頭の総選挙において，わずかな例外を除いて，常にスコットランドにおいて保守党を上回る議席を獲得してきたのである[2]。自由党が地滑り的な勝利をおさめた1906年総選挙では，保守党(および自由統一党)が10議席しか獲得できなかったのに対して，自由党はそのほぼ6倍にあたる58議席を獲得していた(Cook and Stevenson 2014, 98)。このように，第一次世界大戦が勃発するまで，自由党はスコットランドの政党政治において支配的立場を築いていたのである。

　しかしながら，第一次大戦後の自由党は急速に衰退の兆候を見せることになり，それは自由党が支配的立場を築いていたスコットランドでも例外ではなかった。自由党は，1922年総選挙でスコットランドにおける第一党の地

---

[2] 1886年の自由党分裂により，自由統一党が結成されて保守党と選挙協力を行うようになったことで，自由党は総選挙で一定の打撃を受けた。それでも，1900年総選挙を例外として，第一次世界大戦前の総選挙における自由党のスコットランドでの獲得議席は，保守党と自由統一党の合計議席を上回っていた(Cook and Stevenson 2014, 35-114)。

位を労働党に奪われて以降、議席を急速に減少させ、第二次世界大戦が終結した1945年総選挙では、ついに獲得議席ゼロという結果に終わったのである。ちなみに、同選挙においてイギリス全体での自由党の獲得議席は12議席であったが、その後、1950年代から1960年前半にかけての総選挙では、獲得議席はわずか一桁に低迷することになった。

イギリスおよびスコットランドにおける急速な自由党の凋落には、主として次の2つの要因が作用していた。

第一に、第一次大戦中から深刻化していたハーバート・ヘンリー・アスキスとデイヴィッド・ロイド＝ジョージの反目が、戦後になってアスキス派とロイド＝ジョージ派の間での激しい党内対立に発展したことの影響が挙げられる。両者の対立は、自由党が分裂状態で総選挙を戦うところまで悪化し、それにより多くの議席を失う結果となったのである(Russell and Fieldhouse 2005, 18)。

第二に、自由党に代わる勢力として、新たに労働党が台頭したことの影響があった。1900年に労働代表委員会として発足した労働党は、第一次大戦前の総選挙では数議席を獲得する程度で、スコットランドにおいて自由党を脅かす勢力ではなかった。しかし、戦後の1922年総選挙において、アスキス派とロイド＝ジョージ派の間で分裂選挙となった自由党に取って代わって、29議席を獲得した労働党がスコットランドにおいて第一党の地位を得ることになったのである(Butler and Butler 2011, 272)。イギリスおよびスコットランドにおける労働党の台頭によって、自由党は二大政党から大きく離された第三党の地位を甘受せざるを得なくなった。

1960年代末から1970年代にかけてのスコットランドの政党政治は、イギリス全体の政党政治とは明らかに異なる2つの特徴を現出することになった。

第一の特徴は、戦後イギリス政党政治の基本的構図が、保守党と労働党の二大政党に第三党の自由党が加わる3党政治(3党制)の形状であったのに対して、この時期のスコットランドでは、上記3政党に加えて地域ナショナリズム政党であるスコットランド国民党(SNP)が台頭したことである。

1934年に結成されたSNPは、結党当初は党内にスコットランドの分離独立を目ざす人々とイギリスの中で一定の自治権を求める人々が存在していたことから、党の目標は必ずしも明確ではなかった(Lynch 2002a, 10)。しか

し，第二次世界大戦を経て，SNPの党内で分離独立派が優勢になるとともに，イギリスからのスコットランドの独立という目標が追求されるようになる。

なお，結党以降30年以上にわたってSNPの党勢は停滞し，1960年代末まで事実上の泡沫政党と言っても誇張ではない状況であった。ところが，その後党勢が上向くことになり，1970年代の総選挙において，SNPはスコットランドでの得票率について第一党である労働党に迫る3割を獲得するまでになったのである（力久 2013, 588-589）。その後，1980年代に入るとSNPの勢力は若干の後退を見せるが，SNPの台頭以降，スコットランドの政党政治は，それまでの保守党，労働党，自由党（後の自由民主党）という3つの全国政党に，SNPという地域ナショナリズム政党が加わる4党政治（4党制）の形状を見せることになるのである。

イギリス全体とは異なるスコットランド政党政治の第二の特徴は，上記のような4党政治の形状において，労働党が他の3政党を圧倒するような立場を占める，いわゆる支配政党となったことである。

戦後イギリス政党政治は，二大政党である保守党と労働党の勢力が，総選挙ごとにある程度の違いはあるものの，比較的均衡していたと言うことができる。それに対して，スコットランドにおいては，1955年総選挙で保守党が第一党となって以降，2015年総選挙でSNPが第一党になるまで，半世紀以上にわたって総選挙では労働党が常に第一党の地位を維持したのである。ちなみに，スコットランドの総選挙で労働党が支配的地位を維持することになった背景には，第一党に有利な小選挙区制という選挙制度の恩恵があった。スコットランドにおいて労働党が下院の最大議席を獲得していた時期に関して，その得票率が5割を超えることはなく，労働党は3割後半から4割の得票率で6割から8割の議席を獲得していたのである。以上のように，スコットランドにおける4党政治の実情は，一強三弱の状況であったとすることができるだろう（Bromley 2006, 192-195）。

SNP台頭後のスコットランドの4党政治において，自由党は労働党，保守党，SNPの後塵を拝する第四党の位置に低迷していた。1945年総選挙でゼロ議席に落ち込んでから，その後の総選挙では1～3議席程度を確保するにとどまり，得票率についても一桁にとどまっていたのである[3]。

3　第二次世界大戦後の自由党の4人の党首のうち，スコットランドからジョー・

スコットランドにおける自由党の停滞に変化をもたらすことになったのが，1980年代初頭に発生した労働党の分裂である。労働党の党内対立で左派が優位を占めたことに反発した右派の一部が，労働党を離党して社会民主党を結成したことが自由党に新たな機会をもたらすことになった。労働党分裂後の1983年総選挙では，自由党は社会民主党との間で「連合(Alliance)」という名の選挙協力体制を築くことにより，イギリス全体では第二党の労働党に迫る得票率(25.4%)，そして，スコットランドでも第二党の保守党に迫る得票率(24.5%)をあげることになった(Butler and Butler 2011, 269; Cairney and McGarvey 2013, 45)。しかしながら，このときの勢いは長続きせず，1988年に自由党と社会民主党が合同して自由民主党が結成されて以降は，得票率で1983年総選挙の数値を上回ることはなかった[4]。

　しかしながら，自由民主党は，得票率では「連合」が1983年総選挙で獲得した数値から逓減していくことになったが，スコットランドでの獲得議席に関して言えばむしろ逓増が見られた。1983年総選挙において，「連合」は24.5%の得票率で8議席の獲得にとどまったが，1997年総選挙の自由民主党は，1983年の際よりも10ポイント以上低い13.0%の得票率で10議席を獲得していたのである。得票率低下にもかかわらず，スコットランド自由民主党が議席拡大に成功したのは，イギリス全体にもあてはまることだが，勢力基盤の地域的集中が進んだことにより小選挙区での議席獲得が容易になったことがあった。それに加えて，1997年総選挙以降，スコットランドにおける保守党支持が急激な落ち込みを見せたことの反射的利益を受けたことも，議席数逓増の理由として挙げられる。

グリモンド(Jo Grimond)とデイヴィッド・スティール(David Steel)という2人の党首が出ている。衰退したとはいえ，スコットランドが自由党の地盤だったことの証である。ちなみに，スティールはスコットランド議会で最初の議長(presiding officer)を務めた。

[4] 自由民主党の党名は，当初は「社会自由民主党(Social and Liberal Democrats)」という名称であったが，後に「自由民主党(Liberal Democrats)」という現在の党名に変更されている。自由民主党ホームページ(http://www.libdems.org.uk/history)。2016年2月24日参照。

2 権限移譲改革

　スコットランド議会を設立する権限移譲改革について，自由民主党はその前身である自由党の時代から一貫して積極的な立場をとってきた。自由党がスコットランド自治の問題を取り上げるようになったきっかけは，19世紀末の自由党を率いたウィリアム・グラッドストンが，難題であったアイルランド自治問題に取り組むようになったことであった。当時イギリス（グレート・ブリテンおよびアイルランド連合王国：The United Kingdom of Great Britain and Ireland）の一部であったアイルランドでは，自治権を求める動きが高まっていたことから，グラッドストンはアイルランド自治の実現に対して前向きな立場をとるようになっていた。アイルランド自治問題が関心を集める中，単にアイルランドだけでなくイギリス全体に自治の枠組を広げるべきであるという考え（Home Rule All Round）が出現した。そして，スコットランドでは自由党関係者が中心となって，1886年にスコットランド自治協会（Scottish Home Rule Association）が結成されることになったのである（Marr 2013, 57）。

　第一次世界大戦前の1913年には，自由党政権によってスコットランド自治法案が議会に提出されたが，大戦勃発により審議は打ち切られた（Marr 2013, 51）。その後，先述のように自由党は二大政党の一角を労働党に奪われ，イギリスおよびスコットランドにおいて勢力低迷の時期を迎えることになるが，その間もスコットランド自治を実現する権限移譲を求める立場を守り続けることになった。そして，1970年代に入って，労働党政権がスコットランド議会の設立に向けて前向きな態度を見せるようになった際には，自由党はそれを後押しする役割を果たしたのである。

　1960年代末から1970年代にかけてのSNPの台頭に対処するために，労働党政権の下で，スコットランド議会を設立して一定の権限移譲を行うことの是非を問う住民投票が実施されることになった。なお，労働党はこのとき補欠選挙敗北や離党議員のために下院の過半数議席を失っていたことから，政権の安定を図って自由党との間で閣外協力の関係，いわゆるリブ＝ラブ協定を結んでいた。自由党は不人気な労働党政権を支えるのと引き替えに，長年の目標であったスコットランドへの権限移譲の実現を求めた。

　しかし，スコットランド議会の設立を支持する労働党とSNPの間には，

分離独立問題をめぐって厳しい対立があり，自由党が両者の間を取り持って協力関係を築くことができなかったことから，賛成派の運動は事実上，政党ごとに分断した形で行われ，必ずしも有効に機能したとは言い難かった[5]。また，スコットランドで第一党の労働党の党内には権限移譲に反対する勢力がかなりの程度存在する一方，第二党の保守党の大勢は権限移譲に反対していたことから，反対派の運動はスコットランドの有権者に相当程度のインパクトを与えることになった(Denver et al. 2000, 18-21)。

　第一章で見たように，1979年3月に行われた住民投票では，皮肉な結果がもたらされた。有効投票総数の過半数(51.6%)が権限移譲に賛成したが，それはスコットランド議会を設立するために十分な票数ではなかった。なぜなら，投票率63.8%で51.6%が権限移譲に賛成投票したということは，有権者総数の32.9%が賛成したということになるが，その割合は，権限移譲を実現するためには投票総数のうち過半数の賛成では足りず，有権者総数の少なくとも40%が賛成票を投じなければならない，という条件を満たしていなかったからである。なお，有権者総数の40%が賛成しなければスコットランド議会の設立を認めないという特定多数決の条件は，労働党内の権限移譲反対派の強硬な抵抗の結果，住民投票実施法の中に付加されていた。

　住民投票における権限移譲の挫折以降も，スコットランドでは市民運動の間で自治を求める根強い動きが見られた。その点で注目されるのが，住民投票の翌年に活動を開始した「スコットランド議会を求める運動」である。この運動は，労働党とSNPの対立など政党間の争いによって挫折した住民投票の経験にもとづいて，スコットランド議会の設立に向けた超党派の協力関係の構築をめざしていた。住民投票で党内が割れた労働党は，この運動に対して当初それほど真剣な対応を見せなかった。しかし，スコットランド自治を求めて1988年に出された宣言，「スコットランドのための権利の請求」に広範な支持が集まったことから，労働党はその姿勢を転換させることになった。

　宣言の成功を受けて1989年3月に発足した超党派団体「スコットランド

5　スコットランド議会の設立に賛成投票を呼びかける超党派団体として「スコットランドにイエス(Yes for Scotland)」が設立されていたが，労働党の関与はあまり見られず，SNPや自由党も積極的な運動を行ったとは言い難かった。

憲政会議」には，労働党，自由民主党，緑の党など政党の代表に加えて，労働組合，教会，地方政府，その他広範な社会団体の代表が参加することになった。権限移譲に反対する保守党は当然参加しなかったが，スコットランド議会設立に賛成していたSNPは，労働党主導となることが想定される団体への加盟を嫌って，スコットランド憲政会議への参加を見送ることになった（Marr 2013, 195-209）。

　スコットランド憲政会議の議論を通じて，スコットランド議会の基本枠組が形作られていくことになるが，自由民主党の影響が見られた点として，選挙制度に比例代表制の要素を持つ追加議員制が採用されたことが挙げられる[6]。自由民主党は，二大政党に差をつけられた第三党という立場もあって，自由党の時代から比例代表制の導入を掲げてきたが，新しいスコットランド議会の選挙制度についても，イギリス議会下院の小選挙区制ではなく，比例代表制を採用すべきという立場をとっていた。それに対して，労働党の側も，自らに有利な小選挙区制については，自由民主党だけでなく，権限移譲を求める一般の人々の理解も得られないと判断したことから一定の妥協に応じ，追加議員制の導入に合意することになったのである（Bogdanor 2001, 197）。

　1997年総選挙において，スコットランド議会の設立を公約する労働党が地滑り的勝利を収めたことから，スコットランドへの権限移譲が現実化していくことになるが，その過程での労働党と自由民主党の関係は，必ずしも良好というわけではなかった。

　問題となったのは，総選挙に際して保守党からの攻撃をかわすために，労働党が打ち出した権限移譲の是非を問う住民投票の実施という提案であった。このとき保守党は，スコットランド議会に所得税率の変更権（イギリスの税率から上下3％の範囲内で変更する権限）を与えるという提案を「タータン税（tartan tax）」と称して，労働党が政権を取ればスコットランド議会設

---

[6] 追加議員制とは，小選挙区制に比例代表制の要素を加えた選挙制度で，有権者が小選挙区と比例代表の2票を持ついわゆる小選挙区比例代表併用制にあたるもので，スコットランド議会では73名を小選挙区から，56名を拘束名簿式比例代表制で選出する。付言すれば比例代表制の選挙区は8つあり，それぞれの選挙区から7名ずつ選出される（梅川・力久 2014, 71）。

立と同時に大増税がやってくるというキャンペーンを行っていた（Denver et al. 2000, 41-46）。保守党の「タータン税」攻撃をかわすために，労働党は総選挙後にスコットランド議会設立の是非および所得税率変更権の是非という2つの点を問う住民投票の実施を公約することになったのである。権限移譲や所得税率変更権に懐疑的な有権者でも，総選挙後にあらためて住民投票で一票を投じる機会があるので，総選挙では安心して労働党に投票できるというわけであった。

　自由民主党としては，スコットランド議会設立の是非を直接スコットランドの人々に問う住民投票について，民主主義の観点から原則として反対ではなかったが，住民投票の実施という重要な問題をスコットランド憲政会議のパートナーである自由民主党との協議も行わず，労働党が独断で決定したことに強い反発を見せた。また，議会設立の是非だけでなく，所得税率変更権の是非をわざわざ別立ての質問としたことについては，労働党による総選挙向けの党利党略として厳しく批判することになった。しかしながら，1997年総選挙で労働党が地滑り的圧勝をしたことで，スコットランドへの権限移譲が現実の課題となったために，自由民主党としても住民投票に関する労働党批判をトーンダウンさせることになった（Harvey 2014, 103）。

　1997年5月の総選挙から4ヵ月あまり経過した9月に行われた住民投票は，前回1979年の住民投票とは異なり，有権者総数の40％の賛成が必要という条件は付加されていなかった。また，前回は与党労働党の党内が住民投票での賛否をめぐって大きく割れていたが，今回はごく少数の例外を除いて労働党の大勢は賛成派のキャンペーンに参加することになった。そして，政党間の関係についても大きな相違が見られた。前述のように，1979年の住民投票では，権限移譲を支持する労働党，SNP，自由民主党の間で有効な協力関係が構築できなかったのに対して，今回は賛成派の超党派運動団体「スコットランド前進」のキャンペーンに，3党が協力して参加することになったのである。なお，自由民主党は「スコットランド前進」に積極的な関与を見せたが，より大きな労働党やSNPに比べると，そのインパクトは強いものではなかった。

　このように賛成派政党間の協力関係が機能したことに加えて，総選挙で惨敗したばかりの保守党が住民投票において強力な反対キャンペーンを実施できなかったこともあって，住民投票はスコットランド議会設立および所得税

率変更権の両方について賛成多数の結果となった[7]。

3　労働党との連立政権

　スコットランドの主要4政党の中で，地域ナショナリズム政党のSNPを除くと，権限移譲改革に対する組織的な準備が最も整っていたのは自由民主党であった。アイルランドやスコットランドの自治に積極的であったかつての自由党時代の伝統により，新たに結成された自由民主党は，中央集権的なイギリスの単一国家を連邦国家に変革することをめざすようになるが，その影響で党組織の構造にも連邦主義を反映させることになったのである。そのため，スコットランド自由民主党は，イギリス全体の自由民主党組織の一部ではあるものの，あたかも「党の中の党」であるかのように，独自の規約，党首，党大会，政策などを有する，きわめて自律性の高い組織を形成することになった(Ingle 2000, 193; Lynch 2002b, 84)。

　ちなみに，自由民主党の組織は連邦主義を反映する4層構造となっている。まず，党員に最も身近なレヴェルとして，地区レヴェル組織がある。基本的には選挙区ごとに形成されるが，党員数が少ない複数の選挙区をまとめて地区レヴェル組織が形成されることもある。次に，サブナショナル・レヴェル組織がある。サブナショナル・レヴェル組織とは，イングランド，スコットランド，ウェールズを，それぞれ11地域，8地域，4地域に分けた，地域レヴェルの党組織を指している。そして，イングランド，スコットランド，ウェールズのそれぞれにナショナル・レヴェル組織が存在する。スコットランド自由民主党はこのナショナル・レヴェルの組織である。最後に，フェデラル(連邦)・レヴェル組織が，全国政党としてイギリスの国政に関わることになる。

　なお，自由民主党のナショナル・レヴェルとフェデラル・レヴェルの党組織の関係は，この党が掲げる連邦主義を反映した形になっている。スコット

---

[7] 1997年9月11日に実施されたスコットランド住民投票の結果は，スコットランドの多くの人々が権限移譲を支持していることを明らかにした。スコットランド議会設立の問題については，投票総数の74.3%が賛成したのに加えて，新たに設立される議会に所得税率変更権を与えることに賛成する割合は，63.5%に上っていたのである。なお，投票率は60.4%であった(Taylor, Curtice and Thomson 1999, xxviii)。

ランド労働党やスコットランド保守党の場合は，権限移譲改革とともに中央からの党内分権が一定程度進展して自律性が高まったが，中央の決定作成に関与する共同決定の度合いは高くないことから，序章で見たヘプバーンとデターベックの類型によれば，自治型政党組織に分類される。それに対して，スコットランド自由民主党の場合には，フェデラル・レヴェルからの自律性の高さに加えて，共同決定の度合いも高いことから，連邦型政党組織に分類できるのである。スコットランド自由民主党の執行部は，フェデラル・レヴェルの全国執行委員会に代表を出しているだけでなく，政策から財政，選挙戦略に至るまで，国政に関わるさまざまな問題を取り扱う組織にもメンバーを派遣している。このように，イギリスの政党の中では珍しく，自由民主党は国政レヴェルと地域レヴェルの組織の間で密接な相互依存が見られる連邦型政党組織を形成している(Russell and Fieldhouse 2005, 54-60; 成廣 2014, 174-176)。

　スコットランド議会の設立とその選挙制度に比例代表制の要素を持つ追加議員制が採用されたことは，自由民主党にとって大きな機会を提供することになった。これまで総選挙でスコットランドの議席の大多数を獲得してきた労働党が，追加議員制の下でスコットランド議会の過半数議席を獲得するのは困難であると思われていた。そして，労働党が過半数議席を獲得できなければ，連立政権を形成するための連立相手としては自由民主党以外に考えられなかった。なぜなら，スコットランド憲政会議などの活動を通じて，労働党は自由民主党との間で協力の経験を積み，また両党はイデオロギー的にも中道左派に位置するために，連立の組み合わせとしては労働党と自由民主党の連立が自然であったからである。それに対して，保守党との間では社会経済政策に関する違いが大きく，SNPは分離独立を最大の目標としていたことから，両党とも労働党にとって連立相手として検討に値する存在ではなかった(Hopkin and Bradbury 2006, 139)。

　1999年のスコットランド議会選挙では，56議席を獲得した労働党が第一党となったが，予想通り過半数議席の65議席には届かなかった。その結果，17議席で第四党となった自由民主党との間で連立政権が形成されることになった[8]。国政レヴェルではなくスコットランドという地域レヴェルに限定さ

8　自由民主党は，合同後初めての党首となったパディー・アシュダウン(Paddy

れていたものの，平時では20世紀初頭のロイド＝ジョージ首相の時期以来，久しぶりに政権与党の座についたことは，自由民主党にとって大きな意義を持つ出来事であった(Russell and Fieldhouse 2005, 251)。

　自由民主党にとって，スコットランドにおける連立政権への参加は特に大きな問題ではなかった。イギリスの下院議員選挙を小選挙区制から比例代表制に変更することを長年主張してきた自由民主党は，比例代表制の選挙によって二大政党の過半数議席獲得が困難になることを通じて，新たな連立政治の中で「要政党」となることを，政権戦略の中心に置いていた。そのため，イギリス全体ではなく，スコットランドという限定的な文脈ではあったが，比例代表制の要素の強い選挙を経て連立政権に参加するというシナリオは，このような自由民主党の政権戦略に合致していたのである。

　なお，スコットランドにおける労働党と自由民主党の連立交渉に対して，自由民主党の全国指導部からの介入はほとんどなされず，スコットランド自由民主党党首，ジム・ウォレスが交渉において中心的な役割を果たすことになった(Laffin 2007a, 657)。

　自由民主党は，スコットランド議会の第一期(1999年～2003年)と第二期(2003年～2007年)の8年間，労働党との間で連立政権の与党としての経験を持つことになった。第一期では，ウォレスが副首相(副第一大臣)に就任した他，自由民主党はさらに1名の閣僚と，2名の閣外相を出すことになった。さらに，第二期については，労働党と自由民主党の議員数の比率がスコットランド議会選挙での労働党議席減少により変化したことを受けて，自由民主党の閣僚は副首相を含めて3名に増加した(閣外相は2名)。

　連立政権入りする際に自由民主党が危惧したのは，1970年代後半のリブ＝ラブ協定にもとづく労働党政権に対する自由党の閣外協力が，政策面で大

Ashdown)の下で，当初二大政党のどちらにも肩入れしない等距離戦略をとっていた。しかし，トニー・ブレアが党首となって以降の労働党の穏健化(ニュー・レイバー)を受けて，反保守党路線を明確にするようになった。そのため，1997年総選挙において二大政党のどちらも過半数議席を獲得しないハング・パーラメントになった場合には，労働党と自由民主党の連立政権の形成が有力視されていた。結果的には，総選挙で労働党が圧勝したことで，国政レヴェルでの連立政権はできなかったが，総選挙から約2年後にスコットランドにおいて労働党と自由民主党の連立政権が形成されたわけである(成廣 2014, 173)。

きな成果をもたらすことなく，むしろその後行われた総選挙において，不人気な労働党政権を支えたことへの批判から有権者の間での支持を失う結果になった，という経験が繰り返されることであった。

そこで，自由民主党は連立政権発足時の合意文書の中に，自らの政策をできる限り反映させようと努力することになった。一般に，連立政権の合意文書については，連立政党間のパワー・バランスを反映して，大政党の側ができるだけ合意内容を曖昧にした簡潔なものを望むのに対して，小政党の側はできるだけ合意内容を明確かつ詳細な形で文書化することを望むとされる（Mitchell 1999, 272-275）。小政党としては，連立政権の運営において，数で勝る大政党が小政党の求める政策を阻止する可能性を，政権発足時にできるだけ摘み取っておく必要があるというわけである。もちろん，連立政権の合意文書は全般的には大政党の政策選好が反映することになると思われるが，小政党としては政策面で譲れない項目について合意文書に明記することを，政権参加の条件として要求するのである。

1999年の第一期連立政権発足時に自由民主党がこだわった要求は，大学授業料の問題であった。かつてイギリスの大学では，学生は基本的に授業料を払うことなく教育を受けることができるようになっていたが，大学進学率の上昇に伴う教育支出増大に対処するために，労働党政権の下で1998年に大学授業料の徴収が開始された。しかし，高等教育については新たに設立されるスコットランド議会に権限移譲されることになっていたために，1999年のスコットランド議会選挙では，大学授業料が争点の一つとなり，自由民主党はその廃止を公約に掲げていたのである。

連立交渉で大きな対立点となった大学授業料問題について，労働党と自由民主党の間で妥協がなされ，連立合意の中で，この問題に関して独立委員会を設置して検討を行うことが明記された。そして，2000年に提出された委員会の報告書では，大学授業料の制度は廃止するが，その代わりに，授業料よりも若干少ない金額を卒業後に一定の所得額を超えた者について徴収する新たな卒業税の制度を導入することが提案されていた。スコットランドの労働党と自由民主党の連立政権は，独立委員会の提言を受け入れ，大学授業料に関してイングランドとスコットランドの間で大きく異なる制度がとられることになった（Laffin 2007b, 148）。

2003年のスコットランド議会第二回選挙では，労働党が前回の56議席か

ら50議席と獲得議席を減少させたのに対して，自由民主党は前回の17議席を維持した。両党の議席を合わせると過半数をかろうじて維持できたことから，労働党と自由民主党の連立政権が継続することになった。

　第二期連立政権発足時に自由民主党がこだわったのは，地方議会選挙に比例代表制を導入する選挙制度改革であった。労働党は比例代表制の導入によって地方議会の議席を大きく減らすことが確実であったために消極的であったが，逆に比例代表制によって議席をかなり増やすことが予想された自由民主党はこの問題で妥協する姿勢を見せなかった。結局のところ，自由民主党が求める単記移譲式比例代表制の導入が合意されたが，地方議会における労働党の議席減を緩和するために，選挙区の規模を大政党にやや有利な3人区または4人区に限定することになった(Laffin 2007b, 149)。

　以上のように，スコットランド自由民主党は，8年間にわたって労働党との連立政権を維持することにより，第一期は大学授業料に関する制度改革，第二期は地方議会選挙への単記移譲式比例代表制導入という実質的な成果を得た。さらに，第一期連立政権の時期には，連立合意文書に明記されていたわけではなかったが，高齢者の日常生活支援の無料化が，世論の圧力とこの問題での連立離脱をちらつかせた自由民主党の「脅し」によって，実現することになった。このように，連立政権のジュニア・パートナーの立場にあった自由民主党が，政策面で有権者にアピールできるいくつかの重要な成果を上げたことが，スコットランド議会の2003年選挙での議席維持，および，連立政権への逆風が吹いた2007年選挙でも1議席減の16議席を確保することにつながったと見ることができるだろう。

　なお，1999年から2007年まで8年間にわたって労働党と自由民主党の連立政権が維持され，連立与党間で若干のあつれきを生みながらも，政権が安定して継続した主な要因としては，次の3点を挙げることができる。

　第一に挙げられるのが，好ましい財政状況の存在である。1997年の労働党政権成立後，しばらくの間，イギリスの財政支出は引き締め気味であったが，2001年総選挙での再選を契機として，医療や教育の分野を中心として大幅な財政支出拡大が行われることになった(Annesley and Gamble 2004, 146-149)。その結果，権限移譲改革によってこうした分野の権限を握ることになったスコットランド議会に対する一括補助金についても，大幅に増額されることになったのである。こうした好ましい財政状況は，国政レヴェル

における労働党政権下での安定した経済成長に支えられていたが，それによりスコットランド自由民主党が強く求めた大学授業料改革や高齢者の日常生活支援無料化などの，財政支出を必要とする政策の実施が大きな問題となることなく進められたと言うことができる。

　第二に，すでに触れた点であるが，自由民主党と労働党は，イデオロギー的に中道左派政党で比較的近かったことが深刻な対立を引き起こさなかったという，政策面での親和性が挙げられる。特に，自由民主党が1990年代後半から反保守党路線をとるようになって以降，両党の政策的接近が顕著になっていた。国政レヴェルでは，1997年総選挙での労働党の大勝により，両党の間で連立政権の形成が図られることはなかったが，過半数議席の獲得が困難と見られていたスコットランド議会においては，イデオロギー的，政策的に比較的近い労働党と自由民主党の連立は自然なものであったと言えるだろう (Laffin 2007a, 664)。

　第三に挙げることができるのが，選挙に関して自由民主党と労働党は競争的というよりも，共生的な関係にあったことである。アンジェロ・パーネビアンコが指摘しているように，連立与党が選挙に際して競争的な関係にあるよりも共生的な関係にある方が，政権の安定性が高いとすることができる (Panebianco 1988, 219)。労働党の主な選挙基盤はグラスゴーを中心とする都市圏にあったのに対して，自由民主党の主な選挙基盤は北部を中心とする周辺地域にあったことから，個々の選挙区で両党が議席を争うことは少なく，基本的には共生的な関係にあると言ってよい状況にあったことが，連立政権のあつれきを低減することにつながったと見ることができる。

4　分離独立住民投票

　スコットランド議会設立後，2期8年にわたって労働党との連立政権を維持してきた自由民主党は，2007年のスコットランド議会選挙において1議席減の16議席を獲得した。しかし，連立相手であった労働党の議席減のために両党を合わせても過半数議席を下回ることになった。その結果，労働党に代わって第一党となったSNPによる単独少数政権が発足した。ちなみに，自由民主党とSNPの議席を合わせても過半数には達しなかったということもあったが，自由民主党にとってスコットランドの分離独立を求めるSNPとの連立政権は考えられなかった。

初めて政権を担当することになったSNP少数政権は，発足後すぐにスコットランドの将来に関する政府白書を公刊した。白書の中ではイギリスからの分離独立を含めてさまざまな選択肢が検討されていた。また，白書の公刊とともに，スコットランドの将来の統治形態に関して，スコットランド人の間で広範な議論を行う活動が開始されることになった(Scottish Executive 2007)。

スコットランドの将来の統治形態に関するSNP少数政権のイニシアティヴに対抗するために，スコットランド労働党党首の呼びかけに応じて，自由民主党は保守党とともに，後に「カルマン委員会」として知られる，スコットランドへのさらなる権限移譲を検討する超党派委員会に参加することになった(*The Scotsman*, 7 December 2007)。

実は，自由民主党は労働党との連立政権を形成していた時期に，スコットランドへのさらなる権限移譲を含む憲政改革について，かつて自由党の党首を務めていたスティール卿(Lord Steel of Aikwood)を委員長とする独自の委員会を立ち上げて検討を行っていた。

2006年に発表されたスティール委員会の提言では，スコットランド議会の権限を拡大する時期が到来したとされ，特に独自税源を含む財政権限の強化が求められていた。また，スコットランド政府の財政が中央政府からの一括補助金に全面的に依存している状況は望ましいものではなく，財政支出のかなりの部分をまかなうことのできる税源を中央政府から移譲すべきであるとされていた。財政権限以外でも，1998年スコットランド法によって，スコットランド議会に移譲されずイギリス議会に留保された権限のうち，スコットランド議会の選挙制度など，いくつかの分野に関する権限のスコットランド議会への移譲が提起されることになった(*The Scotsman*, 5 March 2006)。

労働党，保守党に加え，自由民主党も参加したカルマン委員会の報告書は，所得税に関するスコットランド議会の権限を，それまでのイギリスの税率から上下3％の範囲内で変更できるというものから，若干拡大する内容を提案していた。また，こうした所得税に関する権限強化に加えて，一部の資産税などの課税権移譲や，公共投資のための一定の借り入れをする権限の付与などが提案されていた(Commission on Scottish Devolution 2009)。

スコットランド議会の権限強化に関するカルマン委員会の提案は，ス

ティール委員会に示されたような自由民主党が求めたものからすれば，かなり限定された権限移譲であった。しかしながら，2010年のイギリスの総選挙後に保守党との連立政権を形成した自由民主党は，超党派の合意にもとづくカルマン委員会の提案を実際に法制化する役割を担うことになった。保守党のスコットランド選出議員が 1 名だったのに対し，11名を有する自由民主党からスコットランド相が選ばれるのは，ごく自然な流れだったのである。カルマン委員会の提案は，連立政権の下で2012年スコットランド法に結実することになる。

イギリスの国政において保守党と連立政権を形成した 1 年後の2011年に行われたスコットランド議会選挙は，自由民主党にとって最悪の結果をもたらすことになった。SNPが過半数議席を獲得したこの選挙では，労働党や保守党が得票率と獲得議席の両方で，ある程度勢力を後退させたのに対して，自由民主党の場合には，得票率で半減以下，獲得議席については前回の16議席から11議席減のわずか 5 議席にまで落ち込んだのである。

2011年スコットランド議会選挙において，労働党や保守党以上に自由民主党の打撃が大きかったのは，連立政権が追求する緊縮政策に反発するスコットランド人の怒りが，保守党のデイヴィッド・キャメロン首相を支えていた自由民主党に集中したからであった[9]。また，自由民主党が2010年総選挙での公約を破って，連立政権の下で大学授業料の大幅引き上げを容認したことが，イギリス全体での自由民主党支持の大幅低下につながっていたこと

---

[9] 国政で連立政権を組んでいる自由民主党と保守党の間で，スコットランド議会選挙で敗北の規模に大きな違いが生じた理由としては，両党に投票する有権者の質の違いが挙げられるかもしれない。保守党の場合，1997年の総選挙で大幅に得票を減らして以降，投票者の大部分がこの党を継続的に支持する固定層になったことから，逆風の選挙でもある程度得票を維持することができるようになっていた。それに対して，自由民主党の場合，得票のかなりの部分が主要政党への批判票であったために，いったん逆風が吹くと，こうした批判票を失うことから，大幅に得票を減らすことになったと見ることができる。なお，選挙敗北で党首を辞任したタヴィシュ・スコットは，敗北の主な原因を国政レヴェルの自由民主党指導部が，スコットランドなど地域レヴェルの自由民主党の懸念を顧みずに保守党との連立政権を形成したことに求めている(著者とのインタビュー，2014年 3 月11日)。

も,スコットランド議会選挙での惨敗の背景として挙げることができるだろう(成廣 2014, 166-168)。選挙惨敗の責任をとって,スコットランド自由民主党党首のタヴィシュ・スコット(Tavish Scott)は辞任し,新しい党首にウィリー・レニー(Willie Rennie)が選出された。

2011年のスコットランド議会選挙までは,カルマン委員会の提案を受けたスコットランド法の制定などのスコットランドに関する問題について,自由民主党や連立政権が困難に直面することはなかった。イギリスの下院で連立与党が過半数議席を有するのに加えて,スコットランド議会ではSNPが政権を握ってはいるものの少数与党であり,議会の過半数議席はSNPに対

スコットランド自由民主党党首:
ウィリー・レニー(Scottish Liberal Democrats)

抗する労働党，保守党，自由民主党などの野党が握っていたからである。しかし，SNPの単独過半数政権が誕生した2011年以降，スコットランド法の制定についてSNPの主張をある程度受容しなければならなくなったのに加えて，SNPが求める分離独立住民投票の実施が現実の問題として浮上することになった。

法的に言えば，イギリスの国家構造に関する権限はロンドンのイギリス議会が有していることから，分離独立をめざすSNPがスコットランド議会で過半数議席を獲得したことで，分離独立をめぐる住民投票が合法的に実施可能となったわけではないが，過半数議席を獲得したSNPの住民投票を実施すべきとする主張が，一定の民主主義的正統性を有することも否定できなかった(Lynch 2013, 283)。

そこで，スコットランドのSNP政権とイギリスの連立政権の間で分離独立住民投票をめぐる交渉が行われ，エディンバラ協定が合意された。SNPのアレックス・サーモンド首相とニコラ・スタージョン副首相，保守党のキャメロン首相と自由民主党のマイケル・ムーア(Michael Moore)スコットランド相が署名したエディンバラ協定では，2014年中に住民投票を実施すること，住民投票の問いは独立の是非に限られ，外交・安全保障・マクロ経済など一部の分野を除いて，すべての権限をスコットランド議会に移譲する「最大限の権限移譲」という選択肢は排除されることが合意された(HM Government and the Scottish Government 2012)。その後，住民投票の有権者資格を18歳以上ではなく16歳以上に引き下げることが合意されることになった(*The Scotsman*, 28 June 2013)。

ちなみに，住民投票を早期に実施するのではなく，2014年まである程度期間を置いたこと，また有権者資格の年齢引き下げについてはSNPの要望が反映されたが，最大限の権限移譲という選択肢を排除したことについては，自由民主党と保守党の立場が反映していた。その意味では，エディンバラ協定はスコットランドのSNP政権とイギリスの連立政権の間の妥協と見ることができ，自由民主党としてもその内容に大きな不満があったわけではなかった。

しかし，自由民主党にとって懸念があったのは，住民投票において望ましい結果とされる分離独立否決となった後でスコットランド議会の権限がどのようになるのか，という点が明確になっていなかったことであった。2012

年スコットランド法によって，スコットランド議会の権限が一定程度拡大することは確定していたが，それはスティール委員会の提言などで示された自由民主党の求める権限拡大からすれば，かなり限定的な内容であった。しかし，連立政権内の少数派である自由民主党としては，必ずしもスコットランド議会の権限拡大に積極的ではなかった保守党に，自らの立場を受け入れさせるのは困難だったのである。

スコットランド自由民主党としては，2012年6月に結成された独立反対派の超党派キャンペーン団体「ベター・トゥギャザー」の活動を支えて，まずは住民投票で分離独立否決という結果を手に入れて，その後スコットランドへのさらなる権限移譲の実現を図るという方針をとらざるを得なかった（Harvey 2014, 110）。

なお，住民投票において権限移譲の将来に関する自由民主党の立場を明確にするために，自由民主党元党首のミンギス・キャンベル（Menzies Campbell）を委員長とするキャンベル委員会が立ち上げられ，2012年10月に報告書が提出された。このキャンベル委員会の報告書は，かつてのスティール委員会の提言をさらに発展させたものとなっており，スコットランド議会が所得税を含む全体の約3分の2の税収に関して権限を与えられるべきとされていた。また，単にスコットランドだけが権限を拡大するのではなく，イギリスの他の地域についても自治権拡大を進めていくことにより，イギリスを連邦国家に変えていくべきという立場も示されていた（Home Rule and Community Rule Commission of the Scottish Liberal Democrats 2012）。

さて，労働党，保守党とともに自由民主党は「ベター・トゥギャザー」のキャンペーンに参加したわけだが，超党派によるスコットランド分離独立反対運動はスムーズなものとは言い難かった。

ひとつの問題は，先述のように，「ベター・トゥギャザー」の中心となっていた労働党，保守党，自由民主党が，独立否決後のスコットランド議会に対する権限移譲拡大の問題について，それぞれ立場が異なっていたことであった。3党のうち，自由民主党が権限移譲の拡大に最も積極的であったのに対して，保守党は2012年スコットランド法で認められた権限から若干の拡大にとどめることを想定する一方，労働党は権限移譲の拡大について積極派と消極派で割れていたのである。そのため，独立反対という点では一致していたものの，その後の権限移譲について主要政党の立場は分かれていた。

もうひとつの問題は，イギリスの総選挙が住民投票後，半年ほどで実施される予定だったことである。連立政権下で制定された議会任期固定化法により，次の総選挙は2015年5月に実施されることが確実であったために，自由民主党に限らず，主要政党関係者は，一方で独立否決の結果を求めていたが，他方で次期総選挙を有利に戦うための支持基盤拡大を視野に入れつつ，住民投票のキャンペーンを行うことになったのである。

　その結果，自由民主党に限らず，労働党や保守党も，それぞれ現有議席の選挙区における活動に重点が置かれ，党の地盤を超えて他党と密接に協力した活動がなされることはそれほど多くはなかった。特に，国政レヴェルで連立政権に入って以降，支持率がほぼ3分の1にまで激減していた自由民主党にとっては，総選挙での議席減をどれだけくいとめることができるのか，ということが大きな課題となっていた。その意味では，独立反対派の運動の実態は，主要政党が総選挙での支持基盤強化を見据えた，それぞれ独自の活動の寄せ集めであったと言っても誇張ではないかもしれない[10]。

　住民投票キャンペーンにおける「ベター・トゥギャザー」およびスコットランド自由民主党を含む主要政党の独立反対論は，独立賛成派の最大の弱点と見られた経済問題に大きな比重が置かれた。たとえば，保守党と自由民主党の連立政権の指示により財務省が作成した文書によれば，スコットランドはイギリスの一員であることにより，1人あたり年間1400ポンドのメリットを手にしているが，独立によってこうしたメリットが失われる危険があるとされていた。また，この財務省文書では，イギリスの一員であることは，近年の金融危機で困難に陥ったスコットランドの銀行に対する救済策が示すように，経済危機に対処するために不可欠な保険としても大きな意味を持っていることが強調されていた（HM Government 2014b）。さらに，独立後もスコットランドはイギリスの通貨ポンドを引き続き使用可能とするSNPに対して，そうした主張は信頼性を欠いているという批判もなされた。保守党のジョージ・オズボーン財務相を中心とする，保守党，自由民主党，労働党の

10　独立賛成派の「イエス・スコットランド」ほどではなかったかもしれないが，「ベター・トゥギャザー」に参加した人々の中には，一定程度それまで政治に関わってこなかった無党派層の人々も見られた。こうした人々は，総選挙の行方に関係なく，戸別訪問やチラシ配布などの活動を積極的に行っていた。

財務担当者によって，スコットランドが独立した場合には，ポンドを継続使用することは不可能であるという立場が明らかにされたのである(*The Daily Telegraph*, 14 February 2014)。

　スコットランド自由民主党が立ち上げたキャンベル委員会の報告書は，住民投票において分離独立が否決されることにより，スコットランド議会への権限移譲の拡大を含むイギリス全体での連邦制化への道が開かれるとしていた。そして，住民投票の翌年の2015年に予定されていた総選挙がイギリスの統治構造の変革について大きな分岐点になるとされた(Home Rule and Community Rule Commission of the Scottish Liberal Democrats 2012, 19)。しかし，先述のように，「ベター・トゥギャザー」など独立反対派の議論は，スコットランド独立によって引き起こされる経済的な困難の問題に集中し，自由民主党が重視するスコットランドへの権限移譲の拡大や，それに伴うイギリスの統治構造の変革については，住民投票の終盤になるまで真剣に取り上げられることはなかった。

　ところが，第一章で見たように，大差での勝利が予想されていたにもかかわらず，独立賛成派の追い上げによって住民投票が予断を許さぬ接戦となったことで，独立反対派の保守党キャメロン首相，労働党エド・ミリバンド党首，自由民主党ニック・クレッグ副首相は，デイリー・レコード紙に連名で「誓約」を掲載することになった。「誓約」の中では，住民投票で独立が否決された場合に，スコットランド議会の権限を大幅に拡大することが約束され，その内容は，次期総選挙に向けた各政党のマニフェストに明記されることになった。3党首の「誓約」により，総選挙でどの政党が勝利したとしても，スコットランドへのさらなる権限移譲は確実に実施される，ということが強くアピールされた(*Daily Record*, 16 September 2014)。

　こうして，自由民主党が求めてきたスコットランド議会の権限拡大は，接戦という住民投票の終盤情勢の影響により，それまで足並みがそろっていなかった独立反対派主要政党によって受け入れられることになったのである。

　2014年9月18日に実施されたスコットランド独立をめぐる住民投票では，独立反対票が55.3%，賛成票が44.7%となり，10ポイントを超える差でイギリスからのスコットランドの独立が否決されることになった(Electoral Management Board for Scotland 2014)。

5　存続の危機

　住民投票における分離独立否決の結果によって，2007年のスコットランド議会選挙以来政権を握ってきたSNPを中心とする独立賛成派の勢いに陰りが見られるのではないかという，自由民主党など独立反対派主要政党の期待は見事に外れることになった。住民投票での敗北にもかかわらず，独立賛成派のSNPとスコットランド緑の党は，入党者の急増によって組織を急速に拡大させていったのである。SNPの党員数は10万人の大台を突破し，緑の党も1万人に迫る増加を見せていた。それに対して，独立反対派の3政党の党員数には，増加傾向が見られなかった。特に，2015年総選挙での敗北後にそれぞれ新しい党首を選出した労働党と自由民主党は，イギリス全体では一定の党員増を果たしていたのに対して，スコットランドでは目立った党員拡大傾向が見られなかったのである(Keen 2015, 10; *The Scotsman*, 5 October 2015)。

　さて，住民投票において独立が否決されて間もない2014年9月末に，投票日前にデイリー・レコードの紙面で示された3党首の「誓約」にもとづいて，スコットランドへのさらなる権限移譲を検討するために，元BBC会長のスミス卿を委員長とする独立委員会が設置された。スミス委員会には独立賛成派と反対派の双方を含むスコットランドの主要5政党[11]の代表がメンバーとして参加し，スコットランド議会に新たに移譲される権限について検討が行われた。自由民主党からは，元スコットランド相のムーアとスコットランド自由民主党前党首のスコットが代表に加わることになった。

　スミス委員会の議論は，当初，外交，防衛，マクロ経済政策などを除いてスコットランドに関係するすべての権限の移譲，いわゆる最大限の権限移譲をめぐって，それを求めるSNPや緑の党など独立賛成派と，最大限の権限移譲はイギリスの国家としての一体性を危うくすると主張する労働党，

11　5政党の内訳は，SNP，スコットランド緑の党，スコットランド労働党，スコットランド保守党，スコットランド自由民主党であった。なお，スミス委員会には，主要5政党だけでなく，労働組合などの諸団体から407件の意見書が，そして，一般の有権者からも18,381件にも上る多くの意見書が寄せられていた（Smith Commission 2014, 10）。

保守党，自由民主党の間で対立が見られた(HM Government 2014a)。結局，2014年11月に発表されたスミス委員会の報告書では，SNPなどが求める最大限の権限移譲は採用されなかったが，財政権限の移譲について，所得税の全面的な移譲が提案されたほか，付加価値税の税収の半分をスコットランドの独自財源とする提案が示された。さらに，社会保障についても，障害者向けの給付や低所得層向けの住宅給付などいくつかの分野で権限移譲の提案が示された(Smith Commission 2014)。

以上のようなスミス委員会が提示した提案内容は，所得税に関する権限移譲のように，スコットランド議会の権限強化について自由民主党が求めてきたものをかなりの程度反映していたが，それは自由民主党の影響力の結果というよりも，権限移譲をめぐる独立賛成派政党と反対派政党の間での綱引きの結果として見ることができよう。スミス委員会の報告書で示された内容は，2015年総選挙後に開かれた議会に新たなスコットランド法として提出されることになった。

その後，スコットランド法の内容はスミス委員会の提言を十分に反映していないとするSNPと保守党政権の間でほぼ1年に渡って交渉が行われた。主な対立点は，スコットランドへの大幅な税源移譲に伴って減額される一括補助金をめぐるものであった。結果として，2016年2月末に妥協が成立し，スミス委員会の報告書で示されていた財政権限移譲に伴って「損失(detriment)」が生じないようにするという原則を尊重する形で，スコットランド法の修正が行われることになった。スコットランド議会においてSNPを含むすべての政党の承認を受けたスコットランド法は，2016年3月に制定されることになった(*The Scotsman*, 23 March 2016)。

2015年総選挙にあたって，自由民主党はイングランドやウェールズで大幅な退潮が予測されていたが，スコットランドではさらに困難な状況にあると見られていた。

イギリス全体を通じた自由民主党の党勢後退の大きな原因は，保守党との連立政権への参加であった。世界金融危機による財政悪化への対処という大義名分を掲げて，連立政権は厳しい緊縮政策を実施することになるが，増税や福祉縮減に対する反発のため自由民主党の支持率は政権参加直後から大きく低下することになった。そして，先述のように大学授業料をめぐる「公約違反」に対する反発もあって，連立政権の発足から半年ほどたっ

た時期には，自由民主党の支持率は，2010年総選挙での得票率の3分の1に過ぎない8％にまで落ち込むことになったのである(*The Sun*, 16 December 2010)[12]。

　2010年から2015年までの連立政権の5年間で，自由民主党は各種選挙で大幅な後退を見せることになった。すでに見たように，2011年のスコットランド議会選挙では，前回選挙で獲得した16議席から5議席へと急速な落ち込みを見せた。また，議席を争う選挙ではないが，連立政権に参加する際，下院の選挙制度改革の是非をめぐって保守党から実施の約束を取り付けた2011年の国民投票では，自由民主党が求めた選好順位指定投票制(Alternative Vote)が大差で否決される憂き目にあった。さらに，2014年に行われたEUの欧州議会選挙においては，前回獲得した11議席から10議席を失い，わずか1議席にまで低落したのである。このとき自由民主党が獲得した6.9％の得票率は，第一党になったUK独立党や二大政党はおろか，緑の党さえも下回り，得票率第五党にまで落ち込むことになった。

　地方議会における自由民主党の基盤も，連立政権の5年間で急速に縮小していった。2015年総選挙時点での自由民主党の地方議員は約2200人となっていたが，これは2010年総選挙時点での地方議員数からすれば約3分の2にまで落ち込んだことを意味していた(Cutts and Russell 2015, 72)。

　連立政権の5年間を通じて，各種選挙で強力な逆風にさらされた自由民主党は，2015年総選挙に際して高い目標を掲げたわけではなかった。前回総選挙で獲得した57議席からの議席減は確実視されており，現実的な目標としては，ハング・パーラメント[13]が広く予想されていた総選挙後に，連立政権の形成に欠かせない要政党となり得る議席数(30議席程度)の確保がめざされた。しかし，現実の総選挙結果は，自由民主党関係者が恐れていた最悪の予想を大幅に下回る悪夢となった。自由民主党の獲得議席は，30議席はおろか二桁にも達することはなく，イギリス全体でわずか8議席となったの

12　ちなみに，このときの自由民主党の支持率8％は，2015年総選挙での得票率7.9％とほぼ同じであった。2010年末以降，自由民主党の支持率は若干の変動が見られたものの，一桁の数値を大きく超えることはなく，総選挙での歴史的惨敗につながることになった。

13　下院においてどの政党も過半数議席を獲得せず，イギリスにおいて通常見られるような二大政党の一方による単独多数政権が形成できない政治状況を指す。

である。2015年総選挙での自由民主党の得票率7.9%は，前回の23.0%からほぼ3分の1にまで低落したことを意味していた。

　全国的な自由民主党の退潮を反映して，スコットランド自由民主党も前回の11議席から10議席を失い，わずか1議席（得票率7.5%）にまで落ち込むことになった。なお，2015年総選挙ではSNPが地滑り的勝利を収めたことから，スコットランドにおいて長期にわたって第一党の座を占めてきた労働党は，前回の41議席からわずか1議席にまで議席を大幅に落としていた。また，保守党の議席も自由民主党や労働党と同様に1議席となったことから，SNPはスコットランドの59議席中56議席を獲得する大勝を手にしたのである。

　ちなみに，スコットランドではSNPの大勝が早くから予測されていたことから，住民投票で分離独立に反対した3政党の支持者が，SNPの議席獲得を阻止するための戦術投票[14]を行ったと見られているが，SNPの「津波」のために3議席を除いて戦術投票が実を結ぶことはなかった。

　2015年総選挙における自由民主党の選挙結果は，全国的にもそしてスコットランドにおいても，かつて自由党が得票率で一桁にとどまっていた1950年代や1960年代の時期に逆戻りさせるものであった。自由党は党勢が低迷していた時期を耐え抜いて，1970年代に二大政党政治への批判が高まるとともに党勢を伸ばし，1980年代以降は労働党の分裂を契機として自由民主党への発展を遂げることにより，二大政党の狭間で無視できない勢力を築くことに成功した。スコットランドにおいても，SNPとの間で二大政党批判票をめぐる厳しい競争を繰り広げつつ，自由民主党は二桁の議席を手にするまでに至ったのである。しかしながら，こうした1970年代以降の着実な党勢拡大は，国政レヴェルでの保守党との連立政権形成や住民投票後のSNPの驚異的な発展によって，ほとんど失われることになった。スコットランドの下院議席がわずか1議席となった自由民主党は，今後どのようにして

14　戦術投票あるいは戦略投票とは，選挙において有権者が自分の支持政党に投票するのではなく，望まない政党の議席獲得を阻止するために，支持政党よりも当選可能性の高い他の政党に投票する行動を指す。自由民主党は，保守党の議席獲得を望まない労働党支持者や，労働党の議席獲得を望まない保守党支持者の戦術投票によって，大きく助けられていた。

党の再建に着手するのか,という困難な問題に直面している。

おわりに

　スコットランド自由民主党は,その前身である自由党時代からの自治権拡大の伝統を引き継いで,スコットランド議会設立以前から,大幅な権限移譲の実現を求めるスコットランド憲政会議において労働党とともに主要な役割を果たしてきた。また,中央集権的な二大政党の党組織とは異なり,スコットランド自由民主党は,自由民主党の全国組織に対してかなりの程度の自律性を有していた。すなわち,スコットランド自由民主党は,独自の党首,規約,政策,マニフェスト,党大会などを,全国組織からの介入を懸念せずに運営することが可能であった。

　このように権限移譲に対する前向きな立場,そして,党組織のあり方に権限移譲の基本的枠組が反映されていたことから,スコットランド自由民主党は,保守党や労働党などと比べると,権限移譲改革後のスコットランドの政党政治に対して,かなりうまく対応することが可能であったとすることができる。

　権限移譲改革後の政治環境に対するスコットランド自由民主党の適応をよくあらわしているのが,1999年の第一回スコットランド議会選挙後,8年間にわたって継続した自由民主党と労働党の連立政権における経験であった。連立政権のジュニア・パートナー(より小さな政党)は,政権運営やその後の選挙などでシニア・パートナー(より大きな政党)に圧倒される場合がしばしば見られる。しかし,スコットランド自由民主党は,高齢者介護や地方議会における選挙制度などの問題で,連立政権の政策にかなりの程度,自らの政策選好を反映させることに成功したばかりか,連立政権の実績が問われた2003年および2007年の選挙では,ほぼ現有議席の維持に成功していたのである。

　さらに,スコットランド議会の将来像をめぐる政治過程の進展を見ても,さらなる権限移譲に消極的であった労働党や保守党などの二大政党と,スコットランドをイギリスから分離独立させることを求めるSNPの間で,自由民主党の求めるような形でのスコットランド議会の権限拡大が進行しつつあると言うことができる。2007年のSNP政権の誕生に対応する形で制定された2012年スコットランド法,そして,2014年の住民投票で分離独立

が否決されたことを受けて制定された2016年スコットランド法により、スコットランド議会の権限は、1999年の成立時からすると、財政権限を中心として大幅に強化された。これはスコットランド自由民主党が求めてきた方向に沿った形での発展であった、と言っても誇張ではないだろう。

以上のように、権限移譲改革後のスコットランド政治において、自由民主党は、労働党や保守党などの二大政党と比較すれば、適応に成功してきたと見ることができる。しかし、イギリスの2010年総選挙がハング・パーラメントとなったことを契機として、保守党とともに連立政権を形成したことが、自由民主党にとってスコットランドのみならずイギリス全体で強力な逆風をもたらすことになった。

すでに見たように、大学授業料をめぐる公約違反といった明らかな帰責事由もあったが、連立政権で一般的に見られる力学、すなわち小政党が大政党の割を食う影響を受けたことにより、自由民主党は各種選挙で大幅な後退を見せることになったのである。スコットランド自由民主党に関していえば、2011年スコットランド議会選挙での16議席から5議席への惨敗、そして、2015年総選挙での11議席から1議席への惨敗は、国政レヴェルにおいて保守党と連立政権を組んでいたことが、スコットランドにおいていかに大きなダメージをもたらすことになったのかを、如実に示していると言うことができるだろう。

2015年総選挙大敗後の自由民主党は、スコットランドおよびイギリス全体において、まさに存続の危機にさらされていると言うことができるが、スコットランドでは党勢回復に向けた若干の明るい兆候も見られている。2016年5月に行われたスコットランド議会選挙において、自由民主党は惨敗した前回と同様の5議席に終わったが、第一党となったSNPから2つの選挙区で議席を奪うことに成功したのである[15]。

しかしながら、SNPからの議席奪取は、スコットランド自由民主党の支持

---

15 スコットランド自由民主党が、選挙区で2議席増加したにもかかわらず、前回と議席数が変わらなかったのは、比例代表の得票率が前回とほぼ同程度であったからである。スコットランド議会の選挙制度である追加議員制は、選挙結果を比較的比例代表に近づける効果を持っているので、小選挙区で獲得した議席が増加しても、比例代表の票が増加しなければ、トータルでの議席増は困難になっていると言えよう。

拡大というよりも，スコットランドの分離独立を狙う SNP の議席拡大を恐れた二大政党の支持者による戦術投票の結果であったと見ることもできる。また，得票率についても，惨敗に終わった前回選挙とほぼ変わらない低いものであった。以上を考慮すると，2014年の分離独立住民投票を経験して大きく変容しつつあるスコットランド政治において，自由民主党が主要なプレーヤーとして生き残ることができるかどうかは，いまだ定かにはなっていないとすべきであろう。

第四章　スコットランド国民党

〜「柔らかいナショナリズム」を通じた支配的地位の確立〜

はじめに

　スコットランドをイギリスから独立させることをめざすスコットランド国民党(SNP)は，2011年のスコットランド議会選挙において予想外の大勝を得た。SNPは前回の2007年選挙でも勝利を収めていたが，そのときには過半数議席を獲得したわけではなく，比較第一党として単独少数政権を形成せざるを得なかった。それに対して，2011年選挙では，SNPは比例代表制の色合いが強いスコットランド議会選挙では困難と見られていた，過半数議席を獲得するという快挙を成し遂げ，単独多数政権を発足させたのである。

　スコットランド議会の多数を握ることになったSNP政権は，2014年に分離独立の是非を問う住民投票を実施する意思を明確にした。それに対して，イギリス政府は，スコットランド議会選挙で示された民意を尊重する姿勢を示したが，住民投票の実施時期や投票用紙に記載される文言をめぐって，イギリス政府とSNP政権との間で見解の相違が存在した。その後，2012年10月15日にスコットランド首相(第一大臣)アレックス・サーモンドとイギリス首相デイヴィッド・キャメロンとの間で合意(エディンバラ協定)が成立し，2014年中にスコットランド独立をめぐって住民投票が実施されることになった(*The Guardian*, 15 October 2012)。そして，2014年9月18日に実施された住民投票では，独立反対票が賛成票を10ポイントほど上回ることになり，イギリスからの分離独立は否決された。

　ところで，もし住民投票において独立賛成票が多数を占めていたら，スコットランドはイギリスから独立することになったわけだが，この場合の

「独立」とは何を意味していたのだろうか。また，SNPは独立国家としてのスコットランドの将来像について，どのような構想を示していたのだろうか。一見すると，上記の問いについて簡単明瞭な回答をすることができるように思われるかもしれない。しかしながら，スコットランド独立の問題はそれほど単純なものではない。特に，SNPがスコットランド独立という最大の目標の詳細について，常に変化させ続けてきたことが事態を複雑にしているのである。

そこで，本章では，SNPが結成された戦間期から現在に至る時期を取り上げて，スコットランド独立をめぐるSNPの絶え間ない政策変化の動きについて検討を行うことにする。その際，次の2点に注意が払われる。1つはスコットランドをめぐる政治経済状況の変化であり，もう1つは分離独立に反対するイギリスの主要政党との間でのスコットランド政党システムにおける対抗関係の変化である。本章では，スコットランド独立をめぐるSNPの絶え間ない政策変化の動きを，一方では地域レヴェル，国家レヴェル，超国家レヴェルの間の相互依存の深化，他方では労働党政権によって実施された1990年代末の権限移譲(地域分権)改革がもたらした新たな政治的機会構造に対する地域ナショナリズム政党による適応のあらわれとして理解できるという主張がなされる。さらに，分離独立住民投票を通じて確立することになったスコットランド政党政治におけるSNPの支配的地位について，今後どのような発展が考えられるのか展望する。

1　SNPの結成から躍進まで

スコットランド国民党(SNP)が結成されたのは1934年のことである。このとき，スコットランド民族党(NPS：National Party of Scotland)とスコットランド党(Scottish Party)が合同し，その結果，誕生したのがSNPである。スコットランドの独立をめざして1928年に結成されたNPSは，イデオロギー的には中道左派の政党であった。それに対して，NPS結成の4年後に誕生したスコットランド党は，イデオロギー的には保守的な中道右派の政党であり，スコットランドの独立ではなく，イギリス帝国の中で一定の自治権を獲得することを求めていた。

イデオロギー上の立場の違いに加えて，スコットランドの将来に関する見方も異なる2つの政党が合同して形成されたことから，結成当初の時期につ

いて言えば，SNPのイデオロギー的立場は明確なものではなく，またスコットランドの将来に関する立場についても，「権限移譲と独立の間の曖昧なところ」(Lynch 2002a, 10)に位置していた。言い換えれば，SNPが誕生した時点では，スコットランドの分離独立を求めていたわけではなく，より曖昧なスコットランドの「自治(self-government)」という目標が掲げられていたのである。自治の内容およびそれを達成する手段については明らかにされていなかった。それは，SNPの党内に存在していた独立を求める旧NPS勢力と権限移譲を求める旧スコットランド党勢力の双方を満足させるために，意識的に曖昧なままにされたと見ることができる。また，SNPのイデオロギー的立場も明確にはされていなかった。SNPは左翼政党でも右翼政党でもなく，スコットランドのすべての階級，階層を代表する政党であるという主張を行うことにより，自らについてのイデオロギー的な色分けを回避していたのである(Lynch 2009, 623-625)。

　新たに発足したSNPの主要な目標は，イギリス(連合王国)の中で自治を達成するために，スコットランドに議会を設立することに定められた。また，イデオロギー的にも穏健な中道の立場が掲げられることになった。このような立場が採用されることになったのは，前述のように，独立を求める中道左派の旧NPS勢力と権限移譲を求める中道右派の旧スコットランド党との間で均衡を図る必要があったからであった(Finlay 1994, 54-156)。

　SNPが発足してしばらくは，イデオロギー面での曖昧さが党内に問題を引き起こすことはなかった。しかし，スコットランドの将来をめぐる問題に関する妥協は，党内融和をもたらしたわけではなく，その後しばしば厳しい対立を引き起こす原因となった。

　結党からほぼ10年にわたる期間，SNPの党内は独立支持派と権限移譲派の間の派閥対立に苦しめられることになった。しかし，1942年の党大会において，相対立する派閥の間で一定の決着がつけられ，独立支持派が党の実権を握るに至った。その結果，敗者となった権限移譲派の一部は党を割って，新たにスコットランド誓約協会(Scottish Covenant Association)を結成することになった。この組織は，独自の政党というよりも，一定の権限を有するスコットランド議会の設置へ向けて，政党の違いを乗り越えて超党派の協力を促進することをめざしていた。

　権限移譲派が離党したことにより，スコットランドの将来に関するSNP

の立場は，より明確なものになっていく。1943年には，SNPがめざす目標は，民主主義的な政府を樹立してスコットランドに主権を回復することであるという立場が表明された(Finlay 1994, 236)。この立場は，それまでの「自治」の概念が指し示すものよりもさらに明確となり，「独立」という言葉こそ使用されていなかったが，イギリスからの分離独立を指向するものであったと見ることができる。これ以降，イギリスからスコットランドを分離させて再び独立国家とするという目標に対して，SNPは堅いコミットメントを持ち続けることになる。

しかしながら，このときに掲げられたスコットランド独立の内容については，イギリスからの完全な分離とは言い難いところもあった。すなわち，独立したスコットランドは，イギリスと旧植民地諸国で構成される国際組織コモンウェルス(英連邦，Commonwealth)のメンバーとなることが想定され，イギリス国王がスコットランドの元首であり続けるとされていたからである。

1942年の分裂がSNPの党内から権限移譲派を一掃したわけではなかった。その後も，少数派ながらSNPの党内には，イギリスの中で自治権を獲得することを目標とする人々が残っていたのである。さらに，第二次世界大戦終結直後の時期にスコットランド誓約協会が衰退すると，そのメンバーの多くはSNPに復帰することになったのである。ただ，第二次大戦後のSNP党内の対立軸は，それまでのものから一定の変質を遂げることになった。対立の焦点は，独立をめざすのか，あるいは，権限移譲で満足するのかという根本的な目標をめぐるものではなくなり，スコットランド独立という目標を達成するスピードとプロセスをめぐるものに移行したのである。

次第に，SNPの党内では原理主義派と現実主義派の対立が見られることになった。前者は，スコットランド独立については妥協が認められない問題として捉えて，独立以外のどのような将来も受け入れないとする強硬な態度をとった。それに対して，後者は，スコットランド独立を一歩一歩着実に進めていくべきプロセスとして捉えて，しばらくの間はイギリスにとどまって一定の権限移譲を受け入れるという柔軟な選択肢も，戦略的妥協として受け入れるという立場であった(Mitchell, Bennie and Johns 2012, 19-20)。

戦後のスコットランドにおける総選挙において，SNPは結党期の1930年代から1960年代末まで，勢力の小さないわば泡沫政党であった(第一章，

表1-1参照)。SNPは戦争終結間際の補欠選挙で初の下院議席を獲得しているが、ヨーロッパでの戦争が終わって平和な時期に行われた1945年の総選挙では、補欠選挙で獲得した議席をわずか数ヵ月間維持しただけで失った。それ以降、1960年代末までSNPの不毛の時代は続き、総選挙での当選はおろか、選挙で候補者を立てること、また供託金没収を免れるだけの票数を獲得することにも苦労した。こうした不毛の時代には、SNPが下院の議席を獲得する可能性はほとんどなかった。「1942年から1964年にかけて、SNPの最大の業績は生き残りに成功したことである」(Hanham 1969, 179)とまで言われるように、この時期、スコットランド政治におけるSNPの地位は低迷していた。

　1960年代末になると、それまで泡沫政党的存在であったSNPの党勢が上昇傾向を見せることになる。補欠選挙や地方選挙での獲得票数について、比較的よい結果が続いた後、誰も予想できなかった躍進が見られたのである。1967年11月に労働党の安全選挙区であるハミルトン(Hamilton)で行われた補欠選挙において、SNPの中でも注目を集めていた若手女性政治家のウィニー・ユーイング(Winnie Ewing)が勝利を収めた。この予想外のSNPの勝利はメディアに大きく取り上げられた。

　1945年の補欠選挙勝利とは異なり、ハミルトンにおけるユーイングの勝利は、保守党と労働党という二大政党に大きな衝撃を与えることになった。当時、政権を握っていた労働党は、スコットランド議会の設立を検討する王立委員会を設置する一方、野党であった保守党は、スコットランドに対する権限移譲について前向きな姿勢を見せるようになったのである[1]。ハミルトンでの補欠選挙勝利は、スコットランドの人々の間でSNPに対する関心を著しく高めた。この後、SNPに入党を求める人々が急増し、短期間で数万人もの新規党員が誕生することになった(Wilson 2009, 27-43)。ハミルトンでの勝利は、SNPが泡沫政党から主要政党への脱皮を遂げるうえで、大きなきっ

1　二大政党のうち、SNPの台頭によって、より大きな衝撃を受けたのは労働党であった。労働党は、スコットランドにおいて1950年から1966年の総選挙にかけて平均して50%近い得票率をあげてきたが、SNPの勢力拡大を受けて、1970年の総選挙では44%程度となり、1974年の2回の総選挙では36%程度に低迷するなど、得票率の大きな落ち込みを見せたのである(Alonso 2012, 97)。

かけになったと見ることができる。

　1970年の総選挙において，ユーイングはハミルトンの議席を労働党に奪われたが，SNPはその代わりに西部諸島（Western Isles）の議席を獲得した。この議席は，SNPが補欠選挙ではなく総選挙において獲得した最初の議席であった。また，1970年総選挙でSNPが獲得した11.4%という得票率は，それまでで最高の数値となっていた。

　1974年に行われた2つの総選挙において，SNPのさらなる躍進が見られた。1974年2月の総選挙において，SNPの得票率は21.9％に上昇し，獲得議席も7議席となった。そして，同年10月に行われた総選挙では，SNPは2月の結果をさらに上回る劇的な飛躍を遂げた。得票率は30.4％と3割の壁を越え，獲得議席も11議席に達したのである。ちなみに，この1974年10月の総選挙でSNPが達成した30.4％の得票率と11議席という獲得議席は，地滑り的大勝となった2015年総選挙まで，SNPがあげた最高記録となっていた。

　1970年代前半の総選挙において，SNPがめざましい躍進を遂げたのには，次のような要因があったと考えられている。ひとつは，1973年の第一次オイル・ショックを契機として引き起こされた経済危機と労使関係の悪化に伴う労働争議の拡大が，それまで交代で政権を担当してきた保守党と労働党という二大政党の統治能力に対する有権者の信頼を大きく揺るがせたことである。もうひとつの要因として挙げられるのは，この時期にスコットランドが面する北海の海底に，かなりの量の石油が埋蔵されていることが明らかになったことである。北海油田の発見を受けて，SNPは「これはスコットランドの石油だ"It's Scotland's Oil"」というスローガンを掲げてキャンペーンを行い，スコットランドがイギリスから分離独立を果たしても経済的に自立できるばかりか，むしろそれまでよりも豊かになるという主張を広めたのである（Wilson 2009, 76-90）。SNPは1970年代前半の政治的，経済的変化の動きをうまくとらえて，党勢を拡大させることに成功したと言うことができるだろう（Devine 2008b）。

　1970年代におけるSNP躍進の影響により，当時の労働党政権の下でスコットランドへの権限移譲が実現する可能性が高まったように思われた。しかしながら，こうした状況はSNPに難しい対応を迫るものでもあった。一方では，党内でスコットランド独立の一日も早い実現を求める原理主義派の

反発を買わないように，独立に対するコミットメントを強調せざるを得なかった。他方では，独立へ向けた第一歩として権限移譲を評価する現実主義派を刺激することのないように，スコットランドへの分権に向けた動きを妨害するように見える行動は慎まなければならなかった。結果として，両派の間で妥協が成立し，SNPとしてはスコットランド議会を設立するという労働党政権の提案を，独立へ向けた第一歩として支持するという立場をとりつつも，権限移譲をめぐる住民投票のキャンペーンにおいては，労働党やその他の権限移譲支持派の政党と積極的に協力して運動を行うことはしない，ということになったのである（Levy 1986）。

　第一章で見たように，1979年3月に行われた住民投票では，皮肉な結果がもたらされた。有効投票総数の過半数(51.6％)が権限移譲に賛成していたが，それはスコットランド議会を設立するために十分な票数ではなかった。なぜなら，投票率63.8％で51.6％が権限移譲に賛成投票したということは，有権者総数の32.9％が賛成したということになるが，その割合は住民投票において権限移譲の提案が承認されるためには，有権者総数の少なくとも40％が賛成票を投じなければならないという条件を満たしていなかったからである。有効投票の過半数の賛成ではなく，有権者総数の40％以上の賛成を必要とする特別な「ハードル」が設けられたのは，スコットランド議会の設立に強硬に反対していた一部の労働党下院議員の抵抗が主な原因であった（Lynch 2002a, 152）。

　権限移譲をめぐる住民投票の挫折により，SNPは，補欠選挙での敗北や離党者などにより下院での多数を失った労働党少数政権を支える行動をとらなくなった。その結果，労働党政権に対する不信任決議の可決を受けて1979年5月に行われた総選挙において，マーガレット・サッチャー率いる保守党が政権に復帰することになった。この総選挙において，SNPは前回選挙で獲得した11議席のうち9議席を失い，また，その得票率も前回の結果からほぼ半減するほどの大敗北を喫することとなった（第一章，表1-1参照）。権限移譲をめぐる住民投票における挫折と総選挙での厳しい結果は，SNPおよび特に党内の現実主義派にとって大きな打撃となった。SNPが1979年に経験した2つの打撃の影響により，党内権力バランスは一時，現実主義派から原理主義派に傾いていくことになる（梅川 2000, 668）。

2　ヨーロッパの中の独立

　1970年代のスコットランド政治において，SNPが泡沫政党から主要政党への道を歩むようになった時期に，欧州統合に関する議論の進展がSNPがめざすスコットランド独立の内容について再検討する機会をもたらすこととなった。

　第二次世界大戦以降，1970年代頃まで，SNPは労働党などと同様に欧州統合に対する態度について懐疑的な見方を持っていた。EU（European Union）の前身であるEC（European Communities）については，スコットランドから遠く離れた官僚的でエリート主義的な組織であると見なされ，イギリスの国家機構と同様に，スコットランドの利益を損なう存在としてネガティヴな見方がされていたのである。また，SNPはEC加盟によってスコットランドの利益が，イギリスを含めた主要な加盟国から犠牲にされるのではないかという疑いを持っていた。さらに，EC加盟はスコットランド経済，特にその農業と漁業，および，伝統産業に対して，ヨーロッパ市場の自由化促進を通じて悪影響をもたらすのではないかという，強い懸念をSNPは有していたのである（Hepburn 2010, 72-73）。

　上記のような理由にもとづいて，イギリスのEC加盟の是非をめぐって行われた1975年の国民投票[2]において，SNPは反対投票を呼びかけるキャンペーンを行った。しかしながら，SNPの判断はスコットランドの人々の考えとは異なることが明らかになった。スコットランドにおいては，有効投票の過半数（58.4％）がEC加盟に賛成投票していたのである。なお，この数値はイギリス全体の結果（賛成67.2％，反対32.8％）と比較するとやや低いものであったが，それでもスコットランドの人々の多数がEC加盟を支持していることが明確にされたわけである。EC加盟を承認した1975年の国民投票結果は，1980年代に入って，SNPに対して欧州統合に関する政策の再検討

---

[2] 1975年の国民投票は，正確にはイギリスのEC残留の是非をめぐるものであった。イギリスがEC加盟を果たしたのは保守党政権下の1973年のことであった。しかし，その際には国民の意思を直接問うことがなかったので，2年後に労働党政権の下でEC残留の是非をめぐる国民投票が行われたのである（力久 1996, 159-216）。

を迫ることになる(Ichijo 2004, 75)。

1980年代前半はSNPにとって困難な時期となった。1983年総選挙において，SNPの得票率は前回の17.3％からさらに低下し，11.8％にまで落ち込んだ。ただ，議席については，前回獲得した2議席を維持することに成功している。総選挙での結果が悪化していくのに伴い，敗北の責任をめぐって原理主義派と現実主義派の間の党内対立は次第に厳しくなっていった。

しかしながら，1980年代後半から1990年代前半にかけて，SNPの党勢はある程度上向く。1987年総選挙では，SNPの得票率は14.0％に上昇し，獲得議席についても3議席に微増を遂げたのである。さらに，1992年総選挙においては，獲得議席こそ増加したわけではなかったが，得票率は21.5％にまで達した。この得票率は，SNPが躍進を遂げた1974年2月選挙で達成した数値とほとんど変わらないものであった。こうして，SNPの党勢は，1970年代末から1980年代初めにかけてのどん底の状況から，めざましい回復を見せることになったのである。

1980年代後半からの党勢回復の時期に，SNPはヨーロッパ政策に関する大きな転換を遂げる。1988年の党大会において，「ヨーロッパの中の独立(Independence in Europe)」政策が採択されたのである[3]。この政策は前労働党下院議員ジム・シラーズ(Jim Sillars)によって作成されたものであった。シラーズは1976年に労働党を離党し，その4年後の1980年にSNPに加わっていた。もともとシラーズは，EC加盟問題について懐疑的立場をとっており，1975年の国民投票では加盟反対派の運動に関わっていた。しかしながら，1980年代前半に入って，シラーズは「ヨーロッパの中の独立」のアイディアを明確化していくことになる[4]。

シラーズによれば，相互依存を次第に深めている世界の中で，国家が絶対

---

3 「ヨーロッパの中の独立」政策の採用前から，SNPはEC加盟に対する態度を柔軟なものに変える動きを示すようになっていた。1983年の党大会において，SNPはスコットランド独立後に実施される国民投票における承認を条件として，スコットランドがECに残留することを容認していた（Lynch 2002a, 186）。

4 ちなみに，2016年のEU離脱の是非を問う国民投票では，シラーズはEU離脱派のキャンペーンに参加した。「ヨーロッパの中の独立」ではなく，イギリスからもヨーロッパからも「独立」することを，近年のシラーズは求めるようになったのである(*The Scotsman*, 21 January 2016)。

的な主権を維持するのは不可能とされた。国家間関係が密接化していくことにより，現代国家の主権は相対的なものにならざるを得ない。しかしながら，スコットランドが「相対的な」主権を獲得することには，重要な意義が認められるとシラーズは考えた。なぜなら，「相対的な」主権であっても，それまでイギリス政府によって利益を阻害されてきたスコットランドが，独立により自らの利益にかなった形で主権を行使することが可能になるからである。

シラーズが見るところ，スコットランド独立に対する大きな障害は，スコットランドの人々の間に存在する「孤立」を恐れる心情であった。特に，それまでイギリス（連合王国）という国家の中でさまざまな保護を受けてきたスコットランドが，独立によってそうした保護を失う事態を恐れる人々は，少なからず存在するとシラーズには思われたのである。シラーズの「ヨーロッパの中の独立」政策は，そうしたスコットランドの人々の孤立を恐れる心情に対して安心感を与える方策として考案されたのである。また，スコットランドが独立を達成した際に予想される，大規模な混乱という可能性を取り除くための政治的，経済的支援構造としてECを利用するという側面も，「ヨーロッパの中の独立」政策にはあったのかもしれない（福田 2002, 196-200; Ichijo 2004, 46-50; Laible 2008, 105-113）。

シラーズやSNPによる欧州懐疑主義から親欧州主義への変化については，それが政党戦略上の計算にもとづいていたことを指摘しなければならない。ヨーロッパ問題に関するSNPの新たな立場は，欧州統合に対する積極的支持への転換を意味するものではなく，SNPが求めるスコットランド独立を達成するための有用な手段として，ヨーロッパの枠組を利用するというプラグマティックな判断にもとづいていたのである。ECやその後のEUの加盟国であることは，スコットランド独立に伴う移行期のコストを低減させるうえで大きな意義が認められるようになった。すなわち，EUの広大な市場へのアクセスの確保，構造基金をはじめとするEUによる資金面での支援，および，新規独立国家となるスコットランドが他の加盟国と平等な資格を与えられるEUの制度などを通じて，独立に対するスコットランドの人々の不安をかなりの程度緩和することが期待されたのである。

ECと後のEUが提供する政治的，経済的枠組の中で，スコットランドの独立は比較的スムーズに達成可能とのイメージが広められていくことになる

(Lynch 2002a, 187)。また，「ヨーロッパの中の独立」政策は，SNPに対して向けられてきた狭量な「分離主義」，「孤立主義」という批判をかわすうえでも意味があった。さらに，スコットランドの人々の間で暗黙のうちに広がっていたイングランドへの精神的，実質的依存から抜け出す道筋を示したという意味でも，「ヨーロッパの中の独立」は重要であった(Gallagher 2009, 541)。

　欧州懐疑主義から親欧州主義への変化，並びに，「ヨーロッパの中の独立」政策の採用は，独立後のスコットランドとEC/EUとの関係について，看過できない問題を発生させることになった。すなわち，欧州統合の進展で多くの政策分野においてEUの規制が強化されている中で，経済問題や社会問題についてスコットランドが独自性をもった政策をどの程度実施できるのか，をめぐって懸念が生じるようになったのである。独立したスコットランドとEC/EUとの関係について，あるいは，欧州統合の将来の方向性に関して，SNPの党内では活発な議論が戦わされていくことになる。

　さて，「ヨーロッパの中の独立」政策が採用された1980年代末のSNPでは，欧州統合の将来像として，アメリカ合衆国に匹敵するヨーロッパ連邦の形成に向かうべきなのか，あるいは，政府間主義にもとづいて加盟国の主権をかなりの程度尊重する現状を維持すべきなのかをめぐって立場が明確ではなかった。一方の側には，欧州統合の進展を歓迎する超国家主義の立場をとる人々が存在し，彼らは経済政策，社会政策，そして，外交政策に至るまで，多くの政策分野に関するヨーロッパ・レヴェルでの管理を受け入れる用意があることを明確にしていた。それに対して，他方の側には，加盟国の主権の尊重を強調する政府間主義者が存在しており，彼らは加盟国レヴェルからヨーロッパ・レヴェルへのさらなる主権の移譲に反対する姿勢を見せていたのである(Hepburn 2009a, 194)。

　欧州統合をめぐって党内に相対立する立場が見られる中で，SNP指導部は後者の，すなわち政府間主義者の立場をとった。そして，加盟国が特定の分野については主権の共有を行うものの，それ以外の分野については加盟国レヴェルに決定権限を維持させるという形態を，EC/EUが将来にわたって継続すべきであるという立場を明確にしたのである。それに加えて，すでにヨーロッパ・レヴェルで決定されている分野に関しても，加盟国の合意を通じて決定に至るのが望ましいとして，独立したスコットランドが自国の経済や社

会に対して自律的な政策を展開する余地を広げることを求める姿勢も見られた(Hepburn and McLoughlin 2011, 388-390)。

以上のように，SNPの大勢は指導部を中心として欧州統合やEUの形態に関して，基本的に政府間主義な立場をとっていたと言うことができるが，そのような立場をとることが，多層ガヴァナンスのシステムを発展させつつあったEUのあり方について適切な認識を妨げる恐れもあった。特に，EUは基本的に主権国家の連合体であるというSNPの見方が，絶え間なく変容しつつある欧州統合の特質を把握し，EUにおいて出現しつつある多層ガヴァナンス・システムに適した政策的的対応を困難にする可能性があることが指摘されていた(Hoppe 2007, 77)。

近年，ヨーロッパ問題をめぐるSNPの議論は，やや批判的な側面を強めつつある。たとえば，EUの共通農業政策(CAP：Common Agricultural Policy)や共通漁業政策(CFP：Common Fisheries Policy)に対するSNPの批判は厳しさを増している。さらに，SNPはスコットランドの農業と漁業の利益を守るために，両政策からの離脱の可能性を検討するようになっているのである。また，欧州憲法条約の締結をめざす動きが進展していた2000年代前半には，SNPは，一方ではEUが憲法条約を持つこと自体について原則として支持する姿勢を示しながらも，他方では現実の条約の条文において補完性の原則について十分な配慮が見られていないこと，および，海洋資源に関する権限をEUの排他的権限としていることなどを挙げて，憲法条約の批准過程で反対の立場をとったのである。欧州憲法条約が挫折し，その後，憲法条約に掲げられていた内容の多くがリスボン条約として再構成されたときにも，SNPは憲法条約の中で問題のあった内容がリスボン条約に引き継がれているとして，その批准に反対する姿勢を明らかにした。さらに，欧州懐疑主義的傾向を強めつつあった保守党などと同様に，リスボン条約批准の是非を国民投票にかけることを求めたのである(Keating 2009, 59)。

イングランドなどと同様に，スコットランドにおいても欧州統合に対する懐疑的な見方が強まる中で，SNPがそれまでの親欧州的態度を若干改めて欧州懐疑的な姿勢に変わりつつあるのは理解できる。しかしながら，たしかに欧州統合に関するSNPの近年の変化については，スコットランドの人々の間での欧州懐疑主義の流れに迎合するものとして見ることができる一方で，それはSNPによる「ヨーロッパの中の独立」政策が，欧州統合の理念に対

する純粋なコミットメントではなく，主として政党戦略上の計算にもとづくものであったことを示しているとも考えることができる。

　SNPのヨーロッパ政策の戦略的な性質を示す別の事例を挙げることもできる。EUの単一通貨であるユーロが導入されて以来，SNPはスコットランド独立の暁には，ユーロを採用してドイツやフランスなどとともにユーロ圏の一員になるという政策を掲げてきた。しかしながら，2008年の世界金融危機の発生と，その後のユーロ圏諸国における財政金融危機の深刻化により，ユーロに対する金融市場の信頼が大きな打撃を受ける中で，SNPはスコットランド独立後に使用する通貨について，立場を大きく変えることになったのである。2009年に行われたSNPの党大会において，スコットランドが独立してしばらくの間は，それまでのイギリス・ポンドを引き続きスコットランドの通貨として使用することが承認された。また，ポンドを廃してスコットランドの通貨にユーロを採用するためには，国民投票を実施してスコットランドの人々の了承を得る必要があるということも合意されたのである (*The Times*, 17 October 2009)。このように，1980年代末から1990年代前半にかけてSNPが見せた親欧州主義は，2000年代末から若干トーン・ダウンする傾向が見られた。

3　権限移譲の実現と政権政党への道

　先述のように，1979年3月に行われた権限移譲をめぐる住民投票での敗北後，SNPはスコットランドの独立に関して，原理主義的な姿勢を顕著に見せることになった。そして，それとは対照的に，権限移譲に対する立場は否定的なものになっていった。しかしながら，1980年代中頃から，SNPの立場に微妙な変化が現れる。すなわち，スコットランドへの一定の分権をもたらす権限移譲を独立へ向けた第一歩として肯定的に捉える，かつてのプラグマティックな姿勢が次第に顕著になったのである。SNPの1983年の党大会では，スコットランド独立に対する支持を表明しつつも，権限移譲をめざす動きに対して建設的なアプローチをとることを求める決議が採択されていた (Lynch 2002a, 180)

　スコットランドにおいては，1980年代から1990年代にかけて，権限移譲に対する支持が着実に増大していた。その背景には，この時期に政権を握っていた保守党に対するスコットランドの人々の反発があった。1980年

代から1990年代にかけての総選挙結果を見ると，スコットランドにおける保守党の得票率は30％を超えることがなく，減少傾向にあったとすることができる（第一章，表1-1参照）。

　第一章で見たように，スコットランドにおいて権限移譲を求める声が高まる中，労働党と自由民主党は，労働組合や宗教団体などのさまざまな団体とともにスコットランド憲政会議を設立した。この組織の目的は，スコットランドへの権限移譲の枠組に関して広範なコンセンサスを形成することにあった。SNPは，スコットランド憲政会議の設立に向けた協議には参加していたが，途中で協議から離脱し，最終的にこの組織に加盟しない道を選ぶことになった。SNPがスコットランド憲政会議設立協議から離脱することになった理由は，ひとつには独立の問題が協議内容から外されたことであったが，もうひとつの理由としては，強大な勢力を誇るスコットランド労働党がこの組織を事実上支配する可能性を恐れたからでもあった（Wilson 2009, 239-243）。

　かくして，SNPはスコットランドへの権限移譲に関する青写真の作成に向けた長期的な準備作業に直接関わることはなくなった。しかし，権限移譲の実現に向けて，SNPが少なからぬ後押しをしたと言うこともできる。1988年に労働党の安全選挙区であったグラスゴー・ガヴァンの補欠選挙において，SNPの候補者ジム・シラーズが議席を獲得することになったのである。SNPによる衝撃的な補欠選挙勝利は，権限移譲の実現に対する労働党のコミットメントをさらに強くさせることになった。まさに1967年のハミルトンにおけるSNPによる補欠選挙勝利が，1979年の権限移譲住民投票をもたらすプロセスに拍車を掛けたのと同様の事態が見られたのである。

　1997年総選挙に労働党が圧勝したことにより，スコットランドなどへの権限移譲の是非を問う住民投票が行われることが確実となった。それにより，SNPは来るべき住民投票キャンペーンにおいてスコットランド議会の設立に賛成するのか，反対するのか立場を明確にしなければならなくなった。プラグマティックなリーダーシップを特徴とするアレックス・サーモンド党首の判断により，SNPは住民投票において賛成投票を呼びかける一方，他の賛成派政党と協力関係を築くことになった。結局，住民投票において，独自の課税権を含む広範な権限を持つスコットランド議会の設立に対して，過半数をはるかに超える多くの賛成票が集まり，権限移譲が実現することになっ

た(Lynch 2002a, 221-225)。

　1997年総選挙の投票日前に，労働党の影のスコットランド相ジョージ・ロバートソンは，「権限移譲によってナショナリズム〔SNP〕[5]は一掃される」(*The Sunday Times*, 27 April 1997)と述べていた。振り返ってみれば，ロバートソンの予想とはまったく逆の事態が発生したように思われる。1990年代を通じて，SNPは労働党にとって無視できない脅威であり続け，1999年にスコットランド議会が誕生して以降は，ロバートソンの予想に反して党勢を飛躍的に拡大させたのである(Brand, Mitchell and Surridge 1994)。

　スコットランド議会が設立されたことにより，SNPはそれまでロンドンのウェストミンスター（イギリス）議会では予想もできなかったような政治的な足がかりを手に入れ，その地位はそれまでとは質的に異なる重要性を持つこととなった。1999年に行われたスコットランド議会の第一回選挙において，SNPは総議席129議席中の35議席を獲得し，スコットランド政治において労働党に次ぐ第二党の地位を確保したのである(第一章，表1-4参照)。

　しかしながら，スコットランド議会の第一期(1999年〜2003年)および第二期(2003年〜2007年)において，SNPの党勢は停滞することになった。スコットランド議会において労働党と自由民主党の連立政権と対峙する野党第一党の地位は維持したものの，スコットランド議会選挙とイギリスの総選挙の双方で，SNPが獲得した得票率や獲得議席は，増大するのではなく，むしろ若干ながら減少傾向を見せたのである。

　たとえば，2003年のスコットランド議会選挙では，前回の選挙結果からさらに上積みすることが期待されていたにもかかわらず，実際の結果は27議席と前回よりも8議席減となった。また，総選挙におけるSNPの得票率は，数ポイントずつではあったが，選挙のたびに減少していた(得票率の推移は，1997年：22.1%, 2001年：20.1%, 2005年：17.7%)。スコットランド議会の設立により，SNPは労働党に次ぐ第二党の地位を確保したが，その陰で総選挙における党勢は衰えを見せていたと言うことができる。

　2007年のスコットランド議会選挙において，権限移譲の実現以来，初めて政権交代が見られることになった。それまで政権を担当してきた労働党と自由民主党の連立与党が，スコットランド議会の多数を失ったのである。ま

5　〔　〕内は筆者による注釈である。

た，スコットランド議会設立以降，第一党の地位を維持してきた労働党が46議席にとどまった結果，労働党を1議席上回る47議席を獲得したSNPが比較第一党の地位を手に入れることになった。SNPは選挙区および比例代表の両方の得票率において労働党を上回っていた(第一章，表1-4参照)。SNPはサーモンドのリーダーシップによって，選挙で勝利を収める能力に長けた「選挙プロフェッショナル政党」に成長していたのである(Leith and Steven 2010, 263)。

比較第一党となったSNPは，2名のスコットランド緑の党議員の支持を確保し，少数政権を形成することになった。権限移譲が実現する前にジョージ・ロバートソンが予言したのとは異なり，SNPはスコットランド議会の設立により衰退するどころか，むしろ権限移譲後の政治環境の中で政権を担えるほど勢力を拡大させたのである。

権限移譲がSNPの勢力拡大に寄与した問題を考えるうえで，政治的機会構造の2つの面での変化が注目に値するだろう。

第一に，スコットランド議会選挙に採用された選挙制度が，SNPにとって比較的有利なものであったことが挙げられる。スコットランド議会が設立されて以来，その選挙制度として使われている追加議員制は，イギリス下院の総選挙で使用されている小選挙区制よりも，得票を議席に変換する際に，はるかに比例性が高くなるようになっている。グラスゴーを中心とした大都市部に支持が集中している労働党と比べれば，SNPの支持はスコットランド全土に比較的均等に広がっていたので，イギリスの総選挙のような小選挙区制の下では議席獲得がかなり困難であった。第一党となった2007年のスコットランド議会選挙でさえ，SNPは選挙区(定数1名の小選挙区)においてそれほど議席を獲得することができなかった。追加議員制によって，選挙区で獲得できなかった分を比例代表により埋め合わせた結果，SNPは労働党を議席数において1議席上回ることができたのである。

権限移譲によって変化した政治的機会構造の第二の側面として，権限移譲がSNPに対して有利な政治空間を創造することになったという点を挙げることができる。すでに見たように，1974年10月の総選挙において，SNPは30.4％という非常に高い得票率をあげることになった。しかしながら，そのような高い支持を受けていたにもかかわらず，SNPがイギリスの下院において相当数の議席を獲得するのは困難であった。それは，小選挙区制の影響

により，支持が比較的均等に広がっていたSNPは議席獲得について不利であったのに加えて，SNPのような相対的に小さな政党に投票するのは労働党のような大政党に投票するのに比べてあまり合理的ではない，と見る一部の有権者の見方があった。なぜなら，分離独立を求める地域ナショナリズム政党であるSNPは，スコットランドの選挙区にだけ候補者を立てるために，イギリスの国政において政権与党となる可能性はほとんど考えられなかった。そのため，国政レヴェルで常に野党となることが確定していると見られたSNPよりも，与党となる可能性を有する労働党に投票した方が，スコットランドの利益を下院の場で反映させやすい，と有権者が考えても無理はなかったのである。

　しかしながら，スコットランド議会の設立によって生まれた新たな政治空間においては，SNPは単に労働党に匹敵する主要政党の地位を手に入れることができたばかりか，スコットランドにおいて政権与党の座を手に入れる可能性も出てきたのである (Mitchell, Bennie and Johns 2012, 11)。加えて，SNPはスコットランドの利益を代表する「唯一の政党」という称号をみずから名乗るようになった。そして，SNP以外のすべての主要政党は，イングランドの利益を代表するイングランドの政党なので，スコットランドの利益を損ねる勢力であるという，領域の論理にもとづく強力な批判を展開したのである[6]。

　新たに誕生したSNP政権は，すぐにスコットランドの将来に関する政府白書を公刊し，その中でイギリスからの分離独立を含めてさまざまな選択肢が検討されることになった。また，白書の公刊とともに，スコットランドの将来の統治形態に関してスコットランド人の間で広範な議論を喚起する活動が開始された (Scottish Executive 2007)。SNPは政権獲得によって，スコットランドの人々に対してイギリスからの分離独立のメリットをアピールする大きな機会を手に入れることになったのである。

　しかし，スコットランドに対する権限移譲の実現によって，ロバートソンの予言を反映するような独立へ向けた障害も明白になった。第一に，スコッ

6　多国間比較研究によれば，ナショナリズム政党は国政レヴェルの選挙よりも地域レヴェルの選挙において，よりよいパフォーマンスを示す傾向があるようである (Detterbeck 2012)。SNPはたしかにこのような傾向を反映していると言える。

トランド議会選挙においてSNPを有利にした追加議員制は，議会の中で過半数議席を獲得することを困難にする制度でもあった。そして，2007年のスコットランド議会選挙において，SNPは比較第一党とはなったが，過半数議席をはるかに下回ったのである。他の主要政党がイギリスからの分離独立に反対の立場をとっている以上，スコットランド議会でSNPが過半数議席を獲得しなければ，スコットランド独立の是非を問う住民投票が実現する可能性は低かった。

　第二に，権限移譲の実現はスコットランド人の間での独立を求める動きを緩和する作用をもたらしたようである。2007年のスコットランド議会選挙において，SNPが労働党を破って比較第一党となったときでさえ，世論調査で示されたスコットランド独立に賛成する割合はほとんど増加することはなく，有権者の3分の1以下にとどまっていたのである(McCrone 2009)。

　さらに，SNPが抵抗政党から統治政党に成長したこと自体が，スコットランド独立へ向かう道を容易にするどころか，困難にしたと見ることもできる。SNPの長年にわたる最大の目標はスコットランド独立の達成であるが，2007年選挙でスコットランド議会の政権与党となったことから，まずは権限移譲の枠組の中でスコットランドをうまく統治できる能力を証明しなければならなかった。そのために，SNPはしばしば他の主要政党との妥協を強いられることになり，それまでのようにスコットランド独立を声高に主張することは，もはやできなくなった。それゆえ，2007年のスコットランド議会選挙マニフェストにおいて，SNPは2010年にスコットランド独立をめぐる住民投票を実施するという公約をしていたが，政権に就いてからは住民投票の実施を最重要課題とすることはなかった。何より，スコットランド議会で多数を持たないSNP少数政権は，住民投票の実施を望んだとしても，他の政党の反対でそれを実施できる状況にはなかったのである(Scottish National Party 2007, 8)。

　スコットランド独立を求める主張のトーンを弱める一方，SNP政権は権限移譲の枠組の強化について論じるようになった。すなわち，それまで以上に多くの権限をイギリスの中央政府からスコットランド政府に移譲すべきという主張である。しかしながら，当面，権限移譲の拡大を求めるというSNPの議論には落とし穴もあった。なぜなら，スコットランド議会の権限をさらに強化することは，イギリスからの分離独立の必要性を低下させる側面が

あったからである。スコットランド議会の権限が着実に強化されていけば，一般の有権者にとって権限移譲と分離独立を分ける境界線がぼやけることになり，独立せずともイギリス国内で大幅な自治権を有する形態で満足する人々が増加してもおかしくはなかったのである(Hepburn 2009a, 197)。

さて，2011年のスコットランド議会選挙において，労働党はスコットランドの政権与党に復帰できるという期待を高めていた。労働党は前年の総選挙において，イギリス全体では得票率を大幅に低下させて敗北を喫していたが，スコットランドでは得票率を増大させていたのである。若干ではあったがスコットランドにおいて党勢を拡大した労働党とは対照的に，2010年総選挙におけるSNPの得票率は，労働党の半分以下にとどまった(第一章，表1-1参照)。さらに，スコットランド議会選挙のキャンペーンが開始される直前の世論調査では，政党支持率で労働党がSNPを上回っていたのである（McCrone 2012, 69）。

ところが，2011年スコットランド議会選挙は，思いもよらない選挙結果をもたらした。この選挙において，SNPはそれまでどの政党も成し得なかったスコットランド議会の過半数議席(総議席129議席中の69議席)を獲得することになったのである。それに対して，スコットランド労働党の選挙結果は惨憺たるものであった。労働党は選挙区でわずか15議席しか獲得できず，比例代表によって選挙区の獲得議席の少なさをある程度埋め合わせる22議席を得たが，合計37議席とSNPのほぼ半分程度まで勢力を縮小させたのである(*The Guardian*, 7 May 2011)。かくて，2011年スコットランド議会選挙において，SNPはスコットランド労働党に対して地滑り的な大勝利をおさめることになった(第一章，表1-4参照)。

2011年のスコットランド議会選挙において，なぜSNPは地滑り的な大勝利をあげることになったのだろうか。2011年スコットランド議会選挙については，第一章で詳しく検討を行ったので，ここではSNPの大勝をもたらした要因について，その概要だけ指摘しておくことにする。

第一に，スコットランド労働党の選挙戦略の問題が挙げられる。2010年のイギリスの総選挙によって保守党が政権に復帰したことから，スコットランド労働党では，緊縮政策を実施する保守自民連立政権への批判票を集めることに期待がかけられていた。そのため，2011年スコットランド議会選挙における労働党マニフェストでは，イギリスの保守自民連立政権に対する批

判は数多く存在したが，スコットランドのSNP政権に対する言及はほとんど見られなかった。(Scottish Labour Party 2011)。しかし，イギリスの保守自民連立政権を主要敵とし，SNPの存在を無視する労働党の選挙戦略はまったく機能せず，むしろ逆効果となった。

　第二に，SNPとスコットランド労働党のリーダーシップの違いが挙げられる。SNPのサーモンド党首は，スコットランド労働党党首のイアン・グレイよりも，有権者からの信頼が高かった。党首に対する支持率でサーモンドはグレイに対して大差をつけ，両者の支持率の差は25ポイントにまで広がっていたのである(*Scotland on Sunday*, 17 April 2011)。こうしたサーモンド効果はSNPの地滑り的勝利に大きな貢献を果たすことになった。

　第三に，SNPは統治能力とスコットランドの利益を代表するという二点に対する有権者の評価に関して，スコットランド労働党を大きく引き離していた。2007年スコットランド議会選挙で少数政権を形成したSNPは，4年間の政権担当期間を通じてスコットランドの有権者から統治能力について一定の評価を勝ち取っていたのである。それに対して，スコットランド労働党の統治能力にはスコットランドの有権者の評価は非常に厳しかった。また，スコットランドの利益を最もよく代表する政党は，という問いについても，労働党よりもSNPと回答する有権者が圧倒的に多かった(Hassan and Shaw 2012, 219; Wheatley, et al. 2014)。

4　柔らかいナショナリズム

　スコットランド議会で過半数議席を持つようになった第二期SNP政権は，独立をめぐる住民投票を2014年に実施する意向を表明し，また独立に関するSNPの年来の主張をまとめた文書を公刊することになった(Scottish National Party 2011a)。少数政権であった第一期SNP政権とは異なり，多数政権となった第二期SNP政権の下で，2014年中に住民投票が実施されることはほぼ確実となったのである。それに対して，スコットランドのイギリス(連合王国)への残留を求める保守党，労働党，自由民主党などの主要政党は，独立をめぐる住民投票を実施するのであれば，できるだけ早期に実施することを求めた。しかし，SNP党首としてスコットランド首相を務めていたサーモンドは，当初の予定通りに2014年に住民投票を実施するという姿勢を崩さなかった。

なぜサーモンド率いるSNPは，スコットランド独立をめぐる住民投票の早期実施を回避したのか。その主たる理由は，もし早期に実施すれば，スコットランド人の間で独立に対する根強い反対が存在したことから，住民投票に敗北する可能性が極めて高かったということであった。2011年スコットランド議会選挙においてSNPが再選されたことは，スコットランドの有権者の間で独立を求める声を若干強めたかもしれないが，それでも世論調査で独立に賛成する割合が50％のラインを超えることはほとんどなかった。このことは，2011年選挙におけるSNPの大勝は，必ずしもスコットランド独立論の拡大によってもたらされたわけではない，ということを示していると言えよう。SNPの勝利はスコットランドの統治政党としての能力にもとづいていたとすることができるのである[7]。

　2011年スコットランド議会選挙におけるSNPの大勝以降も，世論調査における一般的な傾向として，スコットランドの分離独立を支持する割合はだいたい30％前後にとどまっていたのに対して，50％を超える多数の人々が独立よりも権限移譲を支持していた（McCrone 2012, 74）。分離独立住民投票に勝利するためには，SNPは態度を決めかねている人々に加えて，独立に懐疑的な人々まで説得する必要があったが，それは困難かつ時間のかかる作業であると考えられた。そうしたことから，SNPは住民投票を早期に実施するのではなく，2014年まで比較的長い時間をとることを求めたのである。

　イギリスからの分離独立に対するスコットランドの人々の支持が必ずしも高くなかったことから，独立に関するSNPの言説は，イギリス国家からの分離に伴う問題に懸念を抱く人々を説得するために，それまでの強硬なものから柔軟なものへと次第に変化を遂げていくことになった（Preston 2008）。この柔らかで，よりショックの少ない言説，いわゆる「軽い独立（independence-lite）」論は，SNPが少数政権であった第一期からすでに垣間見られていた。そして，分離独立に関する言説を和らげるプロセス，いわば「柔らかいナショナリズム（soft nationalism）」は，SNPが再選を遂げて多数政権となり，他の政党の抵抗を乗り越えて独立をめぐる住民投票を実施できる

---

[7]　権限移譲の実現によってスコットランド議会が設立されたことは，SNPの党勢拡大に大きく寄与したとすることができるが，それは必ずしもスコットランド独立を求める声を強めることにはつながらなかった（McEwen 2002, 61）。

立場になってから，一段と進展を見せることになったのである。

分離独立に関するSNPの言説の柔軟化プロセスの一側面として，独立後のスコットランドとイギリス（連合王国）に残留する部分（イングランド，ウェールズ，北アイルランド）との間で，密接な関係を維持するというコミットメントを強調するようになったことが挙げられる。それまでSNPの言説においては，スコットランドが「イングランドの支配」から離脱することによりもたらされるメリットを強調していたが，近年のSNPの言説では，「独立」は「分離」とは異なるものとされ，スコットランドが独立を遂げたとしても，それはイギリスとのそれまでの関係が完全に断絶するわけではない，という点が強調されるようになったである。

2007年にSNP少数政権が公刊した白書の中で，スコットランド独立後も続くイギリスとの間での制度的な結びつきについて，かなりの言及が行われた。たとえば，エリザベス2世とその後継者たる国王が，スコットランドが独立を遂げた後も，その元首として儀礼的な役割を果たすことになるとされていた。また，「グレート・ブリテンおよび北アイルランド連合王国」という形での政治的な結びつきは，スコットランド独立によって一定の変容を余儀なくされるが，それでも同じ国王を元首とする同君連合，さらに，独立したスコットランドがEUの単一通貨ユーロを採用するまでは同じ通貨ポンドを使用する通貨同盟が存在し続けることが想定された[8]。まさに，単数形であらわされる「連合王国（United Kingdom）」が，複数形で表される「連合諸王国（United Kingdoms）」に変わることになるという将来像が示されていたのである。

実は，こうした政治形態は過去に例があり，1603年にスコットランド王ジェイムズ6世がイングランド王ジェイムズ1世として即位することにより，両国の国王を兼ねるようになってから，1707年にグレート・ブリテン王国が誕生するまで，イングランドとスコットランドは同一の君主を持つ別

---

[8] 2008年6月に労働党の強力な地盤であるグラスゴー・ノース・イースト選挙区で行われた補欠選挙で議席を奪って下院議員となり，その後2010年総選挙で議席を失うものの，2011年スコットランド議会選挙において当選したSNPのジョン・メイソン（John Mason）は，スコットランドが独立するためにユーロ参加が必要ならば，ポンドの継続使用にこだわるべきではないという立場をとっていた（著者とのインタビュー，2014年3月10日）。

個の国家として存在していた(Ichijo 2004, 10)。

　2007年の白書では，将来スコットランドがイギリスとは別個の国家となった場合でも，「連合諸王国」の間の関係は友好的なものになるだろうという想定がなされていた。独立したスコットランドと連合王国に残留するイングランドなどとの間には，文化面や社会面などを中心として，広範な分野で政策協力が継続することになると白書は論じていた。さらに，スコットランドとスコットランド離脱後のイギリスにアイルランド共和国を加えた形の枠組として，既存の英愛評議会(British–Irish Council)[9]をいっそう強化することを白書は提唱していた(Scottish Executive 2007, 24)。

　スコットランド独立に関するSNPの言説の柔軟化プロセスは，安全保障や防衛をめぐる政策の変化についても垣間見られた。従来，安全保障や防衛に関わるSNPの政策的立場は，平和主義的傾向がかなり強かった。そのようなSNPの平和主義的傾向を体現しているのが，スコットランドが独立した暁には，アメリカとヨーロッパの間の軍事同盟であるNATO（北大西洋条約機構：North Atlantic Treaty Organization)に対する関与を段階的に縮小させ，最終的にはNATOを脱退するという立場であった。SNPはNATO脱退という立場を，長い間その安全保障政策の根幹に据えていた。SNPは核兵器に対してその原則的な反対の立場からして，スコットランドが独立後もNATOのような核兵器にもとづく軍事同盟に加盟し続けるのは困難であるという主張をしていたのである(Scottish National Party 2001, 15-16)。

　しかしながら，これまで重要視されてきたNATO脱退に関するコミットメントについても，立場を緩和させる兆候が見られることになった。2012年に入って，SNPの防衛政策スポークスマンが防衛政策の大幅な見直しの一環として，NATO加盟反対の立場を転換する可能性を示唆するようになった

9　英愛評議会は1998年のグッド・フライデー協定(Good Friday Agreement)もしくはベルファスト協定(Belfast Agreement)により，イギリス諸島に存在する諸政府の間の協力を深める組織として設立された。この評議会の構成メンバーは，イギリス(連合王国)とアイルランド共和国の政府代表に加えて，スコットランド，ウェールズおよび北アイルランドの自治政府代表も含まれていた。SNPの構想では，スコットランドの独立に伴ってこの英愛評議会を，スウェーデン，デンマーク，ノルウェー，フィンランド，アイスランドの北欧5ヵ国によって構成される北欧会議(Nordic Council)に匹敵する組織に発展させることが想定されていた。

のである。そして、同年の10月に開催された党大会において、スコットランドが独立を遂げた後もNATOに残留するという指導部の方針が、僅差ではあったが、かろうじて承認された[10]。

NATO問題をめぐるSNPの政策的Uターンについては、指導部から次のような説明がなされた。すなわち、SNPはスコットランドが独立した暁には北欧諸国との関係を強化することをめざしているが、北欧諸国のうち、ノルウェー、デンマーク、アイスランドがNATO加盟国であることから、スコットランドがNATOから脱退するよりも、むしろ残留した方が、これらの諸国との関係をより密接なものにすることができるとされていた。しかし、政策転換の実質的な理由は、独立について懐疑的な有権者に対して、独立後もスコットランドの防衛には問題がないということを説得するために行った戦略的マヌーバーではないかと見られる[11]。世論調査においては、スコットランドの有権者全体だけではなく、SNPの党員の間でさえ、過半数がNATO残留を支持しているという結果が継続して示されていたのである(*The Guardian*, 1 March 2012)。

スコットランド独立に関するSNPの言説の柔軟化プロセスのもう1つの

---

10 NATO残留をめぐる採決の結果は、賛成394票、反対365票という、SNP指導部にとってはまさに僅差の勝利であった。これは、SNPの党内でNATO脱退などの平和主義的傾向がいかに根強く残っていたか、ということを示す採決結果であったと言うことができるだろう。なお、この方針の中では、NATOに残留するものの、イギリスの核ミサイルを積んだ原子力潜水艦の基地については、スコットランドの外へ移転するという内容が示されていた。これは核兵器に反対する声が党内に根強いことに対して、指導部が一定の配慮を示したものとして見ることができる(*The Guardian*, 20 October 2012)。ちなみに、SNPのスコットランド議員で反核兵器、反原発の立場をとっていたビル・キッド(Bill Kidd)は、NATO残留に関する党大会の決定を批判するわけではないが、スコットランドが独立を遂げた後、NATOへの加盟継続の是非を改めて問い直すべきであるとしていた(著者とのインタビュー、2014年9月15日)。

11 NATO問題に関するSNPのUターンに反発して離党したスコットランド議員のジョン・フィニー(John Finnie)は、核兵器による先制攻撃を辞さないNATOにスコットランドが独立後も加盟を継続するというのは、まさに「偽善的」であるとしていた。ちなみに、フィニーは2016年スコットランド議会選挙に緑の党から出馬して当選している(著者とのインタビュー、2016年3月9日)。

側面として，完全な分離独立に代わる選択肢に対するプラグマティックな姿勢を挙げることができる。SNPはそれまで掲げてきたスコットランドを独立国家とする目標を下ろすことはなかったが，スコットランド議会の有する権限の大幅な増大，いわゆる「最大限の権限移譲」について，独立に至るプロセスを進める現実的な戦略として一定の評価をするようになったのである(Lynch 2002a, 257)。SNPは，イギリス政府の管轄となっていたさまざまな分野の権限，たとえばヨーロッパ関係，エネルギー，交通・運輸，社会保障，移民などに関する権限をスコットランド議会に移譲することについて，積極的な姿勢を見せるようになった。SNPが特に強く求めたのが，スコットランドの財政面での自治であった。すなわち，スコットランドの税と借入に関わる完全な財政権限を，スコットランド議会および政府が行使できるようにすることを望むようになったのである(Hepburn 2009a, 196-199)。

　スコットランド独立をめぐるSNPの柔軟な態度は，分離独立の是非を問う住民投票の選択肢についても見ることができる。SNP政権が2007年に公刊した住民投票に関する政府白書の中で，投票の選択肢について分離独立かイギリス残留かという二者択一ではなく，3つの選択肢を用意することに関して前向きな立場が示されていたのである。SNP政権の選好はスコットランドの独立であるという立場が堅持されていたものの，有権者の間でスコットランド議会の権限強化を求める声が強いことに配慮して，独立か残留かという2つの選択肢に，さらに最大限の権限移譲の選択肢を加えた形でスコットランドの人々の意思を問う住民投票の実施が示唆されていた(Scottish Executive 2007)。

　2009年に発表されたスコットランド経済の将来に関する検討文書の中で，SNP政権は，自らの選好はスコットランドの独立であることを繰り返しつつも，スコットランド議会に与えられる財政権限のあり方をめぐって，さまざまな選択肢を示すことになった。その中で，最大限の権限移譲は，「スコットランド議会と政府に対して，スコットランドの歳入のすべて(もしくはほぼすべて)，そして，スコットランドの歳出の大部分について責任を与えるものである」(Scottish Government 2009, 29)として，かなり肯定的な評価がなされていた。

　2007年から2011年にかけてのSNP政権の第一期については，SNPが住民投票の選択肢として独立の是非だけではなく，最大限の権限移譲の選択肢

を提示したのは理解できる。なぜなら，この時期のSNP政権はスコットランド議会で多数を持たない少数政権であったので，野党がすべて反対に回れば，SNP議員の賛成だけでは分離独立住民投票に対するスコットランド議会の承認を取り付けることができなかったからである。住民投票に対するスコットランド議会の承認を得るためには，少なくともスコットランド自由民主党の支持を獲得する必要があった。それゆえ，SNP政権は権限移譲の強化を望む自由民主党の賛成を得る手段として，最大限の権限移譲という選択肢を示したと見ることができる。しかし，結局のところ，自由民主党はSNPの歩み寄りを受け入れず，SNPの第一期政権では住民投票が実施されることはなかった。

興味深いのは，2011年スコットランド議会選挙において過半数議席を獲得した第二期SNP政権が，選挙後再び最大限の権限移譲の選択肢を住民投票に加えることについて，肯定的な見方を示したことである。2012年の検討文書の中で，SNP政権はスコットランドの中で「スコットランド議会の権限を強化することについてかなりの支持がある」(Scottish Government 2012, 5-6)ことを認めたうえで，住民投票の投票用紙に記載される選択肢に，独立の是非に加えて最大限の権限移譲を加えることに前向きであるという立場を示すことになった。

スコットランド議会の多数を握る第二期SNP政権は，分離独立住民投票に対する承認を得るうえで，第一期政権の時期のように他の政党の協力が必須であったというわけではなかった。それでは，なぜSNPは住民投票を分離独立の是非というシンプルな形ではなく，最大限の権限移譲という選択肢を加えた形で行うことに前向きな姿勢を見せたのか。この問いに対して考えられるひとつの解答は，独立ではなく議会の権限強化を望むスコットランドの多数の人々の声に，政権与党としてSNPが謙虚に耳を傾けたというものである。

しかしながら，住民投票の選択肢に関する第二期SNP政権の対応については，かなり戦略的な配慮がなされていたように思われる。もし住民投票がシンプルに独立の是非を問う形で行われた場合には，独立賛成票が多数を占めるのはかなり困難であり，住民投票は否決される可能性が非常に高いと思われていた。しかしながら，住民投票が最大限の権限移譲という選択肢を加えた形で行われるならば，この選択肢が多数の支持を集めることは十分考え

られた。なぜなら，世論調査において，「スコットランド独立」，「権限移譲の強化」，「現状維持」の3つの選択肢のうち，どれを選ぶか問われた場合に，多くの人々が権限移譲の強化を望んでいるという結果が示されていたからである。

SNPからすれば，住民投票の選択肢に最大限の権限移譲を入れることは，いわば「保険」をかけることと同様の意味を持っていたと見ることができる。この「保険」により，SNPは独立の是非を問う住民投票において敗北を喫したとしても，敗北の打撃を最小化することができると考えられたのである。なぜなら，スコットランド独立の選択肢が少数の支持しか集められなかったとしても，最大限の権限移譲の選択肢が多数の支持を受けて承認されることになれば，スコットランドにおける権限移譲の枠組強化について，SNPは3つの選択肢による住民投票を可能にしたことにより，少なくない貢献を行ったということをアピールできるからである。

スコットランド独立に関するSNPの言説の柔軟化，すなわち「柔らかいナショナリズム」への変化は，権限移譲の実現によってもたらされた新たな政治環境に適応しようとする入念な戦略的配慮にもとづく対応であると見なすことができるだろう。

一方で，「柔らかいナショナリズム」によって，SNPはそれまで予想もできなかったような政治的成功を収めることになった。権限移譲後に行われたスコットランド議会選挙において，SNPはまず労働党に対抗する野党第一党の地位を手にすることになった。そして，2007年選挙では第一党となって少数政権を形成し，さらに2011年選挙では過半数議席を獲得して再選を達成したのである。スコットランド議会選挙においてSNPがこれほどの成功を収めることになった大きな理由は，それまで掲げてきた分離独立に関する強硬な言説を和らげることにより，独立よりも権限移譲の強化を求める人々から一定の支持を獲得することができたからであった。

他方で，スコットランド議会選挙におけるSNPのめざましい成功は，同党の最大の目標であるスコットランドの独立を促進したわけではなかった。なぜなら，すでに述べてきたように，スコットランドの人々の間での独立に対する支持が30％程度にとどまっていたことが，数多くの世論調査結果によって示されていたからである。スコットランドの人々は，分離独立よりも権限移譲の強化，あるいは，最大限の権限移譲を望んでいるように思われ

た[12]。

スコットランド独立をめぐるこうした困難を前にして、分離独立住民投票の実施に向けてSNPは二重戦略を追求することになった。SNPは、独立の是非を問う住民投票を実施することにコミットする一方で、スコットランドがイギリスから分離することに不安を抱く人々を安心させるために、独立後のスコットランドとイギリスに残留するイングランドなどとの間で、独立前の密接な関係がさまざまな分野で維持されることを強調することになった。さらに、SNPは、住民投票の選択肢の中に最大限の権限移譲を含めることを追求することにより、住民投票についていわば「保険」をかけるのと類似の行動をとることになった。たとえ住民投票においてスコットランド独立が否定されたとしても、最大限の権限移譲が承認されれば、SNPは住民投票での敗北の打撃をかなりの程度軽減し、次善の賞品である最大限の権限移譲の実現に貢献したことが評価されると思われた。

5　分離独立住民投票

先述のように、SNPは結党以来しばらくの間、スコットランドの独立をめざすのか、あるいは、権限移譲で満足するのかという問題について立場を明確にしていなかった。その後、第二次世界大戦の終結を契機として独立をめざす方針がとられるようになった。一方、スコットランド独立を実現するための手段としては、長い間、イギリスの総選挙において独立を公約に掲げるSNPがスコットランドで過半数議席を獲得すれば、それで十分であるとされてきた。過半数議席を獲得後、イギリス政府との間で独立に関する交渉を開始することになっていたのである。

しかしながら、戦後のスコットランド政治において労働党が支配的地位

---

[12]　ベン・ソーンダース(Ben Saunders)によれば、スコットランドに在住するスコットランド人ではないイギリス人(UK citizens)がスコットランドの独立をめぐる住民投票に参加するのを否定する議論について、倫理的に是認できる側面があるとされている(Saunders 2013)。ただ、スコットランド人と非スコットランド人を区別する実務上の困難が大きいこともあって、2014年に行われた住民投票では、イギリスの国政選挙の有権者でスコットランドに在住する人々すべてに投票権が与えられることになった。さらに、欧州議会選挙や地方議会選挙の投票権を持つ、スコットランド在住EU市民にも投票権が与えられた。

を維持する中，SNPが総選挙でスコットランドの過半数議席を獲得するのは困難であった。そこで，スコットランド独立を実現するための手段として，SNPは新たに住民投票による承認という手段を採用することになった。

　たとえば，1997年総選挙のマニフェストにおいて，SNPは独立を達成するシナリオとして2段階のプロセスを示していた。まず，総選挙においてSNPがスコットランドの過半数議席を獲得する。その後，半年から1年をめどにイギリス政府との交渉（および独立後のEU加盟に向けた予備交渉）が行われ，交渉で妥結した合意内容を住民投票にかけて，過半数の賛成が得られれば独立が達成される，という段取りであった（Scottish National Party 1997, 9）。さらに，スコットランド議会が設立されて第一回目となる1999年選挙および第二回目の2003年選挙のマニフェストでは，SNPが選挙に勝利して政権についた暁には，4年間の任期内に分離独立住民投票を実施することが公約されていた（Scottish National Party 1999, 4; 2003, 2）。

　一見すると，単に過半数議席（イギリスの総選挙のスコットランド選挙区あるいはスコットランド議会選挙）を獲得するだけでなく，その後に住民投票を行って分離独立への承認を得なければならないとするのは，独立の可能性を遠ざけるように見える。しかし，住民投票というステップを置くことで，独立問題をイギリスの総選挙およびスコットランド議会選挙と切り離すことは，SNPの支持拡大にとって重要な意味があった。それまでSNPの支持拡大に限界があったのは，分離独立を懸念する有権者の取り込みに苦労していたことがあった。そこで，住民投票の実施を公約することで，選挙でSNPに投票することは必ずしも分離独立に直結するわけではない，という安心感を与えることにより，独立は望まないがSNPの政策に魅力を感じる有権者の投票を獲得することがめざされたのである（Adamson and Lynch 2014, 39-40）。当初，1999年や2003年のスコットランド議会選挙ではSNPへの支持はやや伸び悩んだが，2007年選挙での第一党への躍進，そして，2011年選挙での過半数議席の獲得という成果に対して，住民投票の公約は一定の貢献をしたように思われる[13]。

13　サーモンドの下で法相を務めることになるケニー・マカースキルは，SNP政権が誕生する前に執筆したパンフレットの中で，独立への道は，まず政権を獲得し，その後，分離独立住民投票に勝利することであり，それ以外に道はないとし

さて，2011年スコットランド議会選挙において，SNPは過半数議席を獲得したが，それはSNP関係者を含め多くの人々にとって予想外の結果であった。投票日直前の世論調査ではSNPがスコットランド労働党に大差をつけていたので，SNPの再選は確実視されていたが，比例代表制の色合いが強いスコットランド議会選挙で過半数議席を達成するのは至難の業と思われていた。SNPのマニフェストでも，住民投票を行って分離独立の是非をスコットランドの有権者に問うという公約は維持されていたが，まさか実際に住民投票を実施する機会がめぐってくるとは思われていなかった。そのため，マニフェストのタイトルは，「スコットランドのために働くスコットランド政府を再選しよう（Re-elect a Scottish Government Working for Scotland）」となっていて，分離独立住民投票については力点が置かれていたわけではなかった（Scottish National Party 2011b）。

しかし，想定外の過半数議席を獲得したことにより，SNPは住民投票の実施に踏み切らざるを得なくなった。戦後一貫してスコットランド独立をめざしてきたSNPにとって，住民投票を実施しないという選択肢はなかった。しかし，SNPが地滑り的大勝を収めた直後に実施された世論調査では，分離独立への賛成29％，反対58％，態度未定13％となっていた（*The Sun*, 12 May 2011）。まさに，選挙でのSNPへの投票と独立への支持が分離していることが明瞭に示されていたのである。このような世論の状況を考えれば，SNPのサーモンド首相としては住民投票をすぐに実施するのは得策ではなかった。

そこで，前述のように，一方で，住民投票の選択肢の中に有権者の支持が高い「最大限の権限移譲」を含めるという「保険」をかけることを求め，他方で，独立反対多数というスコットランドの世論を変えるための時間稼ぎとして，住民投票の実施時期をなるべく遅くすることを追求したのである。

結局，2012年10月15日にイギリスの保守自民連立政権とスコットランドのSNP政権との間で結ばれたエディンバラ協定では，2014年中に住民投票を実施することが合意され，住民投票の実施時期を遅らせるというSNPの要望が受け入れられた。一方，住民投票の選択肢については，最大限の権限移譲という選択肢は排除され，分離独立への賛否という二択に限られるこ

ていた（MacAskill 2004, 39）。

とになった。なお，住民投票の有権者資格については，総選挙などの18歳以上ではなく，SNPが求めていた16歳以上に引き下げることが合意された（HM Government and the Scottish Government 2012）。

住民投票の投票日は2014年9月18日に設定されたが，投票日の2年以上前から実質的な住民投票キャンペーンが開始されていた。第一章で見たように，2012年5月に独立賛成派のキャンペーン団体として「イエス・スコットランド」が立ち上げられ，翌6月には独立反対派のキャンペーン団体「ベター・トゥギャザー」が発足していた（Maxwell and Torrance 2014）。

独立賛成派の中心勢力となっていたSNPとしては，「イエス・スコットランド」がSNPのフロント組織と見られるのを，なんとしてでも避けなければならなかった。なぜなら，世論調査で分離独立支持が3割前後にとどまっていたことから，住民投票に勝利するためには支持を大幅に増加させなければならなかったからである。そのためには，既存のSNP支持者だけでなく，他党支持者や無党派層をかなりの程度取り込む必要があった。

そこで，SNPは「イエス・スコットランド」に対するスコットランド緑の党や他の左派勢力の参加を歓迎する一方で，「イエス・スコットランド」のリーダーに，かつて労働党の下院議員で，その後労働党を離党して無所属のスコットランド議員となったデニス・キャナヴァン（Dennis Canavan）を選ぶことにした[14]。さらに，「イエス・スコットランド」の事務局長には，それまで政党活動に関与してこなかったテレビ業界人のブレア・ジェンキンズ（Blair Jenkins）が選ばれた。それに対して，「イエス・スコットランド」のキャンペーン戦略担当者には，サーモンド首相の特別顧問としてSNPを抵抗政党から統治政党に発展させるうえで貢献したスティーヴン・ヌーン（Stephen Noon）が就任した。

こうして，「イエス・スコットランド」の顔として，労働党支持者や無党派層にアピールする人物を立てつつも，住民投票を勝ち抜く戦略の策定については，「選挙プロフェッショナル政党」としてのSNPのノウハウを十分に活用する体制が組まれたのである（Johns and Mitchell 2016, 196-197）。

14　住民投票キャンペーンに大きな影響を与えたとは言い難いが，第一章で見たように，労働党関係者による「独立を支持する労働党」が組織され，労働党支持者の中で独立賛成論を広げる努力もなされた。

SNPが中心勢力となっていた「イエス・スコットランド」に対して，独立反対派の「ベター・トゥギャザー」は主要な全国政党，労働党，保守党，自由民主党による超党派組織としての性格は明らかであった。しかし，イギリス議会やスコットランド議会において激しく対立してきた政党が，住民投票キャンペーンにおいて協力関係を形成したことは，独立賛成派から党利党略にもとづく「野合」という攻撃にさらされた。特に，二大政党である労働党と保守党の協力については，両党支持者にとってきわめて受け入れ難いものと考えられた。それゆえ，「イエス・スコットランド」は，「ベター・トゥギャザー」のリーダーで元財務相のアリステア・ダーリングなど労働党政治家とデイヴィッド・キャメロン首相など保守党政治家が住民投票で協力する姿を「野合」と非難して，独立反対派キャンペーンへの有権者の幻滅を広げるために尽力することになった。

さらに，SNPや「イエス・スコットランド」など独立賛成派は，キャンペーン・スタイルについても，独立反対派との違いを際立たせた。すなわち，スコットランドがイギリスから独立することにより，人々の生活に明るい未来が開かれるというイメージを前面に掲げるポジティヴ・キャンペーンが展開されたのである。これは，スコットランド独立の否定的な側面を強調して，独立反対を呼びかける「ベター・トゥギャザー」など独立反対派のネガティヴ・キャンペーンとは好対照をなすことになった[15]。

ちなみに，分離独立の是非を問う住民投票の問いに対して，賛成を呼びかける側が，反対を呼びかける側よりも，ポジティヴ・キャンペーンを展開するうえではるかに容易であることは明白である。しかし，独立反対派は，分離独立のマイナス面を強調するネガティヴ・キャンペーンに固執し，スコットランドがイギリス(連合王国)の一員であることのプラス面については，申し訳程度にしか触れていなかった。そのため，ネガティヴ・キャンペーンに終始する「ベター・トゥギャザー」について，「恐怖のプロジェクト」と

---

[15] ポジティヴ・キャンペーンとネガティヴ・キャンペーンの優劣について，一概に言うことはできないかもしれない。しかし，2007年スコットランド議会選挙を分析した研究によれば，他の条件が同じ場合には，ネガティヴ・キャンペーンは逆効果をもたらすことが確認されている(Pattie, Denver, Johns and Mitchell 2011)。

いうニック・ネームがつけられたことは，第一章で見たとおりである(Pike 2015, 31-32)。また，住民投票後の世論調査でも，「イエス・スコットランド」のキャンペーンがポジティヴだったとする回答が63％と圧倒的多数であったのに対して，「ベター・トゥギャザー」のキャンペーンがポジティヴだったとする回答はわずか23％に過ぎなかったことが示されている(Johns and Mitchell 2016, 201)。

　独立反対派のネガティヴ・キャンペーンは，SNPや「イエス・スコットランド」の独立論の弱点と見られる経済問題を重点的に取り上げたが，その中でも特に独立賛成派のアキレス腱と目された通貨問題に攻撃を集中させることになった。

　SNPは，住民投票に向けて公刊したスコットランド政府白書の中で，独立後もスコットランドがイギリスの通貨ポンドを継続して使用することを掲げていた[16]。独立が実現した後もスコットランドとイギリスが同じ通貨を使い続けることにより，為替相場の変動などのリスクをなくすことができるので，両国の経済関係が良好に保たれるとされていたのである(Scottish Government 2013, 110-112)。

　それに対して，第二章で見たように，独立反対派は独立後のスコットランドがポンドを継続使用する可能性を閉ざすパフォーマンスを行った。すなわち，保守党のジョージ・オズボーン財務相，自由民主党のダニー・アレクサンダー財務首席担当相，労働党の影の財務相エド・ボールズの3人が，スコットランドが独立した場合には，ポンドを継続使用することは不可能であるという立場を明らかにしたのである(*The Daily Telegraph*, 14 February 2014)。その結果，2015年に予定されていた次期総選挙でどの政党が勝利したとしても，独立と同時にスコットランドがポンドを失うことが有権者に強く印象づけられることになった(Macwhirter 2014a, 385-390)。

　ネガティヴ・キャンペーンに力点を置く独立反対派に対して，「イエス・スコットランド」やSNPなど独立賛成派のキャンペーンが，ポジティヴな

16　SNPの元副党首ジム・シラーズや独立賛成派の中の左派勢力は，スコットランドが真の独立を遂げるためには，イギリスのポンドとは異なる独自通貨を持つべきという主張をしていたが，そうした主張は少数派にとどまった(Sillars 2014, 11-12)。

側面だけで構成されていたわけではなかった。詳しくは第五章で見ることにするが，独立賛成派は，スコットランドが長い間，保守党のようにスコットランドで支持されていない政党によって支配されてきたという，いわゆる「民主主義の赤字」の問題に焦点をあてたキャンペーンを行ったのである。そして，「民主主義の赤字」を完全に解消するためには，スコットランドがイギリスから独立するしかない，という議論がなされた。なぜなら，イギリスからの独立によって，スコットランドを統治する政府は，必然的にスコットランド人の信認を勝ち取った政党によって形成されることになるからであった (Scottish Government 2013, 40-41)。

「民主主義の赤字」解消のための独立という主張は，一見ポジティヴな独立論に見えるが，独立賛成派のキャンペーンにおいてはネガティヴな側面が加えられた。それは，住民投票で分離独立が否決された場合の危険を強調する戦術であった。具体的には，イギリスの公的な医療制度であるNHS（国民保健サーヴィス）が，緊縮政策を追求する保守自民連立政権によって「民営化」される危険性が繰り返し強調されたのである (*The Daily Telegraph*, 1 August 2014)。戦後長い間NHSはイギリス国民の幅広い支持を集めていたが，特にスコットランドでは，NHSを公的制度として維持すべしという声が強かった。それゆえ，独立賛成派によるNHS「民営化」の危険をアピールするキャンペーンは，住民投票の終盤で大きなインパクトを与えることになった。

また，住民投票の終盤でスコットランド独立への支持拡大に一定程度貢献したと思われるのが，2014年8月5日と25日の2回にわたって行われたテレビ討論である。独立賛成派からはサーモンド首相，反対派からはダーリング元財務相が，スコットランド独立の是非をめぐって討論を行った。第一回目の討論については，独立後の通貨問題でサーモンドを執拗に追及したダーリングがやや優勢という評価がなされたが，第二回目の討論ではNHS「民営化」の危険に関する鋭い攻撃により，サーモンドが圧倒的に優勢という評価がなされることになった。なお，テレビ討論はサーモンドとダーリングによる2回の討論だけではなかった。SNPのニコラ・スタージョン副首相は，自由民主党のスコットランド相やスコットランド労働党党首などとのテレビ討論を通じて，有権者の間での知名度を飛躍的に上昇させ，住民投票の終盤では，すでに人気の高かったサーモンド首相と並ぶほどの評価をされるよう

になった（Torrance 2015, 179-182）。

　それまで独立反対派による大差での勝利が予想されていたにもかかわらず，NHS「民営化」阻止キャンペーンやテレビ討論の影響などにより独立賛成派が追い上げたことで，終盤に入って住民投票は予断を許さぬ接戦となった。そこで，第一章で見たように，失速しかけた独立反対派のキャンペーンを土壇場で立て直すために，保守党のデイヴィッド・キャメロン首相，労働党のエド・ミリバンド党首，自由民主党のニック・クレッグ副首相は，デイリー・レコード紙に連名で「誓約」を掲載することになった。この「誓約」の中では，住民投票で独立が否決された場合に，スコットランド議会の権限を大幅に拡大することが約束された。また，その内容は，2015年5月に行われる総選挙に向けた各政党のマニフェストに明記された。それにより，総選挙でどの政党が勝利したとしても，スコットランドへのさらなる権限移譲は確実に実施される，ということが強くアピールされた。

6　スコットランドの支配政党

　第一章でも確認したように，2014年9月18日に行われたスコットランド分離独立住民投票の結果は，10ポイントを超える差で独立反対票が賛成票を上回った。すなわち，スコットランドはイギリスに残留すべきという立場が，有権者の間でかなりの多数を占めたのである。いわば，2014年の住民投票において，スコットランドはイギリスに残留することを明確に「選択」したわけである。

　投票結果に示された，独立反対票55.3％，賛成票44.7％という数値は，投票日直前の世論調査で賛否が拮抗していたことからすれば，独立反対派による決定的な勝利と言えるかもしれない（Electoral Management Board for Scotland 2014）。しかし，住民投票の長いキャンペーンを通して見ると，勢いは明らかに独立賛成派にあったとすることができる。すなわち，2011年スコットランド議会選挙においてSNPが予想外の大勝利を収めたときでさえ，世論調査において独立に賛成する割合は29％と3割を切っていたのである。3割程度の支持だったのが，実際に行われた住民投票では45％近い人々が独立賛成票を投じたということは，分離独立否決という結果にもかかわらず，住民投票でのキャンペーン活動については独立賛成派が反対派をかなり上回った結果であったと言っても誇張ではないだろう。

住民投票後のスコットランドの政治状況は，住民投票終盤で見られたSNPなど独立賛成派の勢いがそのまま継続することになった。独立賛成派の勢いは，SNPを筆頭として独立に賛成した政党に対する入党者の急増という形であらわれた。

　そもそもSNPは，2007年および2011年のスコットランド議会選挙での勝利をきっかけとして入党者が増加し，スコットランド労働党を抜き去ってスコットランドの最大政党となっていた。しかし，住民投票で独立が否決された後の党員増加傾向は，それまでには見られなかったような加速度的なものとなった。たとえば，2014年9月18日の住民投票の投票日から1ヵ月もたたないうちに，SNPの党員数は一挙に倍増した。そして，2015年には10万人の大台を超え，2016年には12万人に迫ることになったのである[17]。また，SNPとともに独立賛成派に加わったスコットランド緑の党も，それまで1000人程度だった党員数が1万人の大台に迫るまでに成長していた（The Scotsman, 4 May 2015）。

　まさに，それまで政党の活動に関わってこなかった人々が，「イエス・スコットランド」の活動を通じてスコットランド独立にコミットするようになり，それが住民投票での敗北にもかかわらず，SNPなどへの入党を通じて独立を実現しようとする動きにつながったとすることができるだろう。独立を実現するために住民投票キャンペーンに積極的に関わった人々にとって，独立否決という結果は残念なものだったかもしれない。しかし，45％近い賛成票が投じられたということは，近い将来，スコットランドの有権者の過半数が独立を支持するようになる，という期待を抱かせるのに十分なものだったようである。

　住民投票の開票終了から間髪をいれず，SNP党首でスコットランド首相のサーモンドは敗北の責任をとって退陣する意向を表明した。独立賛成派キャンペーンの顔となっていたサーモンドの辞任は，一方で独立反対派の攻撃のターゲットとなってきた人物が表舞台から退場することによりSNPの脆弱性を改善することにつながった。それに加えて，新党首の選出が行われる

17　2016年10月のSNP党大会で新たにアンガス・ロバートソン（Angus Robertson）が副党首に選出されたが，この時，副党首選挙で投票する資格を持つ党員数は11万6千人となっていた（The Guardian, 13 October 2016）。

第四章　スコットランド国民党　199

スコットランド国民党党首・スコットランド首相：
ニコラ・スタージョン（Scottish National Party）

ことにより，SNPが住民投票での敗北に一区切りつけて新たな出発を遂げるイメージを広げるうえで効果的な契機となった。そして，サーモンドに代わる新しいSNP党首・首相として，副首相を務めていたスタージョンをおいて他に相応しい人物はいなかった。すでに2007年スコットランド議会選挙の時点で，SNP党員の間でサーモンドに次ぐ支持を得ていたスタージョンは，住民投票キャンペーンにおける精力的な活動を通じて，有権者の間でもサーモンドに次ぐ知名度を得るようになっていたのである（Mitchell, Bennie and Johns 2012, 162）。2014年11月のSNP党大会において，党首選唯一の候補者となっていたスタージョンは無投票当選を果たした（The Scotsman, 14 November 2014）。

　SNP党首となり，スコットランド首相にも選出されたスタージョンにとって，当面の課題は，ほぼ半年後の2015年5月に迫っていたイギリスの総選挙であった。総選挙におけるSNPの目標は，分離独立住民投票において見

られた独立賛成派の勢いをそのまま維持することにより，スコットランド議会選挙では達成された労働党を乗り越えて第一党になるという課題を，総選挙でも達成することであった。

住民投票で独立賛成票を投じた約45％の有権者の票を確保できれば，総選挙においてSNPはかなり有利になると思われていた。なぜなら，独立反対票を投じた約55％の有権者が，すべて独立反対派の労働党，保守党，自由民主党に票を投じたとしても，投票先が3分割されることから，小選挙区制で行われる総選挙ではSNPの議席獲得がかなり容易になると想定されたからである。

住民投票での独立賛成派の勢いを総選挙に活かすやり方として，SNPの公認候補だけでなく，「イエス・スコットランド」のキャンペーンで活躍した人材を，独立賛成派の無所属候補として立てることが検討された。結局，スタージョンはこうした無所属候補の擁立を受け入れなかったが，その代わりにそれまでSNPの党員ではなかった人物でも，入党と同時に下院議員候補者の選考対象に加えることを認めることになった。これにより，それまでSNPとは関わりがなかった人物が公認候補となる道が開かれた（Johns and Mitchell 2016, 212）。

2015年総選挙に向けて，SNPは住民投票の勢いを継続することをめざす一方で，スコットランド独立問題の争点化を回避する努力を見せた。これは，それまで各種選挙において，スコットランド労働党など独立反対派が，SNPへの投票は独立への投票に他ならないという攻撃を行ってきた経緯が背景にあった。そこで，2015年総選挙マニフェストでは，SNPはスコットランド独立を目標とする政党であるが，この選挙で問われているのは独立の是非ではなく，むしろ，スコットランドの自治権拡大の規模が問われているという点が強調されることになった（Scottish National Party 2015, 10-11）。

実は，独立ではなく自治権拡大を争点とするSNPの選挙戦略は，独立反対派政党によって大いに助けられていた。すなわち，先述のように，住民投票が思わぬ接戦となったことで，独立反対派の主要3政党党首が，住民投票で独立が否決されればスコットランドの自治権を大幅に拡大するという「誓約」を出していた。そして，第一章で見たように，住民投票後に「誓約」にもとづいてスミス委員会が設置され，SNPを含むスコットランド主要5政党の代表が参加することになった。

スミス委員会の議論は，いわゆる最大限の権限移譲をめぐって，それを求めるSNPなど独立賛成派と，それに反対するスコットランド労働党など独立反対派の間で対立が見られた（HM Government 2014a）。結局，2014年11月に発表されたスミス委員会の報告書では，最大限の権限移譲は採用されなかったが，所得税の全面的な移譲や一部の社会保障サーヴィスの移譲など，相当程度の権限移譲が提案されることになった（Smith Commission 2014）。

　独立反対派政党の「誓約」にもとづいて設置されたスミス委員会の議論の中で，SNPは住民投票で否決された独立に触れることなく，スコットランドの利益を最も代表する政党を標榜することにより，独立反対派政党が提示する権限移譲の規模は不十分であるとする，領域の論理にもとづく主張を展開することになった。そして，保守党や労働党など二大政党の本音は権限移譲の拡大に消極的であるという攻撃をする一方で，総選挙においてSNPに投票することが「誓約」の内容を実現する唯一の道であるということを強力にアピールしたのである。

　また，1980年代以降，スコットランドにおいて幅広く見られるようになった反保守党感情が，2015年総選挙ではSNPを大きく躍進させることになった。保守党政権が追求してきた新自由主義的政策に反発するスコットランドの多くの人々は，保守党をスコットランドの利益を損ない，イングランドの利益を代表する「反スコットランド」政党と見なすようになっていた。その影響で，1990年代末以降，スコットランド保守党は「反スコットランド的」という汚名の返上に苦しむことになったのは，第二章で詳しく見てきた。

　こうした反保守党感情をバックにして，それまで大きな支持を獲得してきたのは，SNPではなくスコットランド労働党であった。しかし，住民投票における「ベター・トゥギャザー」の枠組で，労働党が保守党と協力関係を結んだことが，反保守党勢力としての労働党の資格に大きなダメージをもたらした。特に，住民投票で独立に賛成した労働党支持者の多くが，保守党との協力という裏切り行為を許すことができずに，総選挙で労働党に投票することをためらうようになった。また，SNPなど独立賛成派は，スコットランド労働党を「赤い保守党」[18]と呼んで，反保守党感情を持つ有権者に労働党

18　1970年代に総選挙でSNPが躍進した際，労働党はSNPのことを保守党と同

の「裏切り」を強調する効果的なキャンペーンを展開することになった(*The Guardian*, 12 May 2015)。

　2015年総選挙の情勢もSNPの躍進を促したようである。結果的に保守党が過半数議席を獲得して勝利したこの選挙では，投票日直前まで世論調査で二大政党の支持率が拮抗し，ハング・パーラメント(宙づり議会)となることが確実視されていた。二大政党のどちらも過半数議席を持たないハング・パーラメントでは，選挙後の連立政権形成において，SNPのような二大政党以外の政党が無視できない影響力を持つことから，有権者のSNPへの投票意欲が高まったと考えられる。実際，SNPが一定の躍進を見せた1974年に行われた2回の総選挙では，2月がハング・パーラメント，10月は労働党が過半数議席に達したものの野党に対する多数は一桁にとどまっていた。

　さらに，SNPが保守党に対抗する「反緊縮連立政権」の一翼を担う姿勢を示したことも，イギリスの国政でSNPが政権与党となる可能性を有権者に印象づけることにより，SNPへの投票意欲を高めたと思われる(Mitchell 2015, 95-96)。なお，ハング・パーラメント必至という選挙情勢の影響もあって，前回2010年総選挙では労働党，保守党，自由民主党という主要3政党の党首だけでテレビ討論が行われたが，今回はSNPや緑の党など他の政党も加わった7政党の党首の間でテレビ討論[19]が実施されることになった(Cowley and Kavanagh 2016, 173-177)。

　2015年総選挙の結果は，SNPの圧勝が予測されていた事前の世論調査を裏書きするものとなった。前回41議席を獲得して第一党となったスコットランド労働党は，わずか1議席に低落する惨敗を喫した。保守党や自由民主党も同じく1議席ずつしか獲得できなかった。それに対して，前回6議席に

　じ右派政党で一般庶民の利益を代表していないという意味で，「タータン保守党(Tartan Tories)」と呼んでいたが，今度はSNPが労働党を保守党と変わりない反スコットランド政党と呼ぶことになったのは，皮肉な展開であると見ることもできる。

19　ちなみに，このテレビ討論に参加したスタージョンは，イギリスでの知名度を向上させることになった。スタージョンはスコットランドでは最もよく知られた政治家になっていたものの，イギリス全体での知名度は高くなかった。テレビ討論でのインパクトのあるパフォーマンスを通じて，スタージョンは全国的な注目を浴びることになった。

終わったSNPは，得票率50.0％でスコットランドの59議席中56議席を獲得する圧勝を手にしたのである。なお，50.0％という得票率は，1955年総選挙でスコットランド保守党が50.1％という得票率を記録して以来の高い数値であった。

　2015年総選挙の投票率は，前回2010年総選挙の63.8％を大きく上回る71.0％を記録することになった（Cowley and Kavanagh 2016, 436）。近年，総選挙の投票率は，スコットランドでもイギリス全体と同様に低落傾向が見られていた。こうした傾向に逆行する投票率の大幅上昇には，前年の分離独立住民投票での84.6％という記録的に高い投票率に示された政治参加の高まりの影響を見ることができる。

　SNPの「津波」（Macwhirter 2015）とまで呼ばれた2015年総選挙での圧勝の翌年，2016年5月にはスコットランド議会の第五回選挙が予定されていた。この選挙は，前回2011年選挙および前々回2007年選挙とは異なり，世論調査でSNPが圧倒的な支持を得ていたことから，2015年総選挙と同様にSNPの勝利は確実視されていた。SNPの三選は揺るがないという見方が広がっていたことから，この選挙の関心は，野党第一党の地位をスコットランド労働党が守るのか，あるいは，選挙前の支持率で労働党に迫っていたスコットランド保守党がそれに取って代わるのか，というところに移ることになった。

　2016年スコットランド議会選挙でも，2015年総選挙の際と同様に，SNPはスコットランド独立を争点化することを避けて，2011年スコットランド議会選挙では明示した任期中の住民投票実施という公約をマニフェストでは掲げなかった。マニフェストの表紙ではスタージョンの写真と「再選（Re-elect）」という簡潔なメッセージが掲げられていた。こうしたマニフェストの表紙が示すように，この選挙においてSNPは過去9年間の政権担当の実績を誇る一方で，SNP政権の再選でスコットランド議会の権限強化や公共サーヴィス充実などスコットランドの利益となる政策を促進することが重要であるとしていた。それに対して，SNPへの投票は独立への投票を意味するというスコットランド労働党などの攻撃は，2015年総選挙でも効果を発揮しなかったように，2016年の選挙でもほとんど影響を与えなかったようである。

　ちなみに，分離独立住民投票について，SNPのマニフェストでは，スコットランドにおいて独立を求める声が多数を占めるという「明確で持続的な証

拠(clear and sustained evidence)」が示されたときに実施するという，かなり控えめな立場が示された。ただし，2016年6月23日に予定されていたEU離脱の是非を問う国民投票において，スコットランドでは残留多数となったにもかかわらず，イギリス全体で離脱多数となったことにより，EU残留を望むスコットランドの意志に反して離脱を強いられるような「著しく重大な変化(significant and material change)」が生じた場合には，分離独立住民投票を再度実施することを辞さない姿勢も示されていた(Scottish National Party 2016, 23)。

　2011年に続いてSNPが過半数議席を獲得するという予想が強かったにもかかわらず，2016年スコットランド議会選挙において，SNPは過半数議席に2議席足りない63議席を確保するにとどまった。この選挙での投票率は，前回より5ポイント以上高い55.6％に達し，1999年の第一回選挙での58.2％に次いで2番目に高いものであった(SPICe 2016)。しかし，分離独立住民投票での84.6％や2015年総選挙での71.0％と比べると，やや見劣りする感もあった。2014年から毎年重要な投票に直面したスコットランドの有権者の間で，選挙疲れがあったのかもしれない。

　SNPが過半数議席を獲得できなかったのは，スコットランド議会の追加議員制の選挙制度が本来想定されていた効果を発揮して，選挙結果を比例代表に近い形にしたということがあった。追加議員制では有権者は小選挙区と比例代表の2票を投じる。そのうち小選挙区の投票については，SNPは前回2011年を1ポイントほど上回る46.5％の得票率をあげていた。そして，小選挙区で獲得した議席も前回の53議席から59議席に増加させていた。しかし，比例代表ではわずか4議席しか獲得できなかった。追加議員制は，小選挙区で多くの議席を獲得した政党には比例代表の議席配分を控えることで，各政党の獲得議席を得票率に近づける効果を有している。それにより，小選挙区で多数の議席を獲得したSNPに対して，比例代表での議席配分が抑制されることになったのである。また，SNPの比例代表における得票率は，前回より2ポイント以上低下して41.7％となったが，これにより比例代表での獲得議席はさらに抑制されることになった。

　なお，SNPの比例代表における得票率低下には，有権者の間で「分割投票」が一定程度広がったことの影響が見られる。すなわち，SNPの大勝が確実視されていた中で，一部の有権者は小選挙区ではSNPに投票するものの，

比例代表については他党に投票したと考えられる。SNPの小選挙区と比例代表の得票率の差は5ポイント弱ほどあったが，この差のかなりの部分は比例代表での緑の党への投票によって説明がつくように思われる。小選挙区での議席獲得が望めない緑の党は，小選挙区ではわずか0.6％しか得票していなかったが，比例代表では6.6％の得票により6議席を獲得していたのである（Anderson 2016, 8-9）。スコットランド議会選挙と類似の選挙制度を持つドイツ連邦議会選挙において，分割投票によって緑の党が大きな政治的利益を受けているように，2016年選挙ではスコットランド緑の党も分割投票の恩恵を受けていたとすることができるだろう。

　2016年スコットランド議会選挙の結果が明らかになると，SNPのスタージョン首相は多数政権の形成に向けた他党との連立を求めるのではなく，2007年選挙の際と同様に，SNPによる単独少数政権を発足させることを選択した。ただし，少数政権とはいっても，2007年の場合とは大きく異なっていた。2007年選挙では，SNPは過半数議席を20議席近く下回っていたことから，予算案や法案を可決するためには野党の協力を得ることが不可欠であった。また，野党の中でも労働党，保守党，自由民主党という独立反対派政党によって議会の過半数議席が占められていたことから，カルマン委員会の設置のような野党主導のイニシアティヴが実現することもあった。

　しかし，2016年の場合には，少数政権といってもSNPの議席は過半数をわずか2議席下回るだけであった。また独立賛成派のスコットランド緑の党の議席を加えれば過半数を優に超えることから，独立反対派政党の動向に悩む必要もなかった。さらに，労働党，保守党，自由民主党，そして緑の党という野党は，さまざまな政策をめぐってそれぞれ立場が異なっていたことから，4野党が協力してSNPの政権運営に抵抗するシナリオも考え難かった。それゆえ，2021年までの5年間の任期中に，SNP政権が議会運営で重大な困難に直面するとは思われず，2007年の政権獲得から数えると3期14年もの長期政権になるのは確実と予想されている。かつてのスコットランド労働党を上回るようなSNPによる「支配政党」化については，スコットランドに一党支配を確立するものとして批判する声もあるが，近い将来，SNPの支配的地位が揺らぐ可能性は少ないように思われる[20]。

20　自由党の元党首でスコットランド議会の初代議長を務めたスティール卿は，

おわりに

近年，グローバル化の進展に影響されて，現代国家の構造について大規模な変化が見られつつある。ヨーロッパにおいては，超国家的な欧州統合の進展と国家内での地域分権の動きの広がりという二重のプロセスを通じて，現代国家の変容が加速しつつあるように思われる。

上記のような変容が進む中で，「独立」や「主権」の意味も変わりつつある。もはや国家が唯一かつ最終的な権威の主体であるとは言えない状況が到来しているのである。現代国家については，かつてのように「独立（independent）」した主体ではなく，むしろ「相互依存（interdependent）」の関係にあるという見方や，国家は「排他的な」主権を持つわけではなく，他の国家との間で主権を「共有」しているという見方が，政治学者や政治家の間で広く受け入れられつつある状況が見られるのである（Keating 2001）。

このような現代国家の変化の動きに対応して，地域レヴェルで活動する地域ナショナリズム政党は，民族自決の目標を達成するためにそれまでとは異なる，より複雑なアプローチを採用するようになった。たとえば，地域ナショナリズム政党の多くで見られるようになったのは，完全な独立国家の形態をめざすのではなく，国家機構や超国家機構から成る多層ガヴァナンスの政治構造の中で，かなりの程度の自治権を獲得する方向に努力するという動きである。

言い換えれば，一般に考えられているのとはやや異なり，多くの地域ナショナリズム政党は「分離独立（separatist）政党」ではなく，「自治（autonomist）政党」であると言うことができる[21]。後者の立場をとる地域ナ

SNPが支配的地位を強化することにより，スコットランドが「不健全な一党支配体制」に移行しつつあるという警鐘を鳴らしていた（*The Herald*, 25 June 2015）。

[21] なお，近年のヨーロッパにおける財政金融危機の影響から，それまで分離独立の立場を明確にしていなかった地域ナショナリズム政党が，危機打開策のひとつとして分離独立を訴えるようになる例も見られている。たとえば，スペイン，カタルーニャ州の「集中と統一（Convergencia i Unio）」は，2012年11月の州議会選挙後に分離独立派の政党と連立政権を形成し，スコットランドと同様に，2014年にスペインからのカタルーニャの独立を問う住民投票を実施することを明らかにした（*The Guardian*, 14 December 2012）。そして，2014年11月9日に

ショナリズム政党は，より大きな国家レヴェルや超国家レヴェルの枠組の中で，相当程度の自治を達成することをめざしているのである(Tierney 2005, 162)。

　本章で検討してきたSNPは，スコットランド独立という目標を掲げ続けている点で，独立ではなく自治を求める他の地域ナショナリズム政党とは，若干異なっているように見える。SNPによれば，スコットランドはイギリス(連合王国)から独立を遂げることにより，その潜在的な可能性を最大限に生かすことができると論じられている(Scottish National Party 2011a, 28)。

　しかしながら，スコットランド独立にコミットしていることは，必ずしもSNPが近年進行しつつある現代国家の変容を考慮に入れていないということを意味しない。また，それはSNPが単一不可分の主権概念にこだわっているということも意味するわけではない。SNPは戦前に設立されて以来，特定の独立の形態にこだわってきたわけではない。むしろ，より広い政治的枠組の中に位置づけられる形でのさまざまな民族自決の形態を掲げてきたのである。それは，イギリス帝国の中の自治領であったこともあれば，連邦化したイギリスの中での自治やヨーロッパの中の独立という形をとることもあった(Hepburn 2009a, 190)。

　SNPはスコットランドの独立およびそれを達成する手段に関する言説を絶え間なく変化させてきた。それは，地域レヴェル，国家レヴェル，超国家レヴェルにおいて近年進行している構造変化への対応であった。SNPのスコットランド独立に関する柔軟な言説は，1990年代末に労働党政権が実施した権限移譲によってもたらされたユニークな政治的機会構造を利用するうえで，非常に有効であったと言うことができる。スコットランド議会の設立は，独立を求めるSNPを取り巻く政治的環境を大きく変えることになった。この政治的環境の変化に合わせて，SNPの戦略は，イギリスからの分離を強調する「堅い」形態の独立をめざすものから，より「柔らかい」形態の独立

非公式な形ではあったが実施された，スペインからのカタルーニャ分離独立の是非を問う住民投票では，投票者の8割を超える人々が独立に賛成投票することになった。ただし，独立に反対する人は非公式な住民投票を棄権したと思われ，投票率も4割を切っていたことから，必ずしも有権者の多数が独立を支持した，ということが示されたわけではなかった(*The Guardian*, 10 November 2014)。

の追求に変わり，さらには「最大限の権限移譲」を肯定的に評価するところまで推移することになったのである。

　SNPのスコットランド独立に関する言説の柔軟化は，イギリスからの完全な分離に懸念を抱くスコットランドの多くの人々に対して，強いアピール力を発揮することになり，それは近年の各種選挙などでのSNPの成功にも反映されていると言うことができる。SNPの言説は，スコットランドが独立を遂げた後も，イギリスに残留する部分との間で幅広いパートナーシップの関係が維持されることを強調するようになっている。SNPとしては，このような言説の柔軟化を通じて，独立の意義に懐疑的な人々を説得し，住民投票においてスコットランド独立，あるいは，より正確に言えば「軽い独立」を達成しようとしていると見ることができるのである。

　スコットランド独立の問題をめぐるSNPの言説の柔軟化を示すもうひとつの例として，独立の是非を問う住民投票の内容に関するものを挙げることができる。SNPの選好としては，権限移譲の強化よりも独立の方が望ましいという立場は崩していないが，住民投票のあり方について，単純にスコットランドの独立に関する是非を問うのではなく，最大限の権限移譲という第三の選択肢を含む形で実施することに，前向きな姿勢を示すようになったのである。本章で見てきたように，最大限の権限移譲はSNPにとって独立の達成に比べれば次善のシナリオであったが，仮に住民投票において独立が否決された場合に，SNPに対する敗北の打撃を抑制するためにとられた「保険」としての性格を持っていたと言うことができる。

　2011年選挙の結果，SNPはスコットランド議会において過半数議席を手にすることになった。多数政権を形成するSNPは，2014年にスコットランドの独立をめぐる住民投票を実施する意向であったため，それに対して議会で少数派となっている他の政党は住民投票を阻止できない状況にあった。そうした中，2012年10月には，SNP政権とイギリスの中央政府である保守党と自由民主党の連立政権の間で，2014年中にスコットランド独立をめぐって住民投票を実施することについての合意（エディンバラ協定）が成立し，2014年9月18日に分離独立住民投票は実施されることになった。

　住民投票の結果は，独立反対が55.3％，賛成が44.7％となり，分離独立が明確に否決された。しかし，すでに見たように，住民投票後の政治状況はあたかも敗者が勝者で勝者が敗者であるかのような様相を呈し，SNPやス

コットランド緑の党など独立賛成派政党への入党者が急増することになった。そのような住民投票を通じて反対派キャンペーンの勢いが，2015年総選挙および2016年スコットランド議会選挙に反映し，SNPは前者では59議席中56議席を占める圧勝を収める一方，後者では2011年選挙で達成した過半数議席獲得は逃したが，過半数近い議席を獲得する大勝を収めることになった。

　結党から30年以上にわたって泡沫政党の地位に甘んじていたSNPは，スコットランド・ナショナリズムの高まりが見られた1960年代末から，スコットランド政党政治において一定の足場を確保することになった。しかしながら，1970年代中頃の一時期を除くと，スコットランドの優位政党であった労働党はおろか，保守党などその他の主要政党に対しても，SNPは劣勢にあったとすることができる。このように小政党にとどまっていたSNPに飛躍の機会を与えたのが，1990年代末の権限移譲改革によるスコットランド議会の設立であった。スコットランド議会という新しい政治制度の導入は，比例代表制の色合いの強い追加議員制などSNPの台頭を促す政治的機会構造を提供したという意味で，その後の支配的地位の確立にとって不可欠の必要条件であったと言っても大袈裟ではない。

　ただし，スコットランド議会の設立という新しい政治制度の導入だけが，スコットランドの政党システムにおけるSNPの優位政党化をもたらしたわけではない。本章で見てきたように，そこにはSNPの側での，組織改革からリーダーの選択，および，政権獲得後の効果的な政権運営に至るまで，さまざまな主体的努力が少なからず反映していると見ることができるのである。さらに，SNPは疑いもなく政治的な「幸運」にも恵まれていた。たとえば，スコットランド議会の2007年選挙において労働党の獲得議席がSNPを上回っていたら，あるいは，2011年選挙で過半数議席を獲得できなかったとしたら，おそらく分離独立住民投票が実施されることはなく，その後のSNPの驚異的な発展もなかったと思われる。その意味で，SNPは権限移譲改革という条件を与えられ，政党間競合に勝ち抜く態勢を整えたうえで，政治的な「幸運」にも恵まれたという，きわめてまれな機会を手に入れていたと見ることができるかもしれない。

　2016年6月23日のEU国民投票でイギリスのEUからの離脱が決まったことで，新たな政治的機会構造がSNPの前にあらわれることになった。EU

離脱プロセスがSNPにどのような難問を突きつけることになるのかは，労働党，保守党，自由民主党など他の主要政党の動向も含めて，終章において検討することにしよう。

第五章　分離独立住民投票

～アイルランドの分離独立とケベックにおける
分離独立住民投票との比較の視点から～

はじめに

　第二次世界大戦以降，それまでイギリスやフランスなどヨーロッパ列強の植民地となっていたアジアやアフリカなど世界各地でナショナリズムの動きが高まり，その結果として，多くの独立国家が誕生した。また，1989年11月のベルリンの壁崩壊を契機とする東西冷戦の終結は，旧ソ連や旧ユーゴスラヴィアの解体に見られるように，共産主義体制によって維持されてきた多民族連邦国家の中から，いくつかの独立国家を誕生させることになった。このように，何らかの理由により特定地域に居住する住民の間で自分たち自身の国家を持つことを望むナショナリズムの動きが強まり，新たな独立国家が誕生することは世界各地でしばしば見られてきた，と言っても大袈裟ではない。

　しかしながら，西ヨーロッパや北アメリカの諸国，そして，日本などの典型的な先進国，すなわち，経済的に高い生活水準を達成し，政治的に自由民主主義体制が確立している国家において，少なくとも戦後については分離独立が実現した例は見られなかった。他方で，先進国の間では分離独立を求めるナショナリズムの勢力がほとんど見られない国もあるが，中にはイギリスのスコットランドやカナダのケベック，スペインのカタルーニャやバスクなどに典型的に見られるように，分離独立運動が比較的活発な国も少なくないのである。そこでひとつの疑問が生じる。なぜ急速に独立国家の数が拡大した第二次大戦後，欧米や日本など先進国の中から新たな独立国家が登場してこなかったのだろう。

本章では，2014年9月18日のスコットランド分離独立住民投票の事例を取り上げ，20世紀初頭にイギリスから事実上，分離独立を遂げたアイルランドの事例，および，20世紀末に2度にわたって分離独立住民投票の経験を持ったカナダのケベックの事例との比較検討を行う。そのうえで，第二次大戦後の先進国において必ずしも珍しい存在ではない分離独立運動が，その究極的な目標である独立達成に向けて直面することになるいくつかの困難の特質について光を当てることにしたい。

1　イギリスとスコットランド

スコットランドにおける分離独立住民投票を検討するうえで，イギリスとスコットランドの関係について理解しておく必要がある。なぜなら，イギリスという国家のあり方と現在イギリスの一地域となっているスコットランドの位置づけは，ややわかりづらい，あるいは，奇妙に見えるところがあるからである。

まず，イギリスという国家のあり方について見ることにしよう。ヨーロッパ大陸の西端に位置する島国のことを，日本では一般に「イギリス」と呼んでいる。しかし，「イギリス」という言葉は言うまでもなく日本語である。「イギリス」という言葉の起源は，16世紀から17世紀の東アジアで用いられたポルトガル語やオランダ語由来の「アンゲリア」，「エンゲルス」，「エゲレス」などにあると言われている（近藤 2013, 6-7）。そして，これらポルトガル語やオランダ語由来の言葉は，英語のイングランドおよびイングリッシュに語源があると考えられる。しかし，ここで注意しなければならないのは，「イングランド＝イギリス」ではない，ということである。

実はわれわれが通常，イギリスもしくは英国と呼んでいる国家の正式名称は，「グレート・ブリテンおよび北アイルランド連合王国（The United Kingdom of Great Britain and Northern Ireland）」である。この名称が表現しているように，イギリスは日本のような単一国家ではなく，4つの部分，すなわちイングランド，スコットランド，ウェールズ，北アイルランドの間の連合によって成り立つ国家である。なお，グレート・ブリテンは，イングランド，スコットランド，ウェールズが存在する面積22万平方キロほどの島の名称であり，グレート・ブリテン島は面積約8.4万平方キロのアイルランド島（北海道よりやや大きい）とともに，イギリス諸島を構成する主要な島と

なっている。

　イギリス諸島の地図を示した図5-1を見ればわかるように，われわれがイギリスと呼ぶ国の面積は24.4万平方キロあまりで日本の約3分の2，人口は約6410万人で日本のほぼ半分となっている。そして，イギリスを構成する4つの部分のうち，イングランドが最も大きく，面積では約13万平方キロ（北海道の約1.5倍），人口は5386万人あまりで，イギリスの総人口の実に8割以上を占めている。スコットランドは2番目に大きく，面積では約7.8万平方キロ（北海道程度），人口533万人あまりで，人口ではイングランドの10分の1にすぎない。その他，面積が約2.1万平方キロ（四国よりやや大きい），人口308万人あまりのウェールズと面積が約1.4万平方キロ（長野県とほぼ同じ），人口183万人あまりの北アイルランドが存在している。

　ところで，スコットランドは，グレート・ブリテン島の面積のほぼ3分の1を占めるほか，シェットランド諸島，オークニー諸島，ヘブリディーズ諸島など大小800ほどの島々から構成されている。ハイランドと呼ばれるスコットランドの北部は険しい山岳地帯となっていて，かつて氷河期に氷河に削られたグレン（峡谷）やフィヨルドなどが見られ，ノルウェーなど北欧によく似た地形となっている。一方，ローランドと呼ばれるスコットランドの南部ではなだらかな丘陵地帯が続き，イングランドとよく似た地形であると言うことができる（McCormick 2012, 35-63）。

　ところで，イギリスはしばしば日本やフランスなどと並んで中央集権制が確立した単一国家（unitary state）であると見なされている。しかし，スタイン・ロッカンとデレク・アーウィンによれば，イギリスは中央政府と地方政府の権限が明確に分離された連邦国家ではないが，中央政府に権限が集中する単一国家でもなく，独特の連合国家（union state）に分類されている（Rokkan and Urwin 1982; 1983）。たしかにスコットランドはイギリスの一部であり，ロンドンのウェストミンスター（イギリス）議会には，いわゆる議会主権の原理にもとづいて最高の政治権力が存在しているが，スコットランドはイギリスの中で独自の地位を保ってきたと言うことができる（山崎 2011）。

　スコットランドはイングランドとは異なる独自の法制度や裁判制度を持ち，宗教（イングランド国教会とは異なる長老派にもとづくスコットランド国教会）や文化などの面でも，かなりの独自性を維持してきた。さらに，行政面でも，1885年にスコットランドの行政を担当する機関として，スコッ

図5-1 イギリス（グレート・ブリテンおよび北アイルランド連合王国）

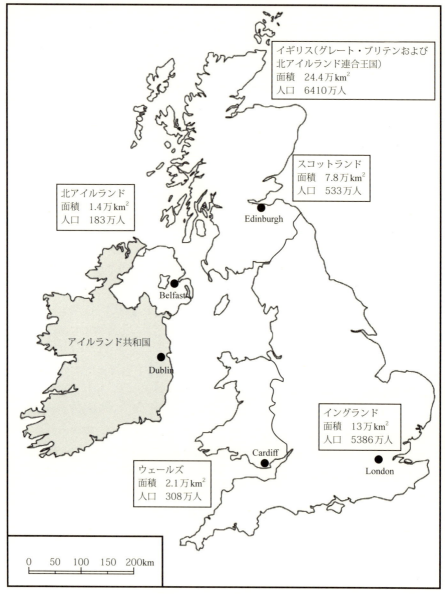

出典 John McCormick, *Contempopary Britain*, third edition（Basingstoke: Palgrave Macmillan, 2012）, p.5; Office for National Statistics, *Annual Mid Year Population Estimates: 2013*（Newport: Office for National Statistics, 2014）.

トランド省が設立されている。20世紀に入ってスコットランド省の権限は次第に拡大され、1926年にはスコットランド省を担当するスコットランド大臣は内閣の主要メンバーの地位に引き上げられた。そして、1970年代になると、外交、軍事、租税、マクロ経済政策などを除いて、スコットランド相がスコットランドに関係する多くの分野の権限を掌握することになった（Mitchell 2014; 梅川・力久2014, 69）。

2 スコットランドの歴史：
なぜスコットランドはイギリスの一部となったのか

　現在のスコットランドは、日本やイギリスのような独立国家ではなく、イギリス国内の一地域となっているが、今から300年ほど前までのスコットランドは独立した王国であった。

　スコットランドの歴史は、今から2000年ほど前にグレート・ブリテン島の大部分を支配することになったローマ帝国によるスコットランド南部への進出から始まる。それまでスコットランドにはヨーロッパ大陸から渡ってきたと考えられるケルト系の人々が住んでいたが、ローマ帝国の進出によって、ピクト人と呼ばれるケルト系の人々とローマ人との間で、スコットランドの支配をめぐって激しい戦いが繰り広げられた。ちなみに、ピクト人という名称は、ローマ人の言語であるラテン語で体に彩色もしくは刺青をしていた人々を指す言葉で、スコットランドのケルト人にはそのような彩色や刺青をする風習があったことから、ローマ人が呼び習わすようになったことに由来している。

　しばらくの間、ローマ帝国はローランドと呼ばれるスコットランドの南部を支配したが、次第にピクト人に押されて後退し、現在のイングランドとスコットランドの境界からややイングランド側に入った「ハドリアヌスの長城」の線まで後退して守りを固める一方、スコットランドからは撤退することになった。

　ローマ帝国の支配から離れたスコットランドでは、長い間、さまざまな勢力の間での争いが続いた。ようやく9世紀に入って、スコットランドの中心部を統一したスコットランド王国が誕生した。しかし、スコットランド王国は北からのヴァイキング勢力の襲来と南の強大なイングランド王国によるたび重なる侵攻に悩まされることになる。そして、13世紀末には、スコット

ランドはイングランドのエドワード1世の下で,一時期イングランドの支配下に置かれた。その後,約30年にわたる独立戦争を経て,1314年のバノックバーンの戦いでの勝利と1320年のアーブロース宣言[1]によって,スコットランドは再びイングランドとは別個の独立した王国としての地位を取り戻すことになった(Mitchison 2002, 38-53)。その後も,たびたびイングランドとの戦争が繰り返されたが,スコットランドはほぼ400年にわたって独立を保った。

16世紀に入って,イングランドにおいてプロテスタントのイングランド国教会が主流になったのと時を同じくして,スコットランドでも宗教改革が行われ,プロテスタントの宗派である長老派がスコットランド国教会として確立していくことになる。

さて,生涯独身を貫いたイングランドのエリザベス女王(エリザベス1世)が1603年に亡くなると,その後継者として血縁関係にあったスコットランド王ジェイムズ6世に白羽の矢が立った。その結果,ジェイムズは新たにジェイムズ1世としてイングランド王に即位した。こうして,同一人物(ジェイムズ)が,2つの国家であるイングランドとスコットランドを統治する国王になったのである。なお,ウェールズは中世以来,実質的にイングランドの支配下にあったが,16世紀中頃に公式にイングランドに併合されたことから,すでにイングランド王国の一部となっていた。

以上のように,エリザベス女王の後継者としてスコットランド王のジェイムズが選ばれたことが,いわゆる同君連合と呼ばれる統治形態(1君主2国家)を開始させることになったのである。しかし,同君連合はスコットランドにとって必ずしも望ましいものではなかった。国王は国の規模がはるかに大きなイングランドにとどまって,ほとんどスコットランドに戻ることはなかった。そのため,スコットランドは国王の代理人によって統治された(Mitchison 2002, 161-178)。

ところで,ジェイムズ1世(=スコットランドでは6世)は,イングランド

---

1 アーブロース宣言とは事実上のスコットランド独立宣言で,中世ヨーロッパ世界で強大な影響力を握っていたローマ教皇からお墨付きを得ることにより,スコットランド独立の正統性の獲得に貢献する文書であった(Mitchison 2002, 49-50)。

第五章　分離独立住民投票　217

バノックバーンの戦いに勝利したロバート１世の騎馬像（力久昌幸撮影）

国王に即位して初めて開かれた議会において，同君連合を組むイングランドとスコットランドが政治的にも統一されるべきであるとして，両国の合同を求めることになった。しかしながら，このときのイングランド議会はスコットランドとの国家合同を拒否する姿勢を示した。なぜなら，多くのイングランド議員たちはスコットランドはイングランドよりも野蛮な国であるという印象を持っていたので，イングランドが尊重する自由や権利が国家合同によって骨抜きにされることを恐れたからであった。また，スコットランド議会でも，同君連合を超えて国家合同にまで進むことには強い反対があった。小国スコットランドが大国イングランドと合同すれば，イングランドの制度や宗教がスコットランドに押しつけられるのではないか，という懸念があったからである。こうして，イングランド，スコットランドの両国で反対が強かったことから，この時期の国家合同の試みは挫折した。

　その後，17世紀中頃の国王派と議会派の間の内戦（いわゆるピューリタン革命）によって，イングランドとスコットランドは一時期，国王の存在しない共和国，すなわち護国卿オリヴァー・クロムウェル（Oliver Cromwell）が統治するコモンウェルスとなったが，1660年の王政復古により，再び同君連合（1君主2国家）の体制が復活する。そして，1688年の名誉革命をきっかけとして，国王に対して議会が優位に立つ立憲君主制（いわゆる「国王は君臨すれども統治せず」の体制）が確立していくことになるが，その中でイングランドとスコットランドの国家合同の問題が再び浮上した。その結果，1707年にイングランドとスコットランドの国家合同がついに実現し，新しく「グレート・ブリテン王国（The Kingdom of Great Britain）」が発足したのである（Whatley 2008; 2014）。

　なぜ，かつて反発の強かった両国の国家合同が，18世紀初頭に実現することになったのか。その背景について理解するために，国家合同が実現する前のスコットランドとイングランドの状況を確認しておくことにしよう。

　名誉革命後のスコットランドとイングランドの関係は，必ずしも良好なものではなかった。名誉革命後に王位に就いたウィリアム3世（＝スコットランドでは2世）が行っていたフランスとの長期にわたる戦争が，スコットランドに対して経済的なダメージをもたらしていたのである。たとえば，オランダの海外貿易に打撃を与える目的でクロムウェル時代に制定された航海法（Navigation Acts）は，その後もイングランドとアメリカなどの海外植民地と

の間の貿易から外国船を排除するために整備されることになったが，イングランドとの貿易はイングランド船に限るという原則のために，スコットランドの船まで排除されることになったのである。

そこで，スコットランドは独自の海外植民地を獲得するために，1695年に「アフリカ・インド貿易のためのスコットランド会社（The Company of Scotland Trading to Africa and the Indies)」を立ち上げて，スコットランドとイングランドの両国で出資者を募った。しかしながら，イングランドの東インド会社が競争相手の登場に反発してイングランド議会に圧力をかけたことにより，イングランドからの資金提供は禁止された。その結果，この会社の資金はスコットランドの中だけで集められることになった。

1696年に中米パナマ地峡のダリエン地域にスコットランドの植民地を建設する計画がスタートした。しかしながら，このダリエン計画は熱帯のジャングルに特有の疫病の蔓延や，当時中南米を支配していたスペインからの攻撃，そして，ジャマイカなど比較的近隣の西インド諸島にあったイングランドの植民地からの支援を得られなかったことなどにより，多数の死者を出して大失敗に終わった。

ちなみに，イングランドがスコットランドのダリエン植民地を支援しなかった理由は，ひとつには競争企業であるイングランドの東インド会社の影響もあったが，もうひとつの理由としては，フランスとの戦争においてスペインをイングランドの側に引きつけておくために，中米でのスペインの権益を侵すスコットランドの植民地獲得の動きとは一線を画す必要があったということも考えられる。いずれにせよ，ダリエン計画の失敗によってアフリカ・インド貿易のためのスコットランド会社は破産し，出資したスコットランド人の多くが巨額の損失を被ることになった。このダリエン計画の失敗の衝撃は，同君連合を組みながら支援の手をさしのべなかったイングランドに対するスコットランド人の反発を強める結果となった（Macwhirter 2014a, 77-79）。

さて，ウィリアム3世は，イングランドの安全保障を確保するためには，それまでの同君連合では十分ではなく，イングランドとスコットランドの議会の合同を通じた両国の国家合同まで進まなければならないと考えていた。フランスのルイ14世との間でヨーロッパの覇権を賭けて戦っていたウィリアムにとって，イングランドの北に位置するスコットランドの政治的安定は

不可欠であった。なぜなら，フランスはイングランドを背後から脅かすために，名誉革命によって王位を追われたステュアート家の血統に連なる人物を，スコットランド王として復位させることを狙っていたからである。しかしながら，ウィリアム在位中はイングランドおよびスコットランドにおいて国家合同に対する支持は広がらなかった。こうした状況が大きく変わったのが，ウィリアムの後継者として王位に就いたアン女王の時代であった。

アン女王はウィリアムの遺志を継いで，イングランドとスコットランドの国家合同を実現するために，スコットランド議会に対する働きかけを強めた。しかし，この動きに反発したスコットランド議会は，1703年に平和と戦争に関する法（Act anent Peace and War）[2]を制定し，スコットランドの開戦と講和の権限は，国王ではなくスコットランド議会が持つことを明らかにした。これはフランスとの戦争を行っていたイングランドとは異なる独自の外交政策をスコットランドが追求する可能性をもたらすことになった。

スコットランド議会はさらに，1704年に安全保障法（Act of Security）を制定することになった。この法律は，1701年にイングランド議会で成立していた王位継承に関する法律，すなわち子供のいなかったアン女王[3]の跡を継ぐ将来の国王に，ドイツのハノーヴァ家の人物を指名していたイングランドの王位継承法（Act of Settlement）を受け入れず，スコットランドの王位継承問題については，スコットランド議会が独自に決定することを主な内容としていた。この安全保障法は，スコットランドがイングランドとの国家合同どころか同君連合でさえも破棄する意図を示したものとして，イングランドでは危機感を持って受けとめられた。

このようにダリエン計画失敗後のスコットランドが，イングランドに対する対決姿勢を強めていったのに対して，イングランドの側もスコットランドに対する態度を硬化させていった。イングランド議会は1705年に外国人法（Alien Act）を制定し，その中で，速やかにイングランドとスコットランドの国家合同に向けた話し合いが開始されること，加えて，もしスコットランドがそれを受け入れなかった場合には，それまでイングランド人とほぼ同等に

---

2 "anent"は中世英語で"about"を意味する。
3 アン女王は17回の妊娠を経験したにもかかわらず，流産，死産，幼児期の死亡などで跡継ぎをつくることができなかった（Brown and Fraser 2013, 27）。

扱われてきたスコットランド人を外国人として扱い，イングランドにおいて自由な経済活動をできなくすることを明らかにした。これはスコットランド人がイングランドとの貿易をできなくなることを意味しており，この時期にはスコットランドの対外貿易の大半がイングランドとの貿易に依存していたことから，ダリエン計画の失敗で落ち込んでいたスコットランド経済にとって，さらなる打撃となることは明らかであった(Devine 1999, 4-16)。

　外国人法などのイングランドによるあからさまな経済的脅しの前に，スコットランドは譲歩せざるを得なかった。国家合同のための条件を検討するため，1706年に両国の代表は協議を開始することになり，約3ヵ月で合同条約に関して合意に達した。その内容は，①スコットランドとイングランド両国は，ひとつの議会(イングランド議会のあったロンドンのウェストミンスターを所在地とする)のもとに合同し，スコットランドは上院(貴族院)に16名，下院(庶民院)に45名(下院議員総数558名の約8％)の代表を送る。②両国間および植民地との貿易を自由化する。③スコットランドの私法とそれを取り扱う裁判所は現状を維持し，公法のみイングランドの公法に同化させる。このほか，両国の財政も一本化されることになった(McLean and McMillan 2005, 13-60)。

　スコットランドではイングランドとの合同条約に対して根強い反対があったために，合同条約が議会の承認を得ることができるかどうか定かではなかった。実際に，17世紀初頭に同君連合が始まって以来，何回か国家合同へ向けた試みが見られたが，いずれも挫折に終わっていたのである。しかしながら，根強い反対論にもかかわらず，1707年1月にスコットランド議会は合同条約を批准し，同年3月にイングランド議会でも批准がなされたことから，条約は5月に発効することになった。これにより，イングランドとスコットランドは「グレート・ブリテン」という名称の連合王国を構成することになったのである(Brown and Fraser 2013, 19-20)。

　さて，イングランドとスコットランドの国家合同について，イングランドがそれを求めた理由は明確であった。ヨーロッパにおける戦争および世界各地での植民地戦争を通じてフランスとの覇権争いをしていたイングランドにとって，もしスコットランドがフランス側に付いたならば，それは安全保障上の深刻な脅威となることは明白だったのである。それゆえ，スコットランドをイングランドの側につなぎ止めておく究極の手段として，両国の国家合

同が求められたと言うことができる。

それに対して、スコットランドではイングランドとの国家合同については賛否両論あり、合同に賛成する勢力が必ずしも優勢というわけではなかった。最終的にはイングランドの強硬姿勢、すなわち国家合同を受け入れなければスコットランドに厳しい制裁を科すという姿勢が効果を発揮したとすることができるが、スコットランドの中にもイングランドとの国家合同をチャンスと見る勢力も存在していた。特に、貿易商人達は両国の国家合同がもたらす経済的利益に大きな期待をもっていたと考えられる。イングランドとの国家合同は、航海法によって参入を阻まれてきたイングランドの海外植民地とイングランドとの貿易にスコットランド商人が関わることができるようになることを意味していた。また、スコットランドの貴族たちは、自分たちの領地から得られる牛や羊などの家畜、農産物、および石炭などをイングランドに輸出して利益を得ていたが、国家合同によってイングランドとの自由な取引が可能になれば、さらに大きな利益を得ることができると考えた。

このようにスコットランドの側では、イングランドとの国家合同により、イングランドの国内市場および海外植民地市場に対するアクセスを手に入れるという、経済的な利益が主な推進力になっていたとすることができる。

また、イングランドとの国家合同に際して、スコットランドに対して認められたいくつかの保障も少なからぬ意味があったと思われる。法制度や教育制度などについて、スコットランドがイングランドの制度に同化することなく独自の制度を維持することが認められたこと、あるいは、国家合同後もスコットランドにおいてはスコットランド国教会としての長老派の歴史的地位を確認して、イングランド国教会からの宗教的な独立性が維持されたことは、スコットランドにおいて国家合同に不安を抱いていた人々をかなり安心させることになったとされている(Colley 2014, 85-93)。

3 アイルランドとの違い：
イングランドの「植民地」か、あるいは「パートナー」か

1707年のイングランドとの国家合同後、しばらくの間、スコットランドではイングランドが圧倒的な比重を占める連合王国体制への反乱が頻発することになった。しかし、1746年にカローデンの戦いでの敗北によってい

第五章　分離独立住民投票　223

カローデンの戦いの記念碑（力久昌幸撮影）

わゆるジャコバイトの反乱[4]が鎮圧されて以降，スコットランドにおいて目立った軍事的な反乱は見られなくなるのである。

ところで，スコットランドにほぼ100年遅れて1801年に連合王国に組み込まれたアイルランドでは，実質的にはイングランドによる支配であると見なされた連合王国体制に対する軍事的な反乱がたびたび発生し，最終的には1922年のアイルランド自由国の誕生によって事実上の独立を果たすことになる[5]。なぜアイルランドはイギリスから独立することになったのに対して，スコットランドは国家合同以来300年以上にわたってイギリスにとどまり続けたのだろうか。あるいは，アイルランドでは連合王国体制に対する抵抗の動きが根強く見られたのに対して，なぜスコットランドではカローデンの戦い以降，比較的最近になるまで分離独立を求める動きが活発化しなかったのだろうか。

イギリスからの独立をめぐるアイルランドとスコットランドの違いについて，単純明快な解答をするのは簡単なことではない。しかしながら，あえて言うならば，アイルランドはイングランドの「植民地」であったのに対して，スコットランドは小さいながらもイングランドの「パートナー」であったことが影響していたと言えるかもしれない。最終的にイギリスから独立することになったアイルランドについては，スコットランドとはいくつかの点で大きな違いがあったと言うことができる[6]。

4　ジャコバイトとは，名誉革命で王位を追われたジェイムズ2世(=スコットランドでは7世)およびその子孫こそが正統な国王であるとして，その王位復権を狙う勢力を指す。ちなみに，この場合の王位はスコットランドの王位というよりも，イギリス(グレート・ブリテン王国)の王位を意味していたので，ジャコバイトの反乱は正確にはスコットランド独立を目ざす動きではなかったとすることができる。

5　アイルランド独立については，アイルランド島全体がイギリスから独立したのではないことに注意しなければならない。南部の26州がアイルランド自由国としてイギリスの自治領となったのに対して，北部の6州は北アイルランドとしてイギリスに残留することになったのである。現在でも南部はアイルランド共和国としてイギリスとは別個の独立国であるが，北部はイギリス領北アイルランドとなっている。

6　スコットランド自由民主党元党首のタヴィッシュ・スコットは，イギリスによるスコットランド統治とアイルランド統治の間には根本的な相違があったこと

アイルランドとスコットランドの違いについて，第一に挙げられるのが宗教の違いである。すでに見たように，スコットランドでは長老派によるスコットランド国教会が中心となっている。長老派のスコットランド国教会はイングランド国教会とは異なる宗派であるが，広い意味ではプロテスタントの宗派であることに変わりはない。それに対して，アイルランドでは住民の多数がカトリック教徒であった。

現在のヨーロッパでは，プロテスタントとカトリックの宗派対立はそれほど目立つものではないが，16世紀から17世紀にかけての時期には，いわゆる30年戦争のように両者の間で血で血を洗う宗教戦争が繰り広げられていたのである。そうした宗教的な対立を背景として，プロテスタントが中心となっていたイギリスでは，カトリックに対するさまざまな差別が行われ，それは19世紀初頭にアイルランドが連合王国に併合された後も継続することになった。たとえば，カトリックには参政権を認めない，あるいは，公職に就くことも認めない，また軍隊については一般の兵卒には採用されるが士官に昇進することはないなどの差別が，当たり前のように実施されていたのである。

その後，アイルランド人の抵抗運動を宥めるために，1829年のカトリック教徒解放法（Roman Catholic Relief Act）などを通じて，カトリックに対するさまざまな差別は撤廃されていくことになる（Paseta 2003, 18-31）。しかし，アイルランドのカトリック教徒達の目から見れば，それまで自分たちを二級市民として取り扱ってきたイギリスの政府は，まさに植民地政府と何ら変わるところはないと見られるようになっていたのである（McLean and McMillan 2005, 61-89）。

第二の違いとして挙げることができるのが，イギリスの帝国，いわゆる大英帝国への関わり方の違いである。よく知られているように，イングランドとスコットランドの国家合同が成立した18世紀初頭から，北米やアジア，アフリカなどでイギリスによる植民地獲得の動きが急速に進むことになった。こうした帝国の拡大に対してスコットランド人が大きな貢献を果すことになった。もしスコットランドが独立国のままであれば，ダリエン計画の失

から，独立を求める動きに大きな差が生じたことは当然であるという見方を示した。（著者とのインタビュー，2014年3月12日）。

敗が示すように，小国であるため海外で植民地を獲得するのは困難だったと思われる。しかし，強大なイングランドと国家合同することにより，スコットランド人は商人や軍人，行政官として海外で活躍する絶好の機会を得ることになった。

海外で活躍したスコットランド人の中には，たとえば幕末から明治にかけて活躍したトマス・ブレイク・グラバー（Thomas Blake Glover）など，日本でもよく知られた人物がいる。また，グラバーと関係が深く，スコットランド人のウィリアム・ジャーディン（William Jardine）とジェイムズ・マセソン（James Matheson）が創業した貿易商社ジャーディン・マセソン商会は，中国で悪名高いアヘン戦争を引き起こすきっかけとなったアヘン貿易で巨額の利益を上げていたのである。このほか，軍人や行政官などとして，多くのスコットランド人がイギリスの帝国およびその周辺で活躍することになった。このように帝国によって大きな利益を上げていたスコットランド人にとって，帝国の恩恵をもたらしたイギリスから独立するなど思いもよらないことだったとすることができるだろう（Keating 2009, 24-26）。

一方，アイルランド人の中で少数派のプロテスタントは帝国の拡大に積極的に関わっていたが，多数派のカトリックは先述のカトリック差別などの影響もあって，一般兵卒かあるいは海外移民という形でしか帝国の恩恵を享受することができなかったのである（Devine 2008a）。

分離独立の動きに関する違いをもたらした第三の点として，アイルランドとスコットランドの経済構造の相違が与えた影響を指摘できる。18世紀に産業革命が起こるまでは，アイルランドもスコットランドも基本的に農業中心の経済であったが，産業革命後のスコットランドが急速に工業化を進めたのに対して，アイルランドでは農業，それもプロテスタントの大地主がカトリックの小作人を搾取する旧態依然の経済構造が継続することになった。その結果，スコットランドはイギリスが支配する帝国の広大な市場を背景として，急速な経済発展を遂げることになったのに対して，アイルランドでは経済停滞が続いていたのである。

しかも，小作人を中心とする大多数の農民の生活に多少の改善が見られるどころか，1845年のジャガイモ凶作によって引き起こされた大飢饉，いわゆるジャガイモ飢饉で100万人を超える人々が餓死したことが象徴的に示しているように，生存することさえ困難な状況が広がっていたのである。こ

のように国家合同や帝国によって目に見える恩恵を受けたスコットランドでは，分離独立を求める動きがほとんど見られなかったのに対して，帝国の恩恵をほとんど受けることのなかったアイルランドにおいて，イギリスに対する反発が強まったのは当然であったと言えるかもしれない(Bew 2007, 175-230)。

　ちなみに，アイルランドで唯一工業化が進み，経済発展を遂げた地域は，現在北アイルランドとしてイギリスに残留している。残留の理由は，北アイルランド住民の多数派が宗教的に南のカトリックとは異なるプロテスタントであったということが大きいが，イギリスの中での経済発展や帝国のもたらした経済的恩恵の果たした役割も少なくなかったとすることができるだろう。

4　分離独立の政治：なぜ先進国では分離独立が見られないのか

　第二次世界大戦が終結した1945年に国際連合が発足することになるが，そのときの加盟国，いわゆる原加盟国は51ヵ国であった。それが現在では190ヵ国を超える国々が国連に加盟するようになっている。なぜこのように国連加盟国が増加したのかということについては，戦後独立を達成した旧植民地の国々が数多く国連に加盟したことが大きかったと言えるだろう。このように，戦後に世界各地で新興独立国家が誕生したことが表しているように，ある特定の地域に住む住民が自分たち自身の国家を持つことを望むナショナリズムの動きが強く見られた場合には，結果として新たな国家の誕生に至るのは決して珍しいことではなかった(Young 1994a)。それは，東西冷戦終結後に，旧ソ連や旧ユーゴスラヴィアの支配下にあった地域において，さまざまな国家が誕生したことにより再確認されたと言えるだろう。また，長い間内戦が続いていたアフリカのスーダンでは，2011年に住民投票における圧倒的多数の承認を経て南スーダンが分離独立を果たし，193番目の国連加盟国となっている。

　このようにかつてヨーロッパ諸国の植民地になっていたアジアやアフリカにおいて数多くの独立国家が誕生し，また旧ソ連および旧ユーゴスラヴィアからもさまざまな独立国家が出現することになったわけであるが，欧米や日本などいわゆる先進国を構成する地域の中から分離独立が達成された例は，少なくとも第二次世界大戦後はない。2014年9月18日の住民投票でスコッ

トランドがイギリスからの独立を「選択」していたら，先進国の中から分離独立を果たす戦後初めての例として注目されたのかもしれないが，そもそもなぜ先進国では分離独立が見られることがないのだろうか。

日本では分離独立を求める動き[7]はほとんどないと言ってよいのかもしれないが，欧米の先進国では，イギリスのスコットランドやカナダのケベック，スペインのカタルーニャやバスクなどのように，分離独立運動が比較的盛んなところが少なくない。ただ，実際に分離独立を遂げたアジア，アフリカの国々や旧ソ連，旧ユーゴスラヴィアから分離独立した国々とは違って，スコットランドやケベックなどでは，独裁体制による抑圧や弾圧から逃れるため，あるいは，宗教的な対立の問題を解決するために分離独立が求められているわけではないので，住民が分離独立の是非を検討する際には経済的な要因が大きな判断材料となっている。

一口で言うと，民主主義が機能している先進国では，深刻な人権侵害などにより既存の体制に対する政治的な不満が爆発して分離独立に至るケースは考え難いので，分離独立は経済的に得なのかあるいは損なのかといういわば「損得勘定」が，住民の選択を大きく左右することになる，と考えられるのである。

このように，先進国において分離独立の是非を問う住民投票の最大の争点は，経済に関係する争点となる。そして，独立賛成派は，独立によって経済が独立前よりも豊かになることを強調して，住民の支持を獲得しようと努力する。それに対して，独立反対派は，分離独立がもたらす経済的なコストを強調して，住民に分離独立を支持しないように働きかけるのである。

ここで注目すべきなのは，経済関連の争点について，独立反対派は賛成派に対して基本的に有利な立場に立っているということである。住民投票で一票を投じる有権者からすれば，分離独立への反対投票は，いわば現状維持への投票であり，反対投票がもたらす経済的な意味も比較的明確であると認識されることになる。簡単に言えば，現状とさほど変わらない経済状況が続くことになるだろう，と想像されることになるのである。それに対して，分

---

[7] かつて沖縄では琉球独立運動が存在し，近年になって琉球独立を目ざす研究を行う琉球民族独立総合研究学会も設立されたが，沖縄の人々の幅広い支持を得るまでには至っていないようである(琉球民族独立総合研究学会 2013)。

離独立への賛成投票は，独立という不確かな将来に賭けるいわばギャンブルを意味しているので，経済的なメリットよりもコストの方に目が行きがちになるのである。また，分離独立は政治的にも社会的にも大きな変化をもたらすことになるため，それが一時的なものであれ経済的にも大きな混乱を引き起こすであろうということは，一般の住民にとっても容易に想像がつくだろう。それゆえ，分離独立による経済的な利益についてよほど確信しているのでなければ，住民投票で賛成投票するのはかなりの勇気を伴う行為であると思われるのである(Young 1994b)。

　さらに，分離独立後の政治状況に関わる争点でも，独立反対派は賛成派に対して有利な立場に立っているとすることができる。ある地域が分離独立を遂げた場合，新規独立国が良好なスタートを切れるかどうかは，その国がそれまで所属していた国(継承国家)との関係にかかっている，と言っても大袈裟ではない。たとえば，スコットランドがイギリスから独立すると，独立国となったスコットランドと残されたイギリスとの間でどのような関係が結ばれるのか，という問題がスコットランドの行く末を大きく左右することになる。特に，独立前までの円滑な経済関係が維持されるのか，あるいは，外国となったスコットランドに対してイギリスが何らかの経済的な障壁を築くかでは，大きな違いが出てくるのは明白であると言えよう。

　その点を踏まえて，独立反対派は，住民投票で独立への反対を呼びかける理由として，分離独立が実現しても残された継承国家が新規独立国との間での経済関係を独立前と同じように緊密に保つ保障はどこにもない，ということを強調するのである。そして，分離独立後の最悪のシナリオとして，継承国家が新規独立国に対して経済制裁を行う可能性も否定しない，という脅しに近い将来像をちらつかせる場合もあるだろう。

　それに対して，独立賛成派は，経済制裁のような脅しは分離独立住民投票が実施される前の反対派の戦略としては合理的であるが(独立への反対票を増やすため)，いったん住民投票において賛成多数で分離独立が実現した後に，そのような脅しを継承国家が現実に実施するのは合理的ではないと主張する。なぜなら，継承国家が新規独立国に対して経済制裁を行えば，独立国の経済だけでなく，継承国家の経済にも大きな打撃がもたらされるからだ，というわけである。それゆえ，住民投票が行われる前の反対派の脅しは，単なるブラフ(はったり)にすぎず，分離独立が実現した暁には，お互いの経済

的利益にもとづいて，継承国家と新規独立国の間で独立前と同じように緊密な経済関係が維持されることになる，と賛成派は主張する。

　以上のように，分離独立実現後の継承国家と新規独立国との経済関係について，独立反対派と賛成派はまったく異なる見通しを示すことになる。両者の見通しのうち，どちらがより説得的，もしくは信頼できる見通しであると言えるのだろうか。一見すると独立賛成派の主張，すなわち独立後も緊密な経済関係が継続するという見通しが実現するようにも思われる。なぜなら，お互いの経済的利益にもとづいて合理的な計算をすれば，たしかにそれが「正解」であるとすることができるからである。

　しかし，分離独立という大きな政治的ショックを伴う出来事が起こった後に，必ずしもそのような経済的利益にもとづいて冷静に合理的な判断がなされるとは限らない。たとえば，分離独立によって残された継承国家の住民が，新規独立国に対する反発から，その国の商品やサーヴィスのボイコットを行う可能性は否定できないだろう。また，新規独立国の中に工場や営業所を有する継承国家の企業が，両国関係の悪化を恐れて撤退する可能性も否定できないのである。こうした一般住民や民間企業の行動は，継承国家の政府が新規独立国との経済関係を良好に保つことを願っていたとしても，強制的にストップをかけるわけにはいかないだろう。

　また，継承国家が分離独立の実現によってその領土の一部を喪失することは，大規模な政治危機を引き起こす可能性も考えられる。それまで政権を担当していた与党や首相が，領土を失ったことへの有権者の怒りの前に退陣を余儀なくされる事態も十分に考えられる。また，それに代わる新たな首相の選出や新しい政権枠組の構築には，かなり時間がかかる可能性も十分にあると思われる。このように分離独立後に継承国家の政治過程が一定期間にわたって混乱を極めると，新規独立国との間でどのような経済関係を築くのかという問題は，後回しにされざるを得ないだろう。以上のように，分離独立が実現した後の流動的な政治状況を考えると，住民投票で一票を投じる有権者からすれば，賛成派の主張は希望的観測のように聞こえるのではないか，と言っても誇張ではないかもしれない（Young 1994b）。

　上述のように，分離独立後の経済をめぐる争点でも，また政治状況に関する争点でも，独立反対派が賛成派に対して基本的に有利な立場にあることが，先進国において分離独立がほとんど見られない大きな理由となっている

のではないかと思われる。スコットランドの分離独立の是非を問う住民投票においても，スコットランド国民党(SNP)などの独立賛成派の勢力が反対派に対して優位に立てなかったのは，分離独立住民投票における賛成派の議論と反対派の議論の構造的な関係，すなわち反対論の賛成論に対する優位に一因があると言うことができる。

5　カナダ，ケベック州における分離独立住民投票

　アメリカ合衆国の北隣に位置する国としてカナダがある。そのカナダを構成する10州のひとつがケベック州である。カナダの東部に位置するケベック州は，面積が約154万平方キロで日本の4倍以上あるが，人口は約780万人と大阪府のそれよりもやや少ない程度となっている。

　かつてイギリスの植民地であったカナダの中では，ケベックは他の地域とは違って独特の存在であると言うことができる。ケベックはもともとフランス系の入植者によって形成された植民地が起源となっているのである。その後，18世紀後半の7年戦争でケベックはイギリス軍に占領された。戦後の講和条約によってケベックはイギリス領となり，現在までカナダの一部を構成している。ケベックがイギリス領となった際，イギリスはケベックのフランス系住民の反発を和らげるために，フランス語の使用やカトリックの信仰，およびフランス文化を温存することを容認した。その結果，現在でもケベック州の住民の約8割が主にフランス語を話す人々で構成されている。また，フランス語はケベック州の公用語であり，カナダ全体でも英語と並んで公用語となっている(竹中 2014)。

　イギリスの植民地に編入されて以来，ケベックではフランス系の言語や宗教，文化の温存に対する寛容な対応の影響もあって，カナダからの分離独立を求める動きはそれほど強く見られることはなかった。ところが，20世紀後半になってケベック州の分離独立を求める勢力が台頭し，やがて独立賛成派の政党であるケベック党(Parti Québécois)に結集するようになった。ケベック党は1976年のケベック州議会選挙で勝利し，ケベック州において初めて政権を担当することになる。さらに，このケベック党政権の下で，1980年にカナダからのケベック州の分離独立の是非を問う住民投票が実施されたのである。5月20日に行われた住民投票の結果は，分離独立に反対が59.50%，賛成が40.50%となり，19ポイントという大差で分離独立が否

決された(House of Commons Library 2013, 8)。

　住民投票キャンペーン中には，一時，賛成が反対を上回る世論調査結果が出たこともあったが，約20ポイント差という大差での否決をもたらした主な要因として，カナダの連邦政府によるケベック州に対する約束が挙げられる。このときカナダの首相を務めていたのは，ケベック州出身のフランス系カナダ人ピエール・トルドー（Pierre Trudeau）であった。トルドー首相は，住民投票において分離独立が否決されたとしても，それは必ずしも現状維持を意味するのではなく，ケベック州の人々が求めている自治権拡大を実現するということを約束したのである。ケベック州の分離独立の主張に引きつけられた人々の中には，トルドー首相の自治権拡大の約束を信じて反対投票に回った部分も少なくなかったとされている。

　ところが，ケベック州の自治権拡大を含むカナダ憲法改正の試みは，1980年代後半と1990年代前半の二度にわたって，予定された自治権拡大の内容は十分ではないとするケベック州の反対や，ケベック優遇に反発するその他の州の反対を乗り越えられずに挫折することになる。その結果，ケベック州ではカナダからの分離独立を求める動きが再び活発になっていったのである。1994年の州議会選挙において独立賛成派のケベック党が政権に復帰し，翌1995年に再び分離独立の是非を問う住民投票が実施されることになった。この1995年の住民投票キャンペーンが始まった時点では，世論調査においてケベック州の分離独立への反対が賛成をやや上回っていたが，住民投票の投票日が近づくにつれて接戦となり，賛成票が多数を占めるのではないかという見方が次第に強まっていった。

　実際の投票結果は，まさに接戦を反映した結果となった。分離独立に反対が50.58％，賛成が49.42％で，賛否の差がわずか1ポイント差，票数にすると500万票ぐらいの総投票数のうち，わずか5万4千票程度の票差で，分離独立が否決されたのである(House of Commons Library 2013, 22)。これは，もし分離独立に反対票を投じた人々の中から，3万人弱ぐらいが反対票ではなく賛成票を投じていれば，ケベック州の分離独立が可決していたわけで，まさに薄氷を踏むような結果であったと言うことができるだろう。

　それでは，1995年に行われたケベック州のカナダからの分離独立に関する住民投票において，分離独立が実現する瀬戸際にまで至る僅差での否決という結果になった理由については，どのように考えることができるのだ

ろう。

　まず確認できるのは，1980年に行われた最初の住民投票から1995年に行われた2回目の住民投票までの間に，ケベック州の住民のアイデンティティが，自分はカナダ人であるというよりもケベック人であるという意識が特に強まる傾向は見られなかったということである。言い換えれば，この間，ケベック人としてのアイデンティティが急速に強まった結果，1995年の住民投票で分離独立が可決する寸前にまで至った，というわけではないのである。

　先に，なぜ先進国では分離独立が見られないのか，ということについて検討した際，先進国における分離独立問題では経済的な要因が大きな位置を占めることに注目した。1995年に実施されたケベック州での住民投票では，まさに経済的な争点をめぐって独立賛成派が住民のかなりの部分を説得することに成功したことが，賛成票の拡大に貢献したとすることができる。たとえば，カナダからのケベック州の分離独立がもたらす経済面での短期的影響と長期的影響について問われた際に，多くの住民が短期的には経済的な悪化が見られても，長期的には経済発展が達成できるという前向きな見通しを持つようになっていたのである。

　言い換えると，独立賛成派の主張，すなわち分離独立は混乱なく比較的スムーズに達成できるとか，独立後もカナダとケベックの間には密接な経済関係が維持されるのでケベックの経済は安定して発展するなどの主張が，住民投票において分離独立が可決される寸前のところに至るまでの結果をもたらすうえで，大きな後押しをしたと見ることができる。

　それでは，なぜ1995年の住民投票において，基本的に独立反対派が有利な立場に立つとされる経済に関わる争点で，独立賛成派がほぼ互角の戦いをすることができたのだろうか。その理由として挙げられるのが，住民投票をめぐる独立反対派の戦略に関わる問題である。

　そもそも，この住民投票は分離独立を目ざすケベック党がケベック州の政権を獲得したことにより実現することになった。すなわち，ケベック党政権が分離独立を実現するための手段として，カナダ連邦政府の反対にもかかわらず，ケベック州において分離独立の是非を問う住民投票の実施を一方的に決定したのである。当時，カナダの連邦政府は，かつてのトルドー首相と同じくケベック州出身のフランス系カナダ人のジャン・クレティエン（Jean

Chrétien)首相を中心とする自由党が政権を握っていた。また自由党はケベック州でもケベック党に対抗する野党第一党であったので，住民投票における独立反対派の中心となったのも自由党であった。

　クレティエン首相と自由党指導部は，ケベック州における分離独立住民投票の実施に反対してきたことから，住民投票キャンペーンのフォーマット，特に住民投票の「問い」の文言を強く批判することになった。何が問題にされたかというと，シンプルにカナダからのケベック州の分離独立の是非が問われたわけではなく，ケベック独立後のカナダとの間での新たな政治的，経済的パートナーシップにもとづいて独立することの是非を問うという，独立反対派の立場からすれば非常に不明確な文言になっていたことであった。いわば，ケベック州がカナダから「分離して独立」するのではなく，「分離しないで独立」するように聞こえる文言であったことが，住民投票で一票を投じる有権者を混乱させることになるというのが，クレティエン首相や自由党の批判だったのである。

　ちなみに，なぜこのような「問い」の文言になったかと言えば，分離独立後のケベックの行く末について不安を抱く人々に，安心して賛成投票させるための手段として，独立賛成派のケベック党によって「パートナーシップ」に関わる文言が付け加えられたからであった。その意味では，クレティエン首相の批判は的を射ていた側面はたしかにあった (Keating 2001, 82-97)。

　しかしながら，住民投票キャンペーンの中で，このような住民投票の文言に関する批判が，独立反対派の運動を展開する上で足かせになったのである。先述のように，先進国における分離独立問題では経済的な要因が決定的な重要性を持っていると考えられる。そこで，独立反対派の立場からすれば，分離独立は経済的に大きなマイナスとなることを住民に対して強くアピールしなければならない。ケベック州における 1995 年の住民投票では，クレティエン首相や自由党政権が住民投票の文言について強い批判を展開していた経緯があったために，住民投票において賛成多数の結果となった場合に，連邦政府がケベック州の独立を承認するのかどうか，という点について明確に回答することはなかった。

　住民投票で分離独立が賛成多数となった場合に連邦政府としてどうするのか，と何度も問われたにもかかわらず，クレティエン首相は不明確な文言にもとづいて実施される住民投票の民主主義的正統性を批判する一方，ケベッ

ク州の住民はカナダの一員であり続けることを選択するに違いないとして，賛成多数の結果が出ること自体を否定し続けたのである。また，「もし住民投票で賛成多数となったらどうするのか」，といった仮定の質問には答える必要はないという態度も見られた(Young 1999, 53-57)。

　住民投票において分離独立が承認されるシナリオを頭から否定するクレティエン首相など独立反対派の戦術は，振り返ってみると賛成派の最大の攻撃手段を奪うことになったと言っても誇張ではない。なぜなら，分離独立住民投票の最大の争点である経済問題に関して，賛成派に対する攻撃の手を緩める結果をもたらしたとすることができるからである。住民に対して分離独立の経済的デメリットを強調するためには，いったん分離独立が実現するシナリオを想定した上で，それが住民にとっていかに経済的な損害をもたらすことになるのか，ということを明確に目に見える形で指し示すことが決定的に重要である。しかしながら，クレティエン首相など独立反対派は，ケベック州が分離独立するシナリオを初めから否定することにより，住民に対して分離独立の経済的デメリットを十分に意識させることができなくなったとすることができる。

　経済的な争点に関する独立反対派の主張は，カナダからケベック州が分離独立することは経済的な不安定をもたらすことになるので，そのような不確実な将来を選択するのは賢明ではない，というような一般的，抽象的なものにとどまることになった。その結果，独立賛成派が，経済的不安定に関する反対派の主張は単なるブラフ(はったり)にすぎない，住民投票で分離独立が承認されればカナダの連邦政府はケベックとの間で独立前と同じように緊密な経済関係を維持することになる，なぜならそれがカナダとケベックにとってお互いの経済的な利益だからだ，という主張を展開するのに対して，反対派による有効な議論は展開されなかったのである(Young 1999, 48-52)。

　1995年10月30日の投票日が近づくにつれて，次第に賛成派が優勢になっているのではないかという見方が強まり，世論調査においてもそのような結果が示されるようになった。このように住民投票キャンペーンの終盤になって分離独立が可決される可能性が高まる中，追い詰められたクレティエン首相と独立反対派は2つの対応をとることにした。ひとつは，それまでカナダ憲法における連邦制のシステムはケベック州の独自性を十分に反映できるほど柔軟なので，連邦制の改革については考えていないという立場をとっ

てきたのを，ケベック州へのさらなる自治権拡大を約束することにしたのである。まさに1980年の住民投票でトルドー首相が行ったのと同じような方策，すなわち住民投票で分離独立を否決すればケベック州への自治権拡大実現に向けて努力するという立場を打ち出すことにより，住民投票での反対票の底上げを狙ったわけである(Young 1999, 58-59)。

　分離独立反対派のもうひとつの対応は，ケベック州の内外に住んでいる人々を集めた10万人の大規模なカナダ団結集会(Unity Rally)を開いて，ケベック州のカナダへの残留を強く呼びかけたことであった。住民投票において分離独立の是非を決めること自体はケベック州の住民が決定する事柄であるが，ケベック州以外の人々もケベックの分離独立の影響を受けざるを得ないので，彼らにケベック州の住民に対してカナダから離脱しないように呼びかけさせたわけである。

　カナダ各地から多くの人々をケベック州で行われた団結集会に参加させるために，航空会社や鉄道会社，バス会社などが格安のチケットを販売する一方，団結集会に参加できないカナダ人には電話会社がケベック州向け無料通話サーヴィスを提供して，ケベック州住民に対してカナダ残留を呼びかける手助けをすることになった(Keating 2001, 82-97)。このような住民投票キャンペーン終盤での独立反対派による，なり振り構わない対応が，最終的には独立への反対票が僅差で賛成票を抑える結果につながったと言えるかもしれない。

6　スコットランド独立をめぐる対照的な将来像

　分離独立が実現する際，住民投票による承認を経て独立する場合もあるが，そうでない場合も少なくない。たとえば，1993年1月に東ヨーロッパのチェコスロヴァキアがチェコとスロヴァキアという2つの国家に分離した，いわゆる「ビロード離婚(Velvet Divorce)」[8]の際には，いずれの側でも分

8　チェコスロヴァキアの共産主義体制の自由化，民主化は，暴力的な衝突を伴うことのない無血革命によって達成されたことから，「ビロード革命(Velvet Revolution)」と呼ばれるようになった。その後，チェコスロヴァキアのチェコとスロヴァキアへの国家分離についても，「ビロード革命」と同様に暴力を伴うことなく達成されたことから，「ビロード離婚」という呼び名がつくことになった。

離独立をめぐる住民投票は行われなかった。チェコとスロヴァキアの主要政党が国家の二分割に合意した結果，住民投票を行わずに分離独立が実現したわけである（Young 1994a）。

　しかしながら，2011年にスーダンから分離独立を遂げた南スーダンでは，国連の監視下で分離独立の是非をめぐって住民投票が行われ，圧倒的多数の賛成によって独立を達成したように，近年では住民投票の手続きをとる場合が多く見られるようになっている。スコットランドの分離独立を目ざす政党，スコットランド国民党（SNP）も分離独立の是非を住民投票によってスコットランドの人々に問うことを公約として掲げてきた。そして，2011年のスコットランド議会選挙でSNPが過半数議席を獲得した結果，スコットランドにおいて分離独立をめぐる住民投票が実施されることになったわけである（Mitchell, Bennie and Johns 2012）。

　ただ，第一章で見たように，法的に言えば，分離独立をめざしていたSNPがスコットランド議会で過半数議席を獲得したことにより，分離独立をめぐる住民投票を合法的に実施できるようになったわけではないことに注意しなければならない。なぜなら，イギリスの国家構造に関する権限は，権限移譲を定めた1998年スコットランド法に示されていたように，スコットランド議会ではなくイギリス議会が持っているからである。それゆえ，スコットランド議会で過半数議席を有するSNPには，分離独立住民投票を実施する民主主義的正統性があったと言えるかもしれないが，そのような住民投票を実施する法的な権限があったわけではなかった（Lynch 2013, 283）。

　そこで，分離独立住民投票をいつどのような形式で行うのか，という問題をめぐって，スコットランドのSNP政権とイギリスの保守自民連立政権との間で交渉が行われることになった。交渉の結果，2012年10月にイギリスのキャメロン首相とスコットランドのサーモンド首相（第一大臣）との間でエディンバラ協定が結ばれた。この協定では，2014年中に住民投票を実施することが合意される一方，住民投票の選択肢については分離独立への賛否という二択に限られることになり，最大限の権限移譲というSNPが求めたもうひとつの選択肢は排除された。さらに，住民投票で問われる文言については独立機関である選挙委員会が責任を持って明確な内容とすること，そして，スコットランド政府とイギリス政府は住民投票の結果を尊重すること

が合意された(HM Government and the Scottish Government 2012)[9]。また，住民投票で投票できる有権者資格は，イギリスの通常の有権者資格である18歳以上の男女ではなく16歳以上の男女に引き下げられることになった(*The Scotsman*, 28 June 2013)。

先ほど見たカナダのケベック州の事例と比べると，スコットランドにおける分離独立住民投票は大きな違いがあることに気づかされるであろう。すなわち，ケベック州の住民投票については，その合法性や文言の不明確さについてカナダのクレティエン首相や連邦政府が厳しい批判を加えることになったのに対して，スコットランドの住民投票については，投票が行われる前にイギリス政府とスコットランド政府の間でエディンバラ協定という形の合意が成立し，それを受けて合法的かつ明確な文言でスコットランドの分離独立の是非が問われることになったのである。ちなみに，イギリスの選挙委員会によって提示された住民投票の「問い」の文言は，次のようにシンプルかつ明快なものであった。「スコットランドは独立国となるべきですか(Should Scotland be an independent country?)」(Electoral Commission 2013, 33)。

さらに，住民投票で独立賛成票が多数となった場合の対応についても，カナダ政府とイギリス政府の立場は対照的なものであった。カナダのクレティエン首相は住民投票において分離独立が可決された場合にどうするのか，という仮定の質問には答えない姿勢をとり続けたのに対して，イギリスのキャメロン首相は分離独立に賛成多数という結果が出た場合には，スコットランドの人々の判断を尊重して独立を承認することを明言していたのである(*The Scotsman*, 16 October 2012)。

以上のような住民投票の実施をめぐるカナダとイギリスの中央政府の対応の違いは，独立反対派の住民投票キャンペーンにおける戦術に大きな影響を与えることになった。上述のように，カナダでは住民投票キャンペーンにお

9　分離独立住民投票については，独立を求めるスコットランドだけでなく，イギリスを構成するそれ以外の地域(イングランド，ウェールズ，北アイルランド)でも実施し，2つの住民投票の両方で賛成多数とならなければスコットランドの独立は認められないという見方もあったが，イギリス政府の採用するところにはならなかった。世界各地でこれまで行われてきた分離独立住民投票において，独立を求める地域だけで住民投票を行うという慣行がほぼ成立していたことが影響していたと考えることができるだろう(Qvortrup 2012)。

いてケベック州の分離独立が実現するシナリオを否定することによって，ケベック独立後の経済的なデメリットを強調することが困難になってしまったのに対して，イギリスでは住民投票の結果次第でスコットランドが独立することを認めることにより，反対派は独立後の経済的なデメリットについて多様な側面から指摘することができるようになったのである。これによってスコットランドでは，分離独立住民投票の最大の争点である経済をめぐる問題で，独立反対派がかなり有利な立場を占めることになったと言えるだろう。

　2012年春に「イエス・スコットランド」（独立賛成派）と「ベター・トゥギャザー」（独立反対派）の超党派団体が立ち上げられてから，2014年秋の住民投票の投票日まで，ほぼ2年半にわたる長いキャンペーンの中で，経済，福祉，外交，安全保障など実にさまざまな争点をめぐって，賛成派と反対派がスコットランド独立の是非をめぐって議論を戦わせた。そして，住民投票の投票日が近づくにつれて，次第に主要争点として経済に関わる問題が浮上した。

　2014年初頭に行われた世論調査において，住民投票の帰趨を決すると思われる要因が浮き彫りにされた。それによると，イギリスからの分離独立に

イエス・スコットランド（独立賛成派）（力久昌幸撮影）

ベター・トゥギャザー（独立反対派）（力久昌幸撮影）

よって年間500ポンド（1ポンド＝約180円という当時の為替レートで計算すると9万円）豊かになる場合に，住民投票でどのような投票をするのか聞くと，回答者の実に52％が独立に賛成投票すると答えていた。それに対して，反対投票すると答えた割合は30％にとどまった。これは，スコットランドの人々は，経済的なメリットについて確信することができれば，分離独立を支持する用意があるということを示していた。

一方，経済的なデメリットが明らかな場合の投票行動意図について，世論調査は非常に明確な結果を指し示していた。分離独立によって年間500ポンド貧しくなる場合には，独立に賛成が15％にまで激減し，反対が72％と圧倒的になっていたのである。このように，独立賛成派としては，スコットランド独立によって人々の生活が目に見えて良くなることを説得できるかどうかが，住民投票での賛否の鍵を握っていたことが，よく分かる調査結果が示されていた（Curtice 2014）。

このように，分離独立は経済的に得なのかあるいは損なのか，といういわば「損得勘定」が，人々の選択を大きく左右するであろうということが明ら

かだったために，住民投票の争点の中でも，特に経済に関する争点に焦点が当てられていった。まさに，分離独立を促進あるいは抑制する要素として，経済的要因の重要性について独立賛成派，反対派ともに強く意識していたわけである。

　スコットランド独立が経済にどのような影響をもたらすのかという点に関して，有権者は 2 つの対照的な将来像を提示されることになった。すなわち，SNP 政権など独立賛成派の主張では，イギリスの中でもスコットランドは豊かな経済を持っており，その発展可能性は独立によってさらに高まるとされていた。そして，スコットランドと同規模の経済を持つヨーロッパ諸国は，概してイギリスよりもよい経済パフォーマンスを見せており，もしスコットランドが過去 30 年間にこれらの諸国と同程度のパフォーマンスを達成していれば，1 人あたり年間 900 ポンド豊かになっていた，という主張で独立の経済的メリットが示されることになった（Scottish Government 2013, 88）。また，北海油田や生産性向上にもとづく税収増加により，独立後 15 年のうちに 1 人あたり年間 1000 ポンド豊かになるという主張もなされていた（Scottish Government 2014）。

　これに対して，イギリスの財務省などの経済予測にもとづく独立反対派の主張では，スコットランドはイギリスの一員であることにより，現在 1 人あたり年間 1400 ポンドのメリットを手にしているが，独立によってこうしたメリットが失われる危険が示された。なお，1400 ポンドのメリットのうち，かなりの部分はイギリスの全国平均よりも 1 人あたり 10% 以上高い公共支出にもとづくものであった。さらに，イギリスの一員であることは，近年の金融危機で困難に陥ったスコットランドの銀行に対する救済策が示すように，経済危機に対処するために不可欠な保険としても大きな意味を持っていることが強調された（HM Government 2014b）。

　以上のように，スコットランド独立後の経済的将来像について，独立賛成派と反対派は全く相対立するイメージを提示して，独立への賛否を決めかねていた浮動層の取り込みを図ったのである。その際，独立もしくは残留のメリットを示すだけでなく，それぞれのデメリットを強調するネガティヴ・キャンペーンに力が入れられた。

7　EU加盟問題

　次に，分離独立住民投票の主要な争点となった経済問題と密接に関係するEU加盟問題を取り上げて，検討することにしよう。

　さて，そもそもスコットランドは独立国となることができるのだろうか。この点に関しては，独立賛成派のSNPはもちろん，スコットランドの分離独立に反対するキャメロン首相も認めていた。たしかに，人口6000万人を超えるイギリスやフランスに比べれば，500万人を少し超える程度のスコットランドが独立すれば，小国となることに間違いないかもしれない。しかし，EUに加盟しているヨーロッパの国々の中で，独立したスコットランドが特に小さい部類に属するというわけではない。表5-1が示しているように，EU加盟国の中で独立したスコットランドは人口が少ない方の国とはなるが，それでもアイルランドよりも多く，フィンランドやデンマークとほぼ同程度の人口となっている。その意味では，もし独立を達成すれば，スコットランドは北欧の小国と同じような規模の国になるわけである。

　住民投票で一票を投じるスコットランドの人々にとっての問題は，スコットランドが独立国となることが可能かどうかではなく，イギリスにとどまるよりも独立する方が望ましいのかどうか，そして，もっとあからさまに言えば，イギリスからの独立は得なのか損なのかということに尽きる，と言っても大袈裟ではなかったのである。

　住民投票において分離独立賛成多数という結果が出ていたならば，スコットランドがイギリスから独立する帰結がもたらされただろう。それは，スコットランドが新規独立国となる一方で，残されたイングランド，ウェールズ，北アイルランドが，それまでのイギリス，すなわち連合王国を引き継ぐ継承国家となることを意味する。そのことは，継承国家であるイギリス，もしくは「イングランド，ウェールズ，北アイルランド連合王国」は，国連やEU，NATOなど，それまでイギリスが加盟していた国際機関における加盟国としての資格を維持するのに対して，新規独立国のスコットランドは，国連などさまざまな国際機関に対して新たに加盟の手続きが必要になることを意味していたのである。

　このうち国連加盟については，2011年に独立した南スーダンが比較的スムーズに加盟を認められたということから，スコットランドの加盟について

もさほど問題はないと思われていた。しかしながら，EUやNATOなどへの加盟については，国連加盟ほどスムーズに実現するわけでないと見られていた(Fleming 2014)。

スコットランドが独立した場合，最も重要な国際的な関係がEUであることは間違いない。もちろん，独立したスコットランドがEUに加盟しない道を選ぶこともできるわけだが，SNP政権をはじめとして，スコットランドの分離独立を求める人々の多くはEU加盟がスコットランドの利益になるとしていた。なお，SNPは当初，EU加盟国であるイギリスから分離独立するスコットランドは，自動的にEU加盟国となることができるという主張をしていたが，現実には自動的なEU加盟はほぼ不可能であることが明らかなために主張を改めることになり，新規独立国のスコットランドをEUの側は歓迎し，比較的短期間でEU加盟が達成されると主張するようになった(Torrance 2013, 124-138)。

スコットランド独立に向けた青写真を示したSNP政権の政府白書によれば，2014年9月18日の住民投票で賛

表5-1 スコットランド独立とEU加盟国の人口および面積

	人口(万人)	面積(万平方キロ)
マルタ	42	0.03
ルクセンブルク	55	0.26
キプロス	86	0.93
エストニア	131	4.5
スロヴェニア	206	2.0
ラトヴィア	219	6.5
リトアニア	297	6.5
クロアチア	428	5.6
アイルランド	459	7.3
スコットランド	533	7.8
スロヴァキア	541	4.9
フィンランド	543	33.8
デンマーク	562	4.3
ブルガリア	732	11.1
オーストリア	845	8.4
スウェーデン	956	45
ハンガリー	990	9.3
ポルトガル	1,049	9.2
チェコ	1,051	7.9
ベルギー	1,120	3.0
ギリシャ	1,132	13
オランダ	1,679	4.2
ルーマニア	1,904	23.8
ポーランド	3,853	32.3
スペイン	4,672	50.6
イギリス (※スコットランド除く)	5,877	16.6
イタリア	5,940	30.1
フランス	6,582	54.4
ドイツ	8,052	35.7

出典　外務省ホームページ，各国・地域情勢(http://www.mofa.go.jp/mofaj/area/index.html)，2014年7月25日参照。Iain McLean, Jim Gallagher and Guy Lodge, *Scotland's Choices*, second edition (Edinburgh: Edinburgh Univesity Press, 2014), p. 33.

成多数の結果が出て，2年後の2016年中に独立を達成することになっていた。2016年中の独立と同時にEU加盟も達成することで，スコットランドが一時的にEUの非加盟国となる期間をなくすことができるとされていたのである（Scottish Government 2013, 220）。要するに，スコットランドは2016年まではイギリスの一部として，そして，2016年以降は新規加盟国としてEUの域内にとどまりつづけるということが想定されていた。

これまで既存のEU加盟国が分裂することによって新たな独立国家ができた事例は見られないので，スコットランドの分離独立に伴ってEUがどのような対応をするのかは明らかではなかった（Kenealy 2014）。ただ，1990年の東西ドイツ統一のように分裂していた国家が統一した場合には，それまでEUの域外であった東ドイツの加入について比較的柔軟な対応が見られたことから，スコットランドのEU加盟についてもスムーズな進展が期待できるという見方もあった。

しかし，EUへの新規加盟が実現するためには，既存のすべての加盟国の承認が必要なことから，イギリスと同じように国内に分離独立問題を抱えているスペインなどの加盟国が，自国の分離独立勢力を牽制するためにスコットランドのEU加盟を妨害する可能性は否定できないところがあった（Walker 2014）。少なくとも，スコットランドのEU加盟をスムーズかつスピーディーに実現することは，スペイン国内のカタルーニャやバスクなどの分離独立勢力を勢いづけかねない危険性があるために，スペインとしてはスコットランドのEU加盟交渉について消極的な姿勢をとらざるを得ないのではないかと考えられていた。

さて，EUに新規加盟が認められるためには，いわゆるコペンハーゲン基準を満たさなければならない（辰巳 2012, 246-247）。コペンハーゲン基準は，民主主義，法の支配，人権などの政治的条件，機能する市場経済などの経済的条件，そして，アキ・コミュノテールと呼ばれる膨大なEUの法体系に関わる法的条件などによって構成されているが，スコットランドはすでにEU加盟国であるイギリスの一部であったことから，コペンハーゲン基準を満たすのに大きな問題はないように思われるかもしれない。ただし，難しい問題として挙げられるのが，EUに新たに加盟する国は，EUの通貨同盟を受け入れること，すなわちユーロへの参加を義務づけられているという点である。イギリスはEUの単一通貨ユーロに参加しなかったが，それはEUを設

立したマーストリヒト条約においてユーロに参加しない権利，すなわちオプト・アウトの権利を獲得したことにもとづいていた（力久 2003, 51）。

　近年のユーロ圏債務危機などの影響で，イギリスではユーロ参加への反対が圧倒的多数となり，スコットランドでも同じような状況が見られるようになった。そのため，SNPは，以前はスコットランドが独立した暁にはユーロを採用するとしていたが，ユーロ危機の影響もあってユーロ参加を否定するようになった。しかしながら，EUへの加盟を新たに求めるスコットランドに対して，ユーロ参加に関してイギリスと同様のオプト・アウトがすんなり認められるとは考え難いところがあった。独立を遂げたスコットランドが，すぐにユーロを導入するのは実際には無理であるが，近い将来ユーロに参加するというコミットメントを示すことがEU加盟の条件となる可能性は十分に予想できるものであった。なお，住民投票で分離独立が承認された場合に，スコットランドの人々の間で不人気なユーロ参加を受け入れる妥協をしてまでEU加盟を追求するのか，あるいは，ユーロ参加を嫌ってEU非加盟の道を選ぶのか，という問題について，SNPの態度は明確なものとは言い難いところがあった。

　ところで，イギリスがEUから認められていたオプト・アウトはユーロ参加にとどまるものではなかった。欧州統合に消極的な態度が顕著なイギリスは，EUのさまざまな政策分野で自国にとって望ましくないと考えるEU法について適用除外を獲得してきたのである。たとえば，EUではいわゆるシェンゲン協定にもとづいて，EU域内であればパスポートのチェックなしに自由に国境を越えることができるようになっているが，イギリスはアイルランドとともにシェンゲン協定からオプト・アウトして，二国間で共通旅行圏（Common Travel Area）を構成することになった。それにより，イギリスとアイルランドの間ではパスポート・コントロールなしでの旅行が可能なのに対して，他のEU加盟国との間ではパスポート・コントロールが存在することになったのである。

　独立したスコットランドが，シェンゲン協定からのオプト・アウトを獲得できるかどうかは，大きな問題となっていた。もしスコットランドがシェンゲン協定に組み込まれれば，エディンバラからパリに行く際のパスポート・コントロールはなくなるが，ロンドンに行く際にはパスポート・コントロールを受けなければならなくなるからである。スコットランドとイングランド

の間の交通の密度からして，パスポート・コントロールなどの国境管理が導入されれば，大きな混乱をもたらすと考えられていた。

　また，オプト・アウトではないが，財政面でイギリスがEUの中で特別な扱いを受けてきた事例がある。イギリスは自国のEU財政に対する負担が大きすぎるとして，1980年代のサッチャー政権の時期から恒常的にかなりの額の還付金を受けるようになっていた。ちなみに，なぜイギリスの負担が大きかったかといえば，当時は，そしてその後もある程度あてはまるが，EU財政のかなりの部分が農業保護に使われていて，フランスやスペインなど比較的農業が盛んな国は大きな利益を受けていたのに対して，イギリスのように経済に占める農業の割合が小さな国は，あまり利益を受けることができなかったということがあった。その結果，近年になってもイギリスは年間30億ポンドを超える還付金をEUから受け取ってきた（HM Treasury 2013, 47）。

　さて，SNPはスコットランドが独立してもイギリスの還付金の一部を受け取ることができると主張してきたが，新規加盟国となるスコットランドにそのような特別な配慮がなされるとは考え難いところがあった。そして，もしEU加盟に際してスコットランドが還付金を失えば，単純計算でスコットランドの国家財政は3億ポンドほど減少することになっていたのである（McLean, Gallagher and Lodge 2014, 40-41）。

　住民投票で分離独立が認められた後，将来的にどこかの時点でスコットランドがEU加盟国となることには疑いはなかった。SNPが主張するように，スコットランドはEU加盟国であるイギリスの一部となっていたので，独立に伴ってコペンハーゲン基準などのEU加盟に必要な条件を満たすうえでそれほど困難はなかっただろうと考えられるからである。しかしながら，加盟までにどれぐらいの時間がかかるのか，そして，どのような条件で加盟するのか，特にユーロやシェンゲン協定への参加が義務づけられるのか，あるいは，EU財政からの還付金がなくなるのか，という問題については，スコットランドとEUとの間での交渉によって決まることになっていた。それゆえ，独立したスコットランドのEU加盟交渉の行方は不確定というのが正直なところだったのである。

8　通貨問題と「恐怖のプロジェクト」

　スコットランドのEU加盟と結びついている問題であるが，スコットラン

ドが分離独立後にどのような通貨を使うようになるのかという問題は，分離独立の経済的なメリット，デメリットの問題と深く関わっていると言うことができる。そして，「ベター・トゥギャザー」など独立反対派は，スコットランド独立論の最大の弱点として，ネガティヴ・キャンペーンの攻撃を通貨問題に集中させた。

スコットランドがイギリスから分離独立を果たした場合，どのような通貨を採用するのかという問題は，独立国となったスコットランドにとって経済的に最も重要な決定であると言われてきた（McLean, Gallagher and Lodge 2014, 46）。スコットランドには大きく分けて3つの選択肢が存在していた。第一に，新しくスコットランド独自の通貨を創造するという選択肢。第二に，EU加盟が前提となるがEUの単一通貨ユーロを導入するという選択肢。そして，第三に，それまでと同様に独立後もイギリスのポンドを使い続けるという選択肢であった。

第一の選択肢，すなわちスコットランド独自の通貨を創造・発行するというのは，不可能というわけではなかった。むしろ，スコットランドと同程度もしくはスコットランドよりも小さな経済規模の国でも，独自の通貨が使われている例は数多く見られるのである。たとえば，スコットランドとほぼ同程度の人口を持つデンマークは，ユーロに参加せず独自の通貨クローネを使用しているが，それによって困難が生じているわけではない。

ただ，新たに誕生することになるスコットランドの独自通貨については，その導入後しばらくの間はイギリスのポンドや他の主要通貨との間で為替相場が安定せず，大きく変動する恐れが強いと思われていた。特に，スコットランドでは北海油田から多くの石油が産出されているので，石油価格の変動が通貨の為替相場を大きく変えることになると考えられていたのである。こうした為替相場の変動は，スコットランドにとって最も重要なイギリス，すなわちイングランド，ウェールズ，北アイルランドとの経済関係に混乱を引き起こし，その結果としてスコットランド経済に悪影響がもたらされることが予想されていた。

第二の選択肢，すなわちスコットランドがユーロを導入するのも可能であるように見える。しかしながら，新たに独立国となったスコットランドがユーロを導入する手続きは，必ずしも明らかにはなっていなかった。EUではユーロ参加について，マーストリヒト条約で定められたいわゆる収斂基

準が存在し，物価や金利，政府財政などの基準に関して，それらを満たした加盟国についてユーロの導入が認められることになっている。その収斂基準の中に，その国の通貨がEUの為替相場メカニズム（ERM：Exchange Rate Mechanism）に参加し，その中で他の加盟国の通貨に対して切り下げることなく2年以上一定の変動幅の中に収まること，という基準がある。スコットランドの場合，独立する前のイギリスの通貨ポンドは為替相場メカニズムに参加していないので，まずは独自の通貨を作って為替相場メカニズムに参加し，そのうえで2年以上にわたって為替相場の安定を達成することが必要とされた。為替相場の基準に加えて，その他の基準についても満たしていれば，ようやくユーロへの参加が認められることになるのである（McCrone 2013, 58-61）。

近年のユーロ圏債務危機の影響でスコットランドではユーロ参加について消極的な見方が広がっているが，このように大きな努力をしてまでユーロを導入することについては，分離独立をめざすSNPも立場を改めることになり，独立したスコットランドへのユーロ導入については消極的な態度を見せるようになった。

第三の選択肢，すなわち独立後もイギリスのポンドを使うには，大きく分けて2つのやり方があった。ひとつは，イギリスの承諾なしに，一方的にスコットランドの国内でポンドを使い続けるという方法であった。世界の中にはこのような形で他国の通貨を自国経済で流通させている国がいくつか見られる。たとえば，アメリカのドルを使っている中米の国パナマや，EU加盟国ではないにもかかわらず国内でユーロを使用しているモンテネグロ（旧ユーゴスラヴィアから独立）などの国がある。

しかし，このように他国の承諾もなしに一方的にその国の通貨を使用するのは，パナマやモンテネグロのように経済があまり発展していない国に限られ，スコットランドのように豊かで発展した経済を有するにもかかわらず，通貨についてそのような形態をとる国はない。また，スコットランドの経済は銀行などの金融業の占める比重がかなり高いのが特徴となっているが，スコットランドが使用する通貨に関して最終的な責任を負うべき中央銀行が存在しなければ，金融危機に対処するための主要な手段がないという危険が生じることになるという指摘もあった（イギリスの中央銀行イングランド銀行は独立したスコットランドの経済に対する責任を負わない）。

そのため，スコットランドが独立後もイギリスのポンドを使い続けるもうひとつのやり方，すなわち独立したスコットランドとイギリスの間で現在のEUにおけるユーロ圏と同様に公式の通貨同盟を形成するというのが，独立に伴う経済的な混乱を最小限にとどめる策として推奨されることになったのである。また，これはSNP政権によって，独立後のスコットランドの通貨に関する立場として打ち出されることになった。SNPによれば，公式の通貨同盟の下で独立後もスコットランドがポンドを使い続けることが，スコットランドのみならずイギリスの経済的な利益にもなるとされていたのである（Scottish Government 2013, 110-112）。

　たしかに，同じ通貨を使い続けることにより，為替相場の変動などのリスクをなくすことができるので，独立後のスコットランドとイギリスの経済関係を良好に保つことができると考えられた。そして，スコットランドの人々が抱いていた独立後の経済的な不安を和らげるうえで，信頼性ある通貨ポンドを引き続き使用可能であることを保証するのは，住民投票で賛成多数の結果をめざすSNPなど独立賛成派にとって不可欠と言っても誇張ではなかった。

　しかしながら，独立後のスコットランドとイギリス，すなわち残されたイングランド，ウェールズ，北アイルランドで構成される連合王国との間での通貨同盟の形成は，スコットランドの一存で決定できる問題ではなかった。イギリスの側がスコットランドとの通貨同盟の形成（もしくは独立後の継続）を承諾しなければならないのである。そして，イギリス政府，すなわち保守党と自由民主党の連立与党に加えて，野党第一党の労働党も含め，イギリスの主要政党は分離独立後のスコットランドとの通貨同盟を否定することにより，ポンドの継続使用に関するSNPなど独立賛成派の保証を掘り崩すことになった。

　具体的には，第二章で見たように，主要全国政党の財務担当者によって，独立後のスコットランドはポンドを使用できないということが強調された。すなわち，保守党のオズボーン財務相，自由民主党のアレクサンダー財務首席担当相，労働党のボールズ影の財務相の3人が，スコットランドが独立した場合には，ポンドを継続使用することは不可能であるという立場を明らかにしたのである（*The Daily Telegraph*, 14 February 2014）。その結果，2015年に予定されていた次期総選挙でどの政党が勝利したとしても，独立と同時に

スコットランドがポンドを失うことが有権者に強く印象づけられることになった(Macwhirter 2014, 385-390)。

イギリスの主要政党が，なぜスコットランドに引き続きポンドを使用することを認めなかったのかといえば，近年のユーロ危機が示したように，通貨同盟がうまく機能するためには銀行同盟(金融業に対する一元的な規制)，財政同盟，政治同盟が必要となるが，スコットランドが独立すれば，当然のことながら財政面，政治面での独自性が高まるので，ユーロ危機と同様のポンド危機が発生する危険が高まる，というのが主な理由であった。それゆえ，スコットランドが引き続きポンドを使い続けることを求めるならば，分離独立せずイギリスに残留することが前提であり，もし独立するのであれば通貨についてはポンド以外の選択肢をとらなければならない，ということになるわけである(Osborne 2014; *The Guardian*, 13 February 2014)。

スコットランドの分離独立に反対する保守党，労働党，自由民主党の主要政党は，スコットランドの人々に分離独立してユーロその他の新たな通貨を選ぶのか，あるいは，イギリスに残ってポンドを使い続けるのか，非常に厳しい選択を迫っていたと言うことができるだろう。

ちなみに，分離独立かポンドかというような独立反対派が迫った二者択一に対して，SNPはそのような二者択一は住民投票キャンペーンにおける反対派の単なるブラフ(はったり)にすぎず，住民投票で独立が決まるとイギリス政府は立場を改めてスコットランドにポンド使用を認めるようになると反論した。なぜなら，それがイギリス自体の経済的な利益にもなるからだ，というのがSNPの主張であった。

さて，分離独立反対派の主張はブラフであるとかはったりであるという反論は，カナダからのケベック州の分離独立を求めたケベック党の議論とほぼ同様のものであるとすることができる。しかしながら，ケベック州とスコットランドの事例で大きく異なるのは，スコットランドにおいては独立反対派が分離独立の可能性を認めた上で，独立に伴う経済的なデメリットを目に見える形で明確に示したところである。さらに，スコットランドの場合には，政党や政治家だけでなく，イギリスの中央銀行であるイングランド銀行の総裁や財務省の官僚からも，スコットランド独立後の通貨同盟はスコットランドとイギリス双方の利益にならないとする見解が示されたのである(HM Government 2014b; Carney 2014)。

こうして，少なくとも通貨問題に関する限り，SNPの反論にもかかわらず，スコットランドの人々は独立すればポンドを失うというシナリオを現実味を持って感じざるを得なくなっていた[10]。

　なお，分離独立住民投票の主要争点となった経済問題と密接に関係するEU加盟問題と通貨問題をめぐって，独立反対派は「恐怖のプロジェクト」とも呼ばれるネガティヴ・キャンペーンに力を入れたわけだが，ネガティヴ・キャンペーンは必ずしも独立反対派に限定されたわけではなかった。独立賛成派は，スコットランドがイギリスから独立すべき主要な理由として，民主主義の促進を挙げていた。第二次世界大戦後，スコットランドはスコットランドの選挙区議席の過半数を持たない（すなわちスコットランド人の信任を得ていない）政府によって，長い間統治されてきたという，いわゆる「民主主義の赤字」の問題に焦点が当てられることになった[11]。

　1999年のスコットランド議会設立により権限移譲が実施されたことで，「民主主義の赤字」はある程度縮小していた。それでも，イギリスの政府によってマクロ経済や社会保障など重要な政策分野が握られていたことから，スコットランド人の信任を得ていない政府によって，望んでいない政策が「押しつけられる」可能性は残っていた。実際，スコットランドでは2割程度の議席しか持たなかった保守自民連立政権の緊縮政策については，スコットランド人の多くが反発していた。こうした状況の下で，独立賛成派は，分離独立によって「民主主義の赤字」は解消され，スコットランド人は自分たちが選挙で信任した政府によって常に統治される，という議論を展開したの

10　エディンバラ選出のSNPスコットランド議員，ジム・イーディー（Jim Eadie）は，イングランドとの間での共通通貨としてポンドを継続使用するという主張以外に，別の選択肢（いわゆるプランB）についてあらかじめ綿密な検討をしていなかったことが，独立賛成派のアキレス腱として反対派が通貨問題を利用することを許すことになったとして，SNPのサーモンド首相が主導した住民投票戦略のあり方に疑問を呈した（著者とのインタビュー，2016年3月10日）。

11　イングランド人の父親とスコットランド人の母親の間に生まれ，イングランドで育った「イエス・スコットランド」の専従活動家ゲイル・リスゴー（Gail Lythgoe）は，自らの出自を例に挙げて，スコットランド独立の問題はアイデンティティの問題ではなく，民主主義の問題（民主主義の赤字解消）であるということを強調していた（著者とのインタビュー，2014年3月14日）。

である (Scottish Government 2013, 40-41)。

　「民主主義の赤字」解消のための独立という主張は，一見ポジティヴな独立論に見えるが，その中に強力なネガティヴ・キャンペーンが盛り込まれていた。それは，住民投票で分離独立が否決された場合の危険に関連する議論であった。住民投票キャンペーン終盤の世論調査において，反対が賛成に10ポイント程度の差を維持していたことから，独立賛成派は，住民投票における独立否決は重大な危険をもたらすという主張で起死回生を図ることになった。具体的には，イギリスの公的な医療制度であるNHS（国民保健サーヴィス）が，緊縮政策を追求する保守党中心の連立政権によって「民営化」される危険性が強調されたのである (*The Daily Telegraph*, 1 August 2014)。戦後確立したNHSはイギリス国民の幅広い支持を集めていたが，特にスコットランドでは，NHSを公的制度として維持することの重要性が強く意識されていた。それゆえ，独立賛成派によるNHS「民営化」の危険をアピールするキャンペーンは，大きなインパクトをもたらすことになった。実際，世論調査において独立をめぐる賛否は投票日が近づくにつれて劇的に接近し，調査によっては賛成が反対を上回るものも見られるようになったのである (*The Sunday Times*, 7 September 2014)。

　なお，住民投票における投票行動を分析した研究によれば，スコットランド労働党およびスコットランド自由民主党の支持者のうち，ほぼ3分の1にあたる人々が分離独立に賛成投票していた。これはSNPの支持者の約9割が賛成投票し，スコットランド保守党の支持者の約9割が反対投票していたのとは，かなり異なっていたとすることができる (Pattie and Johnston 2016)。住民投票キャンペーンにおいて，労働党や自由民主党が独立反対の立場を明示していたにもかかわらず，支持者のかなりの部分が党の方針と正反対の投票をしたことは，住民投票後に予定されていた2015年総選挙と2016年スコットランド議会選挙に向けて，両党の前途に暗い影を投げかけていたとすることができるだろう。

　「民主主義の赤字」解消のための独立という主張にもとづく，独立賛成派によるNHS「民営化」の危険を強調するネガティヴ・キャンペーンは，保守自民連立政権の緊縮政策に対するスコットランド人の不満を増大させることにより，分離独立を求める政治的意志を強化することになったと見ることができる。また，独立賛成派によるNHS「民営化」反対キャンペーンは，

保守党や自民党など連立与党だけでなく，野党の労働党も含めた主要政党はすべてイングランドの政党，すなわちイギリスの総人口の8割以上を占める支配的地域に地盤を置く政党であるとすることにより，スコットランドの「我々」とイングランドの「彼ら」という対立意識，そして，イングランドに対するスコットランドの反発を強めることになったとすることができるだろう。分離独立住民投票は，イギリスという国家の制度的デザインのアンバランスさ，すなわちイングランドの圧倒的なまでの存在感を，スコットランド人にあらためて強く意識させることになったのである。

　さて，第一章でも見たように，大差での勝利が予想されていたにもかかわらず，独立賛成派の追い上げによって住民投票が予断を許さぬ接戦となったことで，独立に反対する保守党，労働党，自由民主党の党首，すなわちキャメロン首相，ミリバンド労働党党首，クレッグ副首相は，デイリー・レコード紙に連名で「誓約」を掲載した。この「誓約」の中では，住民投票で独立が否決された場合に，スコットランド議会の権限を大幅に拡大することが約束された。また，その内容は，2015年5月に行われる総選挙に向けた各政党のマニフェストに明記された。それにより，総選挙でどの政党が勝利したとしても，スコットランドへのさらなる権限移譲は確実に実施される，ということが強くアピールされることになった。

　まさに，1980年と1995年のケベック州の住民投票でも見られたように，分離独立に傾きかけた有権者の支持を取り戻すために，住民投票における独立否決は，決して現状維持を意味するのではなく，スコットランドへの権限移譲の拡大につながることが強調されたのである。

おわりに

　スコットランドの独立をめぐる住民投票は，不透明なスコットランドの将来を象徴するような小雨まじりの曇天の下，2014年9月18日の午前7時より各地の投票所で一斉に開始された。分離独立問題に関する住民の関心の高さを反映して，午後10時に投票が締め切られたときには，スコットランドの有権者の実に84.6％が投票を行っていた。この84.6％という投票率は，2010年総選挙での63.8％，2011年スコットランド議会選挙での50.4％をはるかに超えて，20世紀初頭に普通選挙が導入されて以来，スコットラン

投票所(力久昌幸撮影)

ドの各種選挙で史上最高の数値となった[12]。そして,住民投票の結果は,独

---

[12] 「ベター・トゥギャザー」の専従活動家ナイジェル・アンソニー(Nigel Anthony)は,その時々の政権を選択するだけの総選挙などとは違い,分離独立の是非を問う住民投票はスコットランドの将来にとって計り知れない重要性を持っているため,投票率はかつてないほど高くなるだろうと予測していた。そして,「ベター・トゥギャザー」が勝利するためには,独立に反対する有権者をできる

立に反対が2,001,926票(55.3%)，賛成が1,617,989票(44.7%)で，約10ポイント差でイギリスからのスコットランドの独立が否決された(Electoral Management Board for Scotland 2014)。

　これは投票日の2週間ほど前から世論調査において賛成派と反対派の支持率が拮抗するようになっていた状況からすれば，反対派の巻き返しがある程度成功した結果と見ることができる。本章の議論をもとにして今回の住民投票の結果を一言でまとめると，「分離独立は経済的に損である」という損得勘定をした有権者がその逆の計算をした有権者を最終的にかなり上回った，とすることができるだろう。

　本章では，スコットランドの分離独立住民投票の事例を取り上げて，アイルランドおよびカナダのケベックなどとの比較を通じて，戦後の先進国における分離独立運動が直面せざるを得ない困難の諸側面を明らかにした。

　アイルランドとの比較では，アイルランドがイングランドの実質的な植民地としてさまざまな抑圧や差別の下におかれていたことが，結果として分離独立を求める動きを強化していったのに対して，国家合同後のスコットランドはイングランドのパートナーとして帝国のもたらす多大な恩恵を受けてきたことから，長期にわたって分離独立の動きが見られなかったことが明らかになった。

　ケベックとの比較では，分離独立の瀬戸際にまで至った1995年のケベック分離独立住民投票の経験を踏まえて，スコットランド分離独立住民投票の特徴を浮き彫りにした。ケベックの住民投票では，本来，独立反対派が有利な位置を占めるはずの経済的な争点において，反対派の戦略上の問題により，賛成派によってほぼ互角の戦いに持ち込まれた結果，僅差でようやく分離独立を否決するという，反対派からすれば薄氷の勝利となったことが明らかにされた。それに対して，スコットランドの住民投票では，ケベックの独立反対派が嵌った戦略上の陥穽が避けられた結果，分離独立の中心的な争点である経済問題において，住民投票キャンペーン終盤まで反対派が賛成派に対して優勢な立場を維持し続けることになったのである。

　さて，分離独立住民投票においてスコットランドの独立が承認されていれ

　だけ棄権させずに投票所に足を運んで一票を投じさせなければならないと述べていた(著者とのインタビュー，2014年3月14日)。

ば，イギリスは分裂することになり，国のかたちもさらに大きく変わることになっただろう。しかし，住民投票において独立という結果が得られなかったことは，必ずしもイギリスの分権プロセスをストップさせるわけではない。スコットランドをイギリスに残留させるという戦略的な目的を達成する意図に影響された面はあったが，保守党，労働党，自由民主党などの主要政党は，住民投票キャンペーンの中でそろってスコットランドへのさらなる分権を約束していたのである[13]。また，ウェールズや北アイルランドでも分権の強化に向けた動きがさらに加速しているように見える。そして，残されたイングランドでも分権の実施を求める声が見られるようになっている。

　かつてトニー・ブレア首相の労働党政権においてウェールズ相を務めたロン・デイヴィスが，分権は「事象ではなく過程（イベントではなくプロセス）である」と言ったように，イギリスの分権プロセスの終着点は，いまだに視界の外にあるとすることができるだろう。そして，2016年6月23日の国民投票により，イギリスのEU離脱が決まった。しかし，国民投票において決断が下ったとはいえ，EUからの離脱は一朝一夕に実現できるものではなく，今後EU側とのかなり厳しい交渉を経ることになる。EU離脱交渉の行方次第では，再びスコットランド独立問題が浮上し，再度住民投票が実施されることになるかもしれない。EU離脱プロセスがスコットランドの政党政治にどのような影響をもたらすことになるのか，という問題については，終章で検討することにしよう。

---

[13] かつて，それほど分権に熱心であるとは思われていなかったスコットランド出身のゴードン・ブラウン前首相も，大幅な分権を実施することによりイギリスの国家形態を連邦国家に近い形に改めることを提唱するようになった（Brown 2014）。

終章　EU離脱とスコットランド政党政治

　本書では，多層ガヴァナンスと政党政治に関するケース・スタディとして，スコットランドへの権限移譲改革および分離独立住民投票をめぐる政党政治に関して，労働党，保守党，自由民主党という全国政党3党に加えて，地域ナショナリズム政党であるSNPの対応を検討してきた。

　本書が主な検討の対象として取り上げた時期は，スコットランド議会が設立されて以降であるが，その間に見られた政党政治に関する最も大きな変化は，それまで長期にわたって支配的地位を維持してきたスコットランド労働党が急速に衰退していった一方で，逆に長い間，泡沫政党の地位に甘んじていたSNPが目を見張るほどの勢力拡大を遂げて，今や紛れもない優位政党となったことであろう。なお，本書で主に取り上げた時期ではないが，19世紀後半から20世紀初頭にかけては，自由民主党の前身である自由党が優位政党の地位を占め，さらに，20世紀中頃の一時期ではあったが保守党が第一党となったこともあった。その意味では，本書で取り上げた4政党は，スコットランド政党政治においてそれぞれ支配的地位を占めた経験を有しているのである。

　さて，労働党の衰退とSNPの台頭については，それぞれ第一章と第四章で詳しく検討したので，その議論をここで改めて繰り返す必要はないが，2つの現象が同じコインの表と裏のように密接に関連していることは強調しておくべきだろう。そして，このような政党勢力の大きな変動をもたらした契機は，国政レヴェルの労働党政権が実施した権限移譲改革であった。スコットランド議会の設立とそれに伴って追加議員制の選挙制度などが導入されたことは，労働党がそれまでのように支配的地位を維持することを困難にした

一方で，SNPに対して勢力拡大のための新たな政治的機会構造を提供したのである。

多層ガヴァナンスにおいて国政レヴェルと地域レヴェルの政党システムが乖離していくという諸外国でも見られる傾向が，権限移譲改革後のスコットランドでは特に際立つことになった。そして，地域レヴェルにあたるスコットランドでの政党間競合の行動論理に関して，次第に「領域の論理」の比重が高まったことがSNPを有利にしただろう。もちろん，スコットランド労働党など全国政党の地域政党組織も，スコットランド・アイデンティティの重視やスコットランドの利益代表など「領域の論理」にもとづく行動に力を入れるようになったが，全国政党であることから来る制約として中央の政党指導部との関係に一定の配慮をする必要があるために，地域ナショナリズム政党であるSNPほどあからさまに「領域の論理」を前面に掲げることはできなかった。そのため，政党間競合の対立軸としてスコットランドのアイデンティティや利益の擁護が重要性を増すにつれて，スコットランド労働党に対してSNPの有利性は高まることになったとすることができるだろう。

ただし，権限移譲改革などのいわゆる「ゲームのルール」の変更だけが，スコットランド労働党の衰退とSNPの台頭を引き起こしたのではない。政党の側の戦略的対応，すなわち，党組織の改革からリーダーの選択，そして，政権運営に至るまで，さまざまな面での「選択」が，結果として政党の盛衰に大きく関わることになったとすることができるだろう。その点で，スコットランド労働党が，2007年スコットランド議会選挙以降，有能な党首を選ぶのに失敗してきたことは大きかったとすることができるのに対して，SNPがアレックス・サーモンド，ニコラ・スタージョンと有権者に強いアピール力を有する党首を続けて選出したことは，両党の対抗関係に大きな違いをもたらしたことは疑いないだろう。

さて，多層ガヴァナンスにおける全国政党の組織に関する比較研究を行ったクラウス・デターベックによれば，同じ国家の中で活動する政党は，中道右派や中道左派などイデオロギー的な違いにかかわらず，政党組織の地域的編成に関して収斂する傾向が見られるとされている（Detterbeck 2012, 243）。たしかに，イギリスの全国政党である労働党，保守党，自由民主党は，スコットランドの政党組織に対して党内の権限移譲を進めることになった。

3党の中で，最も早くそして最も広範な党内権限移譲を確立したのは自由

民主党であった。自由民主党は，アイルランドやスコットランドへの自治権拡大を支持したかつての自由党時代の伝統を引き継いで，スコットランド議会が設立される前から，政党組織に連邦制の原則を反映させていた。そのため，スコットランド自由民主党は，イギリスの自由民主党組織の中で，あたかも「党の中の党」であるかのように，独自の規約，党首，党大会，政策などを有する，きわめて自律性の高い政党組織を形成することになった。なお，スコットランド自由民主党の場合には，国政レヴェルからの自律性が高いのに加えて，政策から財政，選挙戦略に至るまで国政レヴェルの決定にも密接に関与しているように共同決定の度合いも高いことから，「連邦型政党組織」に分類できるだろう。

　それに対して，二大政党である労働党と保守党における党内権限移譲の進展は，自由民主党に比べればかなり遅れることになった。まず，保守党については，スコットランド議会設立など権限移譲改革に対して「敵対的対応」をとってきたこともあって，当初はスコットランドの政党組織に対する党内分権に積極的ではなかった。しかし，スコットランドにおける保守党の党勢低迷に対する対応として「汚名返上戦略」がとられるようになると，党内権限移譲に向けた改革が実施されていった。しかしながら，2011年スコットランド保守党党首選挙で提起された，イギリスの保守党組織からスコットランドの組織を分離させ，新しい保守主義政党として再生させるという急進的な改革は採用されなかった。なお，一連の組織改革を経て「自治型政党組織」への移行を見せているスコットランド保守党は，一定のカリスマを有する党首を選出したことで，近年の選挙では成果を上げることになった。

　一方，スコットランド労働党については，保守党の場合と同様に，各種選挙での低迷を契機として「自治型政党組織」への移行に向けた改革が断続的に実施されたが，党勢低落傾向には歯止めがかかっていない。近年の保守党に比べると，スコットランド労働党の党首に選出された人材に難があったということもあるだろう。しかし，スコットランドの政党間競合において「領域の論理」にもとづく対立軸が重要性を占めるようになり，しかもその対立の内容が権限移譲拡大の是非から分離独立の是非に移行したことにより，スコットランド労働党は厳しい状況に追い込まれていると見ることができるのではないだろうか。すなわち，独立を求める人々はSNPに引き寄せられ，

それに反対する人々は独立への反対姿勢が最も明確なスコットランド保守党に引き寄せられるという二極化が進行したことで、スコットランド労働党の支持基盤は縮小傾向を見せているのである。

いずれにせよ、多層ガヴァナンスにおける政党政治に関して、地域ナショナリズム政党の脅威が高まるにつれて、全国政党の政党組織は地域レヴェルへの党内権限移譲を進展させるというデターベックの主張は、本書で検討してきたスコットランドの事例にあてはまるとすることができる(Detterbeck 2012, 243)。

前述のように、多層ガヴァナンスにおいては、一般に国政レヴェルと地域レヴェルの政党システムが乖離する傾向が見られる。スコットランドでは、権限移譲改革以前から保守党の勢力が国政レヴェルと比べると大幅な落ち込みを見せ、また改革後はSNPの優位政党化により、スコットランドの政党システムとイギリスのそれとの乖離は、かつてないほど広がっている。そのようなイギリスにおける国政レヴェルと地域レヴェルの政治的な乖離を衝撃的な形で示したのが、2016年6月23日のEU国民投票であった。

国民投票の結果はEUからの離脱が51.9%、残留が48.1%となり、イギリスのEU離脱が決まった[1]。世論調査では残留と離脱が伯仲していたが、イギリス国民は現状維持すなわち残留を選択するという見方が強かったことから、予想外の離脱という結果になったことは国内外で驚きを持って受け取られた。

EU国民投票では、世代、階層、教育、所得、雇用、人種などの違いが、残留または離脱投票と密接に結びついていたことが示すように、ヨーロッパの問題をめぐってイギリス社会が深刻な分断を抱えていることが明らかにされた。また、イギリス(連合王国)が国家として深刻な地域的分断を内包していることも、EU国民投票はさらけだすことになった。すなわち、イギリスを構成する4つの地域(nation)、イングランド、スコットランド、ウェールズ、北アイルランドの間で、国民投票は明確に異なる結果を示すことになっ

---

1 EU残留に投じられた票数は16,141,241票(48.1%)だったのに対して、EU離脱に投じられた票数は17,410,742票(51.9%)であった。なお、投票率は2015年総選挙よりも6ポイントほど高い72.2%であった(Electoral Commission 2016)。

たのである。

イングランドでは離脱53.4％，残留46.6％，ウェールズでは離脱52.5％，残留47.5％と離脱票が多数を占めた。なお，イングランドの中でもロンドンだけは例外で，残留59.9％，離脱40.1％と残留票が多数となっていた。一方，スコットランドでは残留62.0％，離脱38.0％，北アイルランドでは残留55.8％，離脱44.2％と残留票がかなりの多数となっていた（Electoral Commission 2016）。このように，ロンドンを除くイングランドとウェールズがEU離脱を求め，スコットランドとウェールズ，およびロンドンがEU残留を求めたことで，EU離脱の是非をめぐって地域的な分断が存在することが明らかとなった[2]。

ちなみに，イギリスがヨーロッパ問題で国民投票を行ったのは，2016年の国民投票が初めてのことではない。40年以上前の1975年に，EUの前身であるECからの離脱の是非を問う国民投票が行われた。その際には，2016年の場合とは対照的に，EC残留が67.2％，離脱が32.8％という，ほぼ2対1の大差で残留が承認されていた（力久 1996）。

さらに，1975年のEC国民投票の結果は，地域的な違いに関しても，2016年のEU国民投票とは対照的であった。すなわち，2016年には離脱票が多数を占めたイングランドとウェールズにおいて，1975年には残留票が圧倒的多数（前者68.7％，後者66.5％）であった。それに対して，2016年には残留票がかなりの多数となったスコットランドと北アイルランドでは，1975年には離脱票が多数になったというわけではないが，残留票の多数（前者58.4％，後者52.1％）はイングランドやウェールズと比べると小さかったのである（Butler and Kitzinger 1996, 266）。

2　1999年の第一回選挙以降，スコットランド議員を継続して務めているSNPのリンダ・ファビアーニ（Linda Fabiani）は，イングランドにおいて欧州懐疑主義が強大な勢力となっている背景には，かつて広大な植民地を有していたいわゆる大英帝国が失われたことを受け入れられず，いまだにイギリスを世界強国と見なす人々が，イングランドにはかなりの程度存在していることを挙げていた。それに対して，スコットランドの親欧州主義の背景としては，イングランドのような世界強国の幻想を持つ人々が見られないことに加えて，かつてスコットランドが独立国であった頃からのヨーロッパ大陸との歴史的，文化的な結びつきをファビアーニは挙げていた（著者とのインタビュー，2016年3月9日）。

1975年のEC国民投票では，イギリスの中でも残留にそれほど熱意がなかったように見えたスコットランドにおいて，2016年のEU国民投票では最も親EU的な投票が見られたことについては，さまざまな理由が考えられるだろう（力久 2016c）。本書の関心である政党政治との関連で注目されるのは，1975年の際には残留で足並みがそろっていなかったスコットランドの主要4政党が，2016年の際には党内の大勢が残留支持でまとまっていたことである。自由民主党とその前身の自由党は一貫してECやEUへの残留を支持していたが，EC国民投票の際には離脱を支持したSNPが，第四章で見たように「ヨーロッパの中の独立」政策の採用という転換を経て，EU残留を強く支持するようになったことが大きな違いとして挙げられるだろう。また，1975年の国民投票では党内に亀裂が見られたスコットランド労働党とスコットランド保守党についても，2016年の国民投票では一部の例外を除いて党の大勢がEU残留を支持することになった[3]。

　スコットランドでEU残留票が多数となったにもかかわらず，イギリス全体で離脱票が多数となってEU離脱が決まったことを受けて，SNPのニコラ・スタージョン首相（第一大臣）は，スコットランドの利益を守るためにEUの単一市場に留まるためのすべての可能な選択肢を模索することを表明した（*The Guardian*, 25 June 2016）。また，EU国民投票後に開かれたスコットランド議会の本会議において，単一市場へのアクセスなどスコットランドとEUとの関係を守るために，スコットランド政府に対して，イギリス政府や他の地域政府，および，EUの諸機関や他の加盟国政府との協議を開始することを求める動議が採択された。この動議はスコットランド保守党が棄権した以外は，すべての政党が賛成していた。スコットランド保守党は，EU単一市場へのアクセス確保をめざすという動議の趣旨に反対したわけではな

---

[3]　スコットランド政府の欧州関係室長（Head of the Scottish Government's European Relations Unit）のクレイグ・エグナー（Craig Egner）は，EU国民投票に向けたスタージョン首相の指示により，スコットランドおよびイギリスがEUに加盟していることによりもたらされるメリットを，有権者に明確に伝えるための情報整理に携わっていた。エグナーによれば，単にEUの経済的なメリットだけではなく，社会政策面でEUがスコットランドおよびイギリスの人々の生活に貢献していることを強調するのが重要とされていた（著者とのインタビュー，2016年3月14日）。

いが，スタージョンを中心とするSNP政権が，この動議を利用して分離独立住民投票を再度実施するのではないかという強い疑念を持っていたことから，賛成ではなく棄権に回ったのである（Scottish Parliament 2016）。

スコットランド保守党の疑念に対して，スタージョン首相は，SNPは分離独立を目標としているが，スコットランドをEUの単一市場に留める努力については，独立ありきではなく，それ以外の選択肢を優先的に追求するという姿勢を明確にした。こうした姿勢の背景には，独立派のSNPや緑の党だけではなく，独立には反対であるがEUの単一市場へのアクセス確保を重視する労働党や自由民主党との協力を得るという目算が見て取れる。また，国民投票においてEU離脱が決定した後の世論調査において，いくつかの例外を除けば，独立反対が賛成を上回っている状況が見られたことから，分離独立住民投票で再度敗北する危険を避けたいという思惑もあるように思われる（力久 2016c）。

しかしながら，国民投票でEU離脱が決定されたことを受けて，新しく首相に就任した保守党のテリーザ・メイ（Theresa May）は，「EU離脱はEU離脱であり，政府はEU離脱を成功させる」（May 2016）という立場を明確にした。EU離脱交渉について，メイ首相はスコットランド政府など地域レヴェルの政府の意見に耳を傾けるとしているが，交渉をめぐるイギリス側の主導権は国政レヴェルの保守党政権が握ることになる。そして，離脱交渉の結果，イギリスがEUの単一市場に対する自由なアクセスを維持する「穏健な離脱（Soft Brexit）」を達成するという，スコットランド政府や議会の各政党が望むような成果が得られる可能性は高くないと見られる。なぜなら，メイ首相をはじめとする保守党政権の離脱交渉に臨む立場は，国民投票で争点となった移民問題への国民の懸念に対処するために，EUからの労働移民を制限することを優先しているからである。

EU側が離脱したイギリスに対して，単一市場への自由なアクセスを維持しつつEU移民の流入を制限することを許すという，いわば「いいとこ取り」を認める可能性は高くない。もしイギリスに「いいとこ取り」を認めれば，イギリスにならってEU離脱を求める加盟国が続出することにより，離脱ドミノが発生する危険性があるからである。そのため，EU側としては，イギリスがEU移民の流入制限にこだわる限り，その代償として単一市場へのアクセスを制限することになると思われる。イギリスのEU離脱が，いわ

ゆる「強硬な離脱(Hard Brexit)」になるシナリオは，かなりの程度現実味があると言ってよいのである。

　もしイギリスのEU離脱が「強硬な離脱」として実現することが確実になれば，スコットランドは厳しい選択を迫られることになる。イギリスに留まって自ら望まないEUからの「強硬な離脱」を遂げるのか，あるいは，EUに留まるためにイギリスからの「強硬な離脱」，すなわち分離独立をめざすのか，という選択である。

　第四章で見たように，スタージョン首相率いるSNPは，EU国民投票直前の2016年5月に行われたスコットランド議会選挙において，国民投票でEU残留を望むスコットランドの意志に反して離脱を強いられるような「著しく重大な変化」が生じた場合には，分離独立住民投票を再度実施することを辞さない姿勢を示していた(Scottish National Party 2016, 23)。そして，国民投票においてまさしくこのような結果となったことは，スタージョンに対して住民投票を再度実施するための民主主義的正統性を与えることになった。

　前述のように，イギリスのEU離脱交渉の行方が明らかになるまでは，スタージョンは分離独立住民投票の実施に踏み切ることはないだろう。世論調査の数字が独立に傾いていないこともあって，スタージョンは経済面での実質的なEU残留とも言える「穏健な離脱」を求める立場を打ち出しているのである。しかし，「穏健な離脱」ではなく「強硬な離脱」となることが確実になれば，スコットランドの世論が独立に傾き，それを受けて住民投票が実施されることになるかもしれない。あるいは，独立支持が拡大しなかった場合でも，「強硬な離脱」に反発するSNP党内の圧力に押されて，スタージョンが住民投票を実施せざるを得ない局面が発生するかもしれない。

　ただし，住民投票が再度実施されることになった場合，2014年の住民投票でSNPや「イエス・スコットランド」が強調した，「柔らかいナショナリズム」にもとづく独立というシナリオは大幅に書き換えられる必要がある。なぜなら，もしイギリスがEUから「強硬な離脱」を果たす一方，スコットランドがイギリスから独立してEU加盟を求めるということは，前回の住民投票で独立に不安を抱く有権者を安心させるために強調された，独立後もスコットランドがイギリスとの間で政治的，経済的，社会的結びつきを維持するという状況は考え難いからである(McEwen 2016)。

特に，独立したスコットランドが引き続きイギリスの通貨ポンドを使用するという通貨政策は，両国がEU加盟国であることを前提としていたことから，イギリスのEU離脱によりほぼ実現不可能となるだろう。そのため，スコットランドが独立するためには，独自通貨の導入や，決して容易ではないが，EUの単一通貨ユーロの導入を考えなければならない。さらに，イギリスのEU離脱とスコットランドの独立およびEU加盟に伴って，イングランドとスコットランドの境界がEU域内と域外を分ける境界となることから，両国の間で厳しい国境管理を実施する必要が生じることも想定される。イギリスがEUから「強硬な離脱」をした場合，スコットランドが独立してEU加盟を求めるということは，まさにイギリスからの「強硬な離脱」を意味することになるのである。

このように，イギリスのEU離脱を契機として，SNPのスタージョン首相が分離独立住民投票を再度実施することに踏み切った場合には，スコットランドの有権者に独立支持を訴えるうえで前回にも増して高い壁が立ちはだかっている。

しかし，前回の住民投票の際と比較すると，独立賛成派が有利と見られる側面もある。すなわち，住民投票後の政治状況が，あたかも敗者が勝者で勝者が敗者であるかのような様相を呈したことから，独立に賛成したSNPと緑の党の勢力が，党員増大や各種選挙での躍進などに見られるように大幅に拡大しているのに対して，独立に反対した政党については，労働党と自由民主党が著しく勢力を衰退させている。さらに，独立反対派3政党の協力関係は，国民投票におけるEU離脱の結果を受けて大きく損なわれることになった。

特に，国民投票を実施するというキャメロン首相の約束でEU離脱のきっかけを作った保守党の責任を，労働党や自由民主党は厳しく追及することになった。また，イギリスの保守党政権が「強硬な離脱」やむなしとなった場合，スコットランド保守党が国政レヴェルの判断を公然と批判するのは困難と思われることから，EU離脱問題をめぐって労働党や自由民主党との乖離はいっそう拡大することになるだろう[4]。そのため，もし住民投票が再度実施

---

[4] SNPは，近い将来，分離独立住民投票が実施されることを想定して，スコットランドの有権者のほぼ半数に当たる200万人との対話キャンペーンを開始した。

されることになったとしても，独立反対派3政党が，前回の「ベター・トゥギャザー」で示されたような協力関係を構築するのは非常に困難であると思われる。

　以上より，イギリスのEU離脱に伴って，スコットランドにおいて分離独立住民投票が再度実施される可能性は決して低くないと考えるべきだろう。また，前回の住民投票において否決されたスコットランド独立が，新たな住民投票で可決される可能性も無視できないとすることができる。1999年の権限移譲改革から2014年の住民投票までの15年で，スコットランドの政党政治は分権改革以前とは一変することになった。2016年のEU国民投票および将来的に実施されることが予想される住民投票によって，さらなる変化が待ち受けているのかもしれない。

200万人という数字は，SNPの党員がすでに10万人を超えていることからすれば，達成不可能な数字ではない。ちなみに，2014年の住民投票において多数を占めた独立反対票がまさに200万票であったことから，SNPは独立賛成票を200万票の大台に乗せることを目標にしていると見ることもできる (*The Guardian*, 2 September 2016)。

引用文献

1 日本語文献

梅川正美(2000),『サッチャーと英国政治2：戦後体制の崩壊』成文堂。
梅川正美(2006),「イギリスは分裂するのか：地域分権とイギリスの将来」梅川正美・阪野智一・力久昌幸編著『現代イギリス政治』初版，成文堂，61-82頁。
梅川正美・力久昌幸(2014),「イギリスは分裂するのか：地域分権とイギリスの将来」 梅川正美・阪野智一・力久昌幸編著『現代イギリス政治』第二版，成文堂，61-80頁。
近藤和彦(2013),『イギリス史10講』岩波新書。
近藤康史(2014),「労働党の理念・組織と歴史的変化」梅川正美・阪野智一・力久昌幸編著『現代イギリス政治』第二版，成文堂，143-164頁。
竹中 豊(2014),『ケベックとカナダ：地域研究の愉しみ』彩流社。
辰巳浅嗣編著(2012),『EU：欧州統合の現在』第三版，創元社。
建林正彦編著(2013),『政党組織の政治学』東洋経済新報社。
戸澤健次(2010),「イギリス保守主義の二大潮流：ベンジャミン・ディズレーリとロバート・ピール」野田裕久編『保守主義とは何か』ナカニシヤ出版，50-71頁。
成廣 孝(2014),「自由民主党：再生と転機」梅川正美・阪野智一・力久昌幸編著『現代イギリス政治』第二版，成文堂，165-183頁。
福田猛仁(2002),「スコットランド・ナショナリズム運動と欧州統合：スコットランド国民党の対欧州政策の展開を手がかりに」『日本EU学会年報』，第22号，185-205頁。
的場敏博 (2003),『現代政党システムの変容：90年代における危機の深化』有斐閣。
待鳥聡史 (2015),『政党システムと政党組織』東京大学出版会。
山崎幹根(2011),『「領域」をめぐる分権と統合：スコットランドから考える』岩波書店。
力久昌幸(1996),『イギリスの選択：欧州統合と政党政治』木鐸社。
力久昌幸(2003),『ユーロとイギリス：欧州通貨統合をめぐる二大政党の政治制度戦略』木鐸社。
力久昌幸(2013),「スコットランド国民党と多層ガヴァナンス：スコットランド独立をめぐる政策変化に関する一考察」『北九州市立大学法政論集』第40巻第4号，583-621頁。
力久昌幸(2014),「スコットランドにおける分離独立住民投票：アイルランドの分離独立とケベックにおける分離独立住民投票との比較の視点から」『同志社法学』第66巻第4号，1-47頁。
力久昌幸(2016a),「スコットランド独立問題と政党政治：スコットランド国民党

の台頭と自治のパラドックス」『新しい歴史学のために』第288号，48-69頁。
力久昌幸(2016b),「スコットランドで再び勢いづく独立論：立ちはだかる多くの壁」『THE PAGE』，2016年7月2日，(https://thepage.jp/detail/20160702-00000003-wordleaf)。2016年7月28日参照。
力久昌幸(2016c),「EU国民投票と英国情勢の展望」『海外事情』第64巻第12号，59-75頁。
琉球民族独立総合研究学会(2013),『設立趣意書』，(http://www.acsils.org/)。2014年7月23日参照。

2　英語文献

Adamson, Kevin and Peter Lynch (2014), "The Scottish National Party and the 2014 Independence Referendum", in Kevin Adamson and Peter Lynch eds., *Scottish Political Parties and the 2014 Independence Referendum* (Cardiff: Welsh Academic Press), pp. 36-57.

Alonso, Sonia (2012), *Challenging the State: Devolution and the Battle for Partisan Credibility — A Comparison of Belgium, Italy, Spain, and the United Kingdom —* (Oxford: Oxford University Press).

Anderson, Lawrence M. (2004), "Exploring the Paradox of Autonomy: Federalism and Secession in North America", *Regional and Federal Studies*, Vol. 14, No. 1, pp. 89-112.

Anderson, Lawrence M. (2010), "Toward a Resolution of the Paradox of Federalism", in Jan Erk and Wilfried Swenden eds., *New Directions in Federalism Studies* (London: Routledge, 2010), pp. 126-140.

Anderson, Paul (2016), "The 2016 Scottish Parliament Election: A Nationalist Minority, a Conservative Comeback and a Labour Collapse", *Regional and Federal Studies*, Vol. 26, No. 4, pp. 555–568.

Annesley, Claire and Andrew Gamble (2004), "Economic and Welfare Policy", in Steve Ludlam and Martin J. Smith eds., *Governing as New Labour: Policy and Politics under Blair* (Basingstoke: Palgrave Macmillan), pp. 144-160.

Bache, Ian (2008), *Europeanization and Multilevel Governance: Cohesion Policy in the European Union and Britain* (Lanham, MD: Rowman & Littlefield).

Bew, Paul (2007), *Ireland: The Politics of Enmity 1789-2006* (Oxford: Oxford University Press)

Biezen, Ingrid van and Jonathan Hopkin (2006), "Party Organisation in Multi-Level Contexts", in Dan Hough and Charlie Jeffery eds., *Devolution and Electoral Politics* (Manchester: Manchester University Press), pp. 14-36.

Bogdanor, Vernon (2001), *Devolution in the United Kingdom* (Oxford: Oxford University Press).

Bradbury, Jonathan (2006), "British Political Parties and Devolution: Adapting to Multi-

Level Politics in Scotland and Wales", in Dan Hough and Charlie Jeffery eds., *Devolution and Electoral Politics* (Manchester: Manchester University Press), pp. 214-247.

Brand, Jack, James Mitchell and Paula Surridge (1994), "Social Constituency and Ideological Profile: Scottish Nationalism in the 1990s", *Political Studies*, Vol. 42, No. 4, pp. 616-629.

Bracati, Dawn (2008), "The Origins and Strengths of Regional Parties", *British Journal of Political Science*, Vol. 38, No. 1, pp. 135-159.

Bratberg, Øivind (2010), "Institutional Resilience Meets Critical Junctures: (re)allocation of Power in Three British Parties Post-devolution", *Publius*, Vol. 40, No. 1, pp. 59-81.

Bromley, Catherine (2006), "Devolution and Electoral Politics in Scotland", in Dan Hough and Charlie Jeffery eds., *Devolution and Electoral Politics* (Manchester: Manchester University Press), pp. 192-213.

Brown, Callum G. and W. Hamish Fraser (2013), *Britain since 1707* (London: Routledge).

Brown, Gordon (2014), *My Scotland, Our Britain: A Future Worth Sharing* (London: Simon & Schuster).

Butler, David and Gareth Butler (1994), *British Political Facts 1900-1994*, seventh edition. (Basingstoke: Macmillan).

Butler, David and Gareth Butler (2011), *British Political Facts*, tenth edition (Basingstoke: Palgrave Macmillan).

Butler, David and Dennis Kavanagh (1988), *The British General Election of 1987* (Basingstoke: Macmillan).

Butler, David and Uwe Kitzinger (1996), *The 1975 Referendum*, second edition (Basingstoke: Macmillan).

Cairney, Paul (2015), "The Scottish Independence Referendum: What are the Implications of a No Vote?", *The Political Quarterly*, Vol. 86, No. 2, pp. 186-191.

Cairney, Paul (2016), "The Scottish Parliament Election 2016: Another Momentous Event but Dull Campaign", *Scottish Affairs*, Vol. 25, No. 3, pp. 277-293.

Cairney, Paul and Neil McGarvey (2013), *Scottish Politics*, second edition (Basingstoke: Palgrave Macmillan).

Caramani, Daniele (2004), *The Nationalization of Politics: The Formation of National Electorates and Party Systems in Western Europe* (Cambridge: Cambridge University Press).

Carney Mark (2014), *The Economics of Currency Unions, Speech Given by Mark Carney, Governor of the Bank of England at a Lunch Hosted by the Scottish Council for Development & Industry, Edinburgh, 29 January 2014* (http://www.bankofengland.co.uk/publications/Documents/speeches/2014/speech706.pdf). 2014年7月26日参照。

Cameron, David (2012a), *PM Scotland Speech* (https://www.gov.uk/government/speeches/transcript-pm-scotland-speech). 2015年2月23日参照。

Cameron, David (2012b), *Scottish Conservative Party Conference Speech* (http://www.scottishconservatives.com/2012/03/david-cameron-scottish-conservative-party-conference/). 2015年5月30日参照。

Cameron, David (2014), *Scottish Independence Referendum: Statement by the Prime Minister* (https://www.gov.uk/government/news/scottish-independence-referendum-statement-by-the-prime-minister). 2015年7月1日参照。

Carty, R. Kenneth (2004), "Parties as Franchise Systems: The Stratarchical Organizational Imperative", *Party Politics*, Vol. 10, No. 1, pp. 5-24.

Charmley, John (1996), *A History of Conservative Politics, 1900-1996* (Basingstoke: Macmillan).

Clark, Alistair and Lynn Bennie (2016), "Parties, Mandates and Multilevel Politics: Subnational Variation in British Election Manifestos", *Party Politics*, DOI: 19.1177/1354068816678892, pp. 1-12.

Cochrane, Alan (2014), *Alex Salmond: My Part in His Downfall* (London: Biteback Publishing).

Colley, Linda (2014), *Acts of Union and Disunion: What Had Held the UK Together and What Is Dividing It?* (London: Profile Books).

Commission on Scottish Devolution (2009), *Serving Scotland Better: Scotland and the United Kingdom in the 21st Century, Final Report, June* 2009 (Edinburgh: Commission on Scottish Devolution).

Commission on the Future Governance of Scotland (2014), *Commission on the Future Governance of Scotland Report* (Edinburgh: Scottish Conservative and Unionist Party).

Conservative Party (1979), *The Conservative Manifesto*, in F. W. S. Craig ed., *British General Election Manifestos 1959-1987* (Aldershot: Dartmouth, 1990), pp. 267-283.

Conservative Party (1992), *The Best Future for Britain: The Conservative Manifesto 1992* (London: Conservative Party).

Conservative Party (1997), *You Can Only Be Sure with the Conservatives: The Conservative Manifesto 1997* (London: Conservative Party).

Conservative Party (2010), *Invitation to Join the Government of Britain: The Conservative Manifesto 2010* (London: Conservative Party).

Conservative Party (2015), *Strong Leadership, A Clear Economic Plan, A Brighter, More Secure Future: The Conservative Party Manifesto 2015* (London: Conservative Party).

Convery, Alan (2014a), "Devolution and the Limits of Tory Statecraft: The Conservative Party in Coalition and Scotland and Wales", *Parliamentary Affairs*, Vol. 67, No. 1, pp. 25-44.

Convery, Alan (2014b), "The 2011 Scottish Conservative Party Leadership Election: Dilemmas for Statewide Parties in Regional Contexts", *Parliamentary Affairs*, Vol. 67, No. 2, pp. 306-327.

Convery, Alan (2016), *The Territorial Conservative Party: Devolution and Party Change in Scotland and Wales* (Manchester: Manchester University Press).

Cook, Chris and John Stevenson (2014), *A History of British Elections Since 1689* (Abingdon: Routledge).

Cowley, Philip and Dennis Kavanagh (2016), *The British General Election of 2015* (Basingstoke: Palgrave Macmillan).

Curtice, John (2012), "Why No Tory Revival in Scotland?", in David Torrance ed., *Whatever Happened to Tory Scotland?* (Edinburgh: Edinburgh University Press), pp. 114-126.

Curtice, John (2014), *The Score at Half Time: Trends in Support for Independence* (http://www.scotcen.org.uk/media/270726/SSA-13-The-Score-At-Half-Time.pdf). 2015年12月14日参照。

Cutts, David and Andrew Russell (2015), "From Coalition to Catastrophe: The Electoral Meltdown of the Liberal Democrats", in Andrew Geddes and Jonathan Tonge eds., *Britain Votes 2015* (Oxford: Oxford University Press), pp. 70-87.

Davidson, Ruth (2012), *Ruth Davidson Speech, Scottish Conservative Party Conference* (http://www.scottishconservatives.com/2012/03/ruth-davidson-speech-scottish-conservative-party-conference/). 2015年6月17日参照。

Davidson, Ruth (2013), *Strengthening Devolution, Taking Scotland Forward* (http://www.scottishconservatives.com/2013/03/strengthening-devolution-taking-scotland-forward/). 2015年5月29日参照。

DeBardeleben, Joan and Achim Hurrelmann (2007), "Introduction", in Joan DeBardeleben and Achim Hurrelmann eds., *Democratic Dilemmas of Multilevel Governance: Legitimacy, Representation and Accountability in the European Union* (Basingstoke: Palgrave Macmillan), pp. 1-14.

Denver, David, James Mitchell, Charles Pattie and Hugh Bochel (2000), *Scotland Decides: The Devolution Issue and the Scottish Referendum* (London: Frank Cass).

Deschouwer, Kris (2003), "Political Parties in Multi-Layered Systems", *European Urban and Regional Studies*, Vol. 10, No. 3, pp. 213-226.

Detterbeck, Klaus (2012), *Multi-Level Party Politics in Western Europe* (Basingstoke: Palgrave Macmillan).

Detterbeck, Klaus (2016), "The Role of Party and Coalition Politics in Federal Reform", *Regional and Federal Studies*, Vol. 26, No. 5, pp. 645-666.

Devine, T. M., (1999), *The Scottish Nation 1700-2000* (London: Penguin Books).

Devine, T. M., (2008a), "The Spoils of Empire", in T. M. Devine ed., *Scotland and the Union 1707-2007* (Edinburgh: Edinburgh University Press), pp. 91-108.

Devine, T. M. (2008b), "The Challenge of Nationalism", in T. M. Devine ed., *Scotland and the Union 1707-2007* (Edinburgh: Edinburgh University Press), pp. 143-156.

Driver, Stephen, (2011), *Understanding British Party Politics* (Cambridge: Polity Press).
Electoral Commission (2013), *Referendum on Independence for Scotland: Advice of the Electoral Commission on the Proposed Referendum Question* (London: Electoral Commission).
Electoral Commission (2016), *EU Referendum Results* (http://www.electoralcommission.org.uk/find-information-by-subject/elections-and-referendums/upcoming-elections-and-referendums/eu-referendum/electorate-and-count-information). 2016年11月8日参照。
Electoral Management Board for Scotland (2014), *Scottish Independence Referendum 2014: Overall Result* (http://www.electionsscotland.info/emb/info/13/referendum/78/overall_result). 2015年12月19日参照。
Erk, Jan and Wilfried Swenden (2010), "The New Wave of Federalism Studies", in Jan Erk and Wilfried Swenden eds., *New Directions in Federalism Studies* (London: Routledge, 2010), pp. 1-15.
Fabre, Elodie and Wilfried Swenden (2013), "Territorial Politics and the Statewide Party", *Regional Studies*, Vol. 47, No. 3, pp. 342–355.
Finlay, Richard J. (1994), *Independent and Free: Scottish Politics and the Origins of the Scottish National Party 1918-1945* (Edinburgh: John Donald).
Finlay, Richard J. (2008), "Thatcherism and the Union", in T. M. Devine ed., *Scotland and the Union 1707-2007* (Edinburgh: Edinburgh University Press), pp. 157-174.
Fleming, Colin (2014), "After Independence? The Challenges and Benefits of Scottish–UK Defence Cooperation", *International Affairs*, Vol. 90, No. 4, pp. 761–771.
Fraser, Douglas (2004), "New Labour, New Parliament", in Gerry Hassan ed., *The Scottish Labour Party: History, Institutions and Ideas* (Edinburgh: Edinburgh University Press), pp. 127-145.
Fraser, Murdo (2011), *A New, Scottish, Centre-right Party Is the Key to Re-connecting with Voters Who Are Not Listening at Present* (http://www.conservativehome.com/platform/2011/09/murdo-fraser-msp-true-sovereignty-for-the-scottish-people.html). 2015年2月22日参照。
Gallagher, Tom (2009), "Labour and the Scottish National Party: The Triumph of Continuity in a Changing Scotland", *The Political Quarterly*, Vol. 80, No. 4, pp.533-544.
Gilmour, Ian (1977), *Inside Right: A Study of Conservatism* (London: Hutchinson).
Hanham, H. J. (1969), *Scottish Nationalism* (Cambridge, MA: Harvard University Press).
Harvey, Malcolm (2014), "The Scottish Liberal Democrats and the 2014 Independence Referendum", in Kevin Adamson and Peter Lynch eds., *Scottish Political Parties and the 2014 Independence Referendum* (Cardiff: Welsh Academic Press), pp. 101-124.
Hassan, Gerry (2002a), "The Paradoxes of Scottish Labour: Devolution, Change and Conservatism", in Gerry Hassan and Chris Warhurst eds., *Tomorrow's Scotland* (London: Lawrence and Wishart), pp. 26-48.

Hassan, Gerry (2002b), "A Case Study of Scottish Labour: Devolution and the Politics of Multi-Level Governance", *Political Quarterly*, Vol. 73, No. 2, pp. 144-157.

Hassan, Gerry (2011), "Anatomy of a Scottish Revolution: The Potential of Postnationalist Scotland and the Future of the United Kingdom", *The Political Quarterly*, Vol. 82, No. 3, pp. 365-378.

Hassan, Gerry (2012), "'It's Only a Northern Song': The Constant Smirr of Anti-Thatcherism and Anti-Toryism", in David Torrance ed., *Whatever Happened to Tory Scotland?* (Edinburgh: Edinburgh University Press), pp. 76-92.

Hassan, Gerry (2014a), *Caledonian Dreaming: The Quest for a Different Scotland* (Edinburgh: Luath Press).

Hassan, Gerry (2014b), *Independence of the Scottish Mind: Elite Narratives, Public Spaces and the Making of a Modern Nation* (Basingstoke: Palgrave Macmillan).

Hassan, Gerry and Eric Shaw (2012), *The Strange Death of Labour Scotland* (Edinburgh: Edinburgh University Press).

Hazell, Robert (2006), *The English Question* (Manchester: Manchester University Press).

Hepburn, Eve (2009a), "Degrees of Independence: SNP Thinking in an International Context", in Gerry Hassan ed., *The Modern SNP: From Protest to Power* (Edinburgh: Edinburgh University Press), pp. 190-203.

Hepburn, Eve (2009b), "Introduction: Re-conceptualizing Sub-state Mobilization", *Regional and Federal Studies*, Vol. 19, Nos. 4-5, pp. 477-499.

Hepburn, Eve (2010), *Using Europe: Territorial Party Strategies in a Multi-Level System* (Manchester: Manchester University Press).

Hepburn, Eve and Klaus Detterbeck (2010), "Party Politics in Multi-Level Systems", in Jan Erk and Wilfried Swenden eds., *New Directions in Federalism Studies* (London: Routledge, 2010), pp. 106-125.

Hepburn, Eve and Klaus Detterbeck (2013), "Federalism, Regionalism and the Dynamics of Party Politics", in John Loughlin, John Kincaid and Wilfried Swenden eds., *Routledge Handbook of Regionalism and Federalism* (London: Routledge), pp. 76-92.

Hepburn Eve and P. J. McLoughlin (2011), "Celtic Nationalism and Supranationalism: Comparing Scottish and Northern Ireland Party Responses to Europe", *The British Journal of Politics and International Relations*, Vol. 13, No. 3, pp. 383-399.

HM Government (2014a), Cm 8946, *The Parties' Published Proposals on Further Devolution for Scotland* (Norwich: The Stationery Office).

HM Government (2014b), Cm 8854, *Scotland Analysis: Fiscal Policy and Sustainability* (Norwich: The Stationery Office).

HM Government (2014c), Cm 8815, *Scotland Analysis: Assessment of a Sterling Currency Union* (Norwich, The Stationery Office).

HM Government and the Scottish Government (2012), *Agreement between the United*

Kingdom Government and the Scottish Government on a Referendum on Independence for Scotland, Edinburgh, 15 October 2012 (Edinburgh: HM Government and the Scottish Government).

HM Treasury (2013), Cm 8740, *European Union Finances 2013: Statement on the 2013 EU Budget and Measures to Counter Fraud and Financial Mismanagement* (Norwich, The Stationery Office).

Hobolt, Sara Binzer (2007), "Taking Cues on Europe? Voter Competence and Party Endorsements in Referendums on European Integration", *European Journal of Political Research*, Vol. 46, No. 2, pp. 151-182.

Home Rule and Community Rule Commission of the Scottish Liberal Democrats (2012), *Federalism: The Best Future for Scotland* (Edinburgh: Scottish Liberal Democrats).

Hooghe, Liesbet and Gary Marks (2001), *Multi-Level Governance and European Integration* (Lanham, MD: Rowman & Littlefield).

Hopkin, Jonathan and Jonathan Bradbury (2006), "British Statewide Parties and Multilevel Politics", *Publius*, Vol. 36, No. 1, pp. 135-152.

Hopkin, Jonathan and Pieter van Houten (2009), " Decentralization and State-wide Parties: Introduction", *Party Politics*, Vol. 15, No. 2, pp. 131-135.

Hoppe, Marcus (2007), "The Europeanization of Nationalist Parties? Evidence from Scotland, Wales, and Padania", in Ireneusz Pawel Karolewski and Andrzej Marcin Suszycki eds., *Nationalism and European Integration: The Need for New Theoretical and Empirical Insights* (London: The Continuum), pp. 67-82.

House of Commons Library (2013), *The Quebec Referendums, Research Paper 13/47* (Lonodn: House of Commons Library).

House of Commons Library (2015), *Briefing Paper CBP7186 General Election 2015* (London: House of Commons Library).

House of Commons Library (2016), *Briefing Paper CBP7599 Scottish Parliament Elections: 2016* (London: House of Commons Library).

Ichijo, Atsuko (2004), *Scottish Nationalism and the Idea of Europe: Concepts of Europe and the Nation* (Abingdon: Routledge).

Ingle, Stephen (2000), *The British Party System*, third edition (London: Pinter).

Ipsos MORI (2011), *Scottish Public Opinion Monitor 2011: Perceptions of Party Leaders* (https://www.ipsos-mori.com/researchpublications/researcharchive/2777/Scottish-Public-Opinion-Monitor-2011-Perceptions-of-party-leaders.aspx). 2014年12月22日参照。

Jeffery, Charlie (2009), "New Research Agendas on Regional Party Competition", *Regional and Federal Studies*, Vol. 19, No. 4-5, pp. 639–650.

Johns, Rob and James Mitchell (2016), *Takeover: Explaining the Extraordinary Rise of the SNP* (London: Biteback Publishing).

Keating, Michael (1998), *The New Regionalism in Western Europe* (Cheltenham: Edward

Elgar).
Keating, Michael (2001), *Plurinational Democracy: Stateless Nations in a Post-Sovereignty Era* (Oxford: Oxford University Press).
Keating, Michael (2005), *The Government of Scotland: Public Policy Making after Devolution* (Edinburgh: Edinburgh University Press).
Keating, Michael (2009), *The Independence of Scotland: Self-Government and the Shifting Politics of Union* (Oxford: Oxford University Press).
Keating, Michael and David Bleiman (1979), *Labour and Scottish Nationalism* (London: Macmillan).
Keen, Richard (2015), *House of Commons Library Briefing Papers SN05125, Membership of UK Political Parties* (London: House of Commons Library).
Kenealy, Daniel (2014), "How Do You Solve a Problem like Scotland? A Proposal Regarding 'Internal Enlargement'", *Journal of European Integration*, Vol. 36, No. 6, pp. 585–600.
Labour Party (1974), *Britain Will Win with Labour*, in F. W. S. Craig ed., *British General Election Manifestos 1959-1987* (Aldershot: Dartmouth, 1990), pp. 239-255.
Labour Party (1997), *New Labour: Because Britain Deserves Better* (London: Labour Party).
Labour Party (2010), *Partnership into Power, Annual Conference 2010: Review of Labour Party Policy Making* (London: Labour Party).
Laffin, Martin (2007a), "Coalition-Formation and Centre-Periphery Relations in a National Political Party: The Liberal Democrats in a Devolved Britain", *Party Politics*, Vol. 13, No. 6, pp. 651-668.
Laffin, Martin (2007b), "The Scottish Liberal Democrats", *The Political Quarterly*, Vol. 78, No.1, pp. 147-155.
Laffin, Martin and Eric Shaw (2007), "British Devolution and the Labour Party: How a National Party Adapts to Devolution", *British Journal of Politics and International Relations*, Vol. 9, No. 1, pp. 55–72.
Laffin, Martin, Eric Shaw and Gerald Taylor (2007), "The New Sub-National Politics of the British Labour Party", *Party Politics*, Vol. 13, No. 1, pp. 88-108.
Laible, Janet (2008), *Separatism and Sovereignty in the New Europe: Party Politics and the Meanings of Statehood in a Supranational Context* (Basingstoke: Palgrave Macmillan).
Law, David (2016), *Coalition: The Inside Story of the Conservative-Liberal Democrat Coalition Government* (London: Biteback Publishing).
Leslie, Ian (2016), "Defeat into Victory", *New Statesman*, 30 September-6 October, pp. 32-41.
Leith, Murray Stewart and Martin Steven (2010), "Party over Policy? Scottish Nationalism and the Politics of Independence", *The Political Quarterly*, Vol. 81, No. 2, pp. 263-269.
Levy, Roger (1986), "The Search for a Rational Strategy: The Scottish National Party and

Devolution 1974-79", *Political Studies*, Vol. 39, No. 2, pp. 236-248.

Liñeira, Robert and Daniel Cetrà (2015), "The Independence Case in Comparative Perspective", *The Political Quarterly*, Vol. 86, No. 2, pp. 257-264.

Lynch, Peter (2002a), *SNP The History of the Scottish National Party* (Cardiff: Welsh Academic Press).

Lynch, Peter (2002b), "Partnership, Pluralism and Party Identity: The Liberal Democrats after Devolution", in Gerry Hassan and Chris Warhurst eds., *Tomorrow's Scotland* (London: Lawrence and Wishart), pp. 83-97.

Lynch, Peter (2009), "From Social Democracy back to No Ideology? The Scottish National Party and Ideological Change in a Multi-level Electoral Setting", *Regional and Federal Studies*, Vol. 19, Nos. 4-5, pp. 619-637.

Lynch, Peter (2013), *SNP: The History of the Scottish National Party*, second edition (Cardiff: Welsh Academic Press).

Lynch, Peter and Steven Birrell (2004), "The Autonomy and Organisation of Scottish Labour", in Gerry Hassan ed., *The Scottish Labour Party: History, Institutions and Ideas* (Edinburgh: Edinburgh University Press), pp. 176-191.

McAngus, Craig (2016), "How Scotland Votes: Elections and Electoral Behaviour in Scotland", in Duncan McTavish ed, *Politics in Scotland* (Abingdon: Routldge), pp. 24-41.

MacAskill, Kenny (2004), *Building a Nation: Post Devolution Nationalism in Scotland* (Edinburgh: Luath Press).

McCormick, John (2012), *Contempopary Britain*, third edition (Basingstoke: Palgrave Macmillan).

McCrone, David (2009), "Conundrums and Contradictions: What Scotland Wants", in Charlie Jeffery and James Mitchell eds., *The Scottish Parliament 1999-2009: The First Decade* (Edinburgh: Luath Press), pp. 93-103.

McCrone, David (2012), "Scotland Out the Union? The Rise and Rise of the Nationalist Agenda", *The Political Quarterly*, Vol. 83, No. 1, pp. 69-76.

McCrone, David and Bethan Lewis (1999), "The Scottish and Welsh Referendum Campaigns", in Bridget Taylor and Katarina Thomson eds., *Scotland and Wales: Nations Again?* (Cardiff: University of Wales Press).

McCrone, Gavin (2013), *Scottish Independence: Weighing Up the Economics* (Edinburgh: Birlinn).

McEwen, Nicola (2002), "The Scottish National Party after Devolution: Progress and Prospects", in Gerry Hassan and Chris Warhurst eds., *Tomorrow's Scotland* (London: Lawrence and Wishart), pp. 49-65.

McEwen, Nicola (2016), "Disunited Kingdom: Will Brexit Spark the Disintegration of the UK?", *Political Insight*, September 2016, pp. 22-23.

McGarvey, Neil and Paul Cairney (2008), *Scottish Politics: An Introduction* (Basingstoke:

Palgrave Macmillan).
McKenzie, R. T.(1964), British Political Parties: *The Distribution of Power within the Conservative and Labour Parties*, second edition (London: Heinemann).
McLean, Bob (2004), "Labour in Scotland since 1945: Myth and Reality", in Gerry Hassan ed., *The Scottish Labour Party: History, Institutions and Ideas* (Edinburgh: Edinburgh University Press), pp. 34-50.
McLean, Iain, Jim Gallagher and Guy Lodge (2014), *Scotland's Choices*, second edition (Edinburgh: Edinburgh University Press).
McLean, Iain and Alistair McMillan (2005), *State of the Union* (Oxford: Oxford University Press).
McLeish, Henry (2012), *Scotland the Growing Divide: Old Nation, New Ideas* (Edinburgh: Luath Press).
Macwhirter, Iain (2014a), *Road to Referendum* (Glasgow: Cargo Publishing).
Macwhirter, Iain (2014b), *Disunited Kingdom: How Westminster Won a Referendum but Lost Scotland* (Glasgow: Cargo Publishing).
Macwhirter, Iain (2015), *Tsunami: Scotland's Democratic Revolution* (Glasgow: Freight Books).
Mair, Peter (1994), "Party Organizations: From Civil Society to the State", in Richard S. Katz and Peter Mair eds., *How Parties Organize: Change and Adaptation in Party Organizations in Western Democracies* (London: SAGE), pp. 1-22.
Marr, Andrew (2013), *The Battle for Scotland* (London: Penguin Books).
Massetti, Emanuele and Arjan H Schakel (2016), "Between Autonomy and Secession: Decentralization and Regionalist Party Ideological Radicalism", *Party Politics*, Vol. 22, No. 1, pp. 59-79.
Maxwell, Jamie and David Torrance (2014), *Scotland's Referendum: A Guide for Voters* (Edinburgh: Luath Press).
May, Theresa (2016), *Britain after Brexit: A Vision of a Global Britain* (http://press.conservatives.com/post/151239411635/prime-minister-britain-after-brexit-a-vision-of). 2016年10月31日参照。
Melding, David (2012), "Refashioning Welsh Conservatism: A Lesson for Scotland?", in David Torrance ed., *Whatever Happened to Tory Scotland?* (Edinburgh: Edinburgh University Press), pp. 127-137.
Meguid, Bonnie M. (2005), "Competition between Unequals: The Role of Mainstream Party Strategy in Niche Party Success", *American Political Science Review*, Vol. 99, No. 3, pp. 347-359.
Meguid, Bonnie M. (2007), *Party Competition between Unequals: Strategies and Electoral Fortunes in Western Europe* (New York, NY: Cambridge University Press).
Miller, William L. (1999), "Modified Rapture All Round: The First Elections to the Scottish

Parliament", *Government and Opposition*, Vol. 34, No. 3, pp. 299-322.

Mitchell, James (2003), *Governing Scotland: The Invention of Administrative Devolution* (Basingstoke: Palgrave Macmillan).

Mitchell, James (2014), *The Scottish Question* (Oxford: Oxford University Press).

Mitchell, James (2015), "Sea Change in Scotland", in Andrew Geddes and Jonathan Tonge eds., *Britain Votes 2015* (Oxford: Oxford University Press), pp. 88-100.

Mitchell, James (2016), "The Referendum Campaign", in Aileen McHarg, Tom Mullen, Alan Page and Neil Walker eds., *The Scottish Independence Referendum: Constitutional and Political Implications* (Oxford: Oxford University Press), pp. 75-98.

Mitchell, James, Lynn Bennie and Rob Johns (2012), *The Scottish National Party: Transition to Power* (Oxford: Oxford University Press).

Mitchell, James and Alan Convery (2012), "Conservative Unionism: Prisoned in Marble", in David Torrance ed., *Whatever Happened to Tory Scotland?* (Edinburgh: Edinburgh University Press), pp. 170-184.

Mitchell, Paul (1999), "Coalition Discipline, Enforcement Mechanisms, and Intraparty Politics", in Shaun Bowler, David M. Farrell and Richard S. Katz eds., *Party Discipline and Parliamentary Government* (Columbus, OH: Ohio State University Press), pp. 269-287.

Mitchison, Rosalind (2002), *A History of Scotland*, third edition (London: Routledge).

Moon, David S. and Øivind Bratberg (2010), "Conceptualising the Multi-Level Party: Two Complementary Approaches", *Politics*, Vol. 30, No. 1, pp. 52-60.

Mullen, Tom (2016), "Introduction", in Aileen McHarg, Tom Mullen, Alan Page and Neil Walker eds., *The Scottish Independence Referendum: Constitutional and Political Implications* (Oxford: Oxford University Press), pp. 3-27.

National Assembly for Wales (2016), *The History of Welsh Devolution* (http://www.assembly.wales/en/abthome/role-of-assembly-how-it-works/Pages/history-welsh-devolution.aspx). 2016年10月25日参照。

Office for National Statistics (2014), *Annual Mid Year Population Estimates: 2013* (Newport: Office for National Statistics).

Osborne, George (2014), *Speech by Chancellor of the Exchequer, George Osborne on the Prospect of a Currency Union between an Independent Scotland and the Rest of the UK* (https://www.gov.uk/government/speeches/chancellor-on-the-prospect-of-a-currency-union-with-an-independent-scotland). 2014年7月26日参照。

Panebianco, Angelo (1988), *Political Parties: Organization and Power* (Cambridge, NY: Cambridge University Press).

Paseta, Senis (2003), *Modern Ireland: A Very Short Introduction* (Oxford: Oxford University Press).

Pattie, Charles and David Denver, Robert Johns, James Mitchell (2011), "Raising the Tone?

The Impact of 'Positive' and 'Negative' Campaigning on Voting in the 2007 Scottish Parliament Election", *Electoral Studies*, Vol. 30, No. 2, pp. 333-343.

Pattie, Charles and Ron Johnston (2016), "Sticking to the Union? Nationalism, Inequality and Political Disaffection and the Geography of Scotland's 2014 Independence Referendum", *Regional and Federal Studies*, DOI: 10.1080/13597566.2016.1251907, pp. 1-14.

Pike, Joe (2015), *Project Fear: How Unlikely Alliance Left a Kingdom United But a Country Divided* (London: Biteback).

Preston, Peter (2008), "Cutting Scotland Loose: Soft Nationalism and Independence-in-Europe", *The British Journal of Politics and International Relations*, Vol. 10, No. 4, pp.717-728.

Qvortrup, Matt (2012), "Introduction: Referendums, Democracy, and Nationalism", *Nationalism and Ethnic Politics*, Vol. 18, No. 1, pp. 1-7.

Ramsay, Adam (2014), *A Quick Note on Party Memberships in the UK* (https://www.opendemocracy.net/ourkingdom/adam-ramsay/quick-note-on-party-memberships-in-uk). 2015年6月17日参照。

Riker, William H. (1964), *Federalism: Origin, Operation, Significance* (Boston, MA: Little, Brown and Company).

Rokkan, Stein and Derek W. Urwin (1982), *The Politics of Territorial Identity: Studies in European Regionalism* (London: Sage).

Rokkan, Stein and Derek W. Urwin (1983), *Economy, Territory, Identity: Politics of West European Peripheries* (London: Sage).

Russell, Andrew and Edward Fieldhouse (2005), *Neither Left Nor Right?: The Liberal Democrats and the Electorate* (Manchester: Manchester University Press).

Salmond, Alex (2011), *Scotland Will Join Family of Nations* (http://www.snp.org/blog/post/2011/oct/alex-salmond-scotland-will-join-family-nations). 2014年12月22日参照。

Salmond, Alex (2015), *The Dream Shall Never Die: 100 Days That Changed Scotland Forever* (London: William Collins).

Saunders, Ben (2013), "Scottish Independence and the All-Affected Interests Principle", *Politics*, Vol. 33, No. 1, pp. 47-55.

Scottish Conservative and Unionist Party (2010), *Building for Scotland: Strengthening the Scottish Conservatives* (Edinburgh: Scottish Conservative and Unionist Party).

Scottish Conservative and Unionist Party (2016), *A Strong Opposition - A Stronger Scotland: The Scottish Conservative and Unionist Party Manifesto 2016* (Edinburgh: Scottish Conservative and Unionist Party).

Scottish Executive (2007), *Choosing Scotland's Future: A National Conversation* (Edinburgh: Scottish Executive).

Scottish Government (2009), *Fiscal Autonomy in Scotland: The Case for Change and

Options for Reform (Edinburgh: Scottish Government).
Scottish Government (2012), *Your Scotland, Your Referendum* (Edinburgh: Scottish Government).
Scottish Government (2013), *Scotland's Future: Your Guide to an Independent Scotland* (Edinburgh: Scottish Government).
Scottish Government (2014), *Outlook for Scotland's Public Finances and the Opportunities of Independence* (Edinburgh: Scottish Government).
Scottish Green Party (2011), *Scottish Parliament Manifesto 2011* (Edinburgh: Scottish Green Party).
Scottish Green Party (2016), *Scottish Parliament Manifesto 2016* (Edinburgh: Scottish Green Party).
Scottish Labour Party (2011), *Manifesto 2011: Fighting for What Really Matters* (Glasgow: Scottish Labour Party).
Scottish Labour Party (2016), *Invest in Scotland's Future* (Glasgow: Scottish Labour Party).
Scottish Labour Devolution Commission (2014), *Powers for a Purpose: Strengthening Accountability and Empowering People* (Glasgow: Scottish Labour Party).
Scottish National Party (1997), *Yes We Can: Win the Best for Scotland, The SNP General Election Manifesto 1997* (Edinburgh: Scottish National Party).
Scottish National Party (1999), *Scotland's Party: Manifesto for the Scotland's Parliament 1999 Elections* (Edinburgh: Scottish National Party).
Scottish National Party (2001), *Heart of the Manifesto 2001* (Edinburgh: Scottish National Party).
Scottish National Party (2003), *The Complete Case for a Better Scotland* (Edinburgh: Scottish National Party).
Scottish National Party (2007), *Manifesto 2007* (Edinburgh: Scottish National Party).
Scottish National Party (2011a), *Your Scotland Your Future* (Edinburgh: Scottish National Party).
Scottish National Party (2011b), *Re-elect a Scottish Goverment Working for Scotland* (Edinburgh: Scottish National Party).
Scottish National Party (2015), *Stronger for Scotland: Manifesto 2015* (Edinburgh: Scottish National Party).
Scottish National Party (2016), *Re-elect: Manifesto 2016* (Edinburgh: Scottish National Party).
Scottish Parliament (2016), *Official Report: Meeting of the Parliament, 28 June 2016* (http://www.parliament.scot/parliamentarybusiness/report.aspx?r=10480). 2016年11月9日参照。
Seawright, David (1999), *An Important Matter of Principle: The Decline of the Scottish Conservative Party* (Aldershot: Ashgate).

Seymour, Richard (2016), *Corbyn: The Strange Rebirth of Radical Politics* (London: Verso).
Shaw, Eric (2001), "New Labour: New Pathways to Parliament", *Parliamentary Affairs*, Vol. 54, No. 1, pp. 35-53.
Shaw, Eric (2014), "The Scottish Labour Party and the 2014 Independence Referendum", in Kevin Adamson and Peter Lynch eds., *Scottish Political Parties and the 2014 Independence Referendum* (Cardiff: Welsh Academic Press), pp. 58-79.
Sillars, Jim (2014), *In Place of Fears II: A Socialist Programme for an Independent Scotland* (Glasgow: Vagabond Voices).
Smith, Alexander (2011), *Devolution and the Scottish Conservatives: Banal Activism, Electioneering and the Politics of Irrelevance* (Manchester: Manchester University Press).
Smith Commission (2014), *Report of the Smith Commission for Further Devolution of Powers to the Scottish Parliament* (Edinburgh: Smith Commission).
Smith, Sarah (2016), "Holyrood 2016: Labour - The Morning after the Night before", *BBC News* (http://www.bbc.com/news/uk-scotland-36227731). 2016年9月24日参照。
SPICe (2016), *SPICe Briefing: Election 2016* (http://www.parliament.scot/ResearchBriefingsAndFactsheets/S5/SB_16-34_Election_2016.pdf). 2016年9月29日参照。
Ștefuriuc, Irina (2009), "Explaining Government Formation in Multi-level Setting: Evidence from the Spanish Case", *Regional and Federal Studies*, Vol. 19, No. 1, pp. 97-116.
Swenden, Wilfried and Bart Maddens (2009), "Introduction Territorial Party Politics in Western Europe: a Framework for Analysis", in Wilfried Swenden and Bart Maddens eds., *Territorial Party Politics in Western Europe* (Basingstoke: Palgrave Macmillan), pp. 1-30.
Taylor, Bridget, John Curtice and Katarina Thomson (1999), "Introduction and Conclusions", in Bridget Taylor and Katarina Thomson eds., *Scotland and Wales: Nations Again?* (Cardiff: University of Wales Press), pp. xxiii-xlii.
Thatcher, Margaret (1988), *Speech to Scottish Conservative Conference* (http://www.margaretthatcher.org/document/107240). 2014年12月6日参照。
Thorlakson, Lori (2006), "Party Systems in Multi-level Contexts", in Dan Hough and Charlie Jeffery eds., *Devolution and Electoral Politics* (Manchester: Manchester University Press), pp. 37-52.
Tierney, Stephen (2005), "Reframing Sovereignty? Sub-State National Societies and Contemporary Challenges to the Nation-State", *International and Comparative Law Quarterly*, Vol. 54, No. 1, pp. 161-183.
Torrance, David (2012), "The Wilderness Years", in David Torrance ed., *Whatever Happened to Tory Scotland?* (Edinburgh: Edinburgh University Press), pp. 93-113.
Torrance, David (2013), *The Battle for Britain: Scotland and the Independence Referendum* (London: Biteback Publishing).

Torrance, David (2014a), "The Scottish Conservatives and the 2014 Independence Referendum", in Kevin Adamson and Peter Lynch eds., *Scottish Political Parties and the 2014 Independence Referendum* (Cardiff: Welsh Academic Press), pp. 80-100.

Torrance, David (2014b), *100 Days of Hope and Fear: How Scotland's Independence Referendum was Lost and Won* (Edinburgh: Luath Press).

Torrance, David (2015), *Nicola Sturgeon: A Political Life* (Edinburgh: Birlinn).

Toubeau, Simon (2011), "Regional Nationalist Parties and Constitutional Change in Parliamentary Democracies: A Framework for Analysis", *Regional and Federal Studies*, Vol. 21, No. 4/5, pp. 427-446.

Toubeau, Simon and Emanuele Massetti (2013), "The Party Politics of Territorial Reforms in Europe", *West European Politics*, Vol. 36, No. 2, pp. 297-316.

Walker, William (2014), "International Reactions to the Scottish Referendum", *International Affairs*, Vol. 90, No. 4, pp. 743-759.

Warner, Gerald (1988), *The Scottish Tory Party: A History* (London: Weidenfeld and Nicolson).

Webb, Paul (2000), *The Modern British Party System* (London: Sage).

Whatley, Christopher A. (2008), "The Making of the Union of 1707: History with a History", in T. M. Devine ed., *Scotland and the Union 1707-2007* (Edinburgh: Edinburgh University Press), pp. 23-38.

Whatley, Christopher A. (2014), *The Scots and the Union: Then and Now* (Edinburgh: Edinburgh University Press).

Wheatley, Jonathan, Christopher Carman, Fernando Mendez and James Mitchell (2014), "The Dimensionality of the Scottish Political Space: Results from an Experiment on the 2011 Holyrood Elections", *Party Politics*, Vol. 20, No. 6, pp. 864-878.

Wilson, Gordon (2009), *The SNP: The Turbulent Years 1960-1990* (Stirling: Scots Independent).

Wright, Alex (2009), "The SNP and UK Relations", in Gerry Hassan ed., *The Modern SNP: From Protest to Power* (Edinburgh: Edinburgh University Press), pp. 177-189.

Young, Robert A. (1994a), "How Do Peaceful Secessions Happen?", *Canadian Journal of Political Science*, Vol. 27, No. 4, pp. 773-792.

Young, Robert A. (1994b), "The Political Economy of Secessions: The Case of Quebec", *Constitutional Political Economy*, Vol. 5, No. 2, pp. 221-245.

Young, Robert A. (1999), *The Struggle for Quebec: From Referendum to Referendum?* (Montreal: McGill-Queen's University Press).

あとがき

　本書で取り上げたスコットランドの政党政治について，筆者は以前から関心を持っていたというわけではなかった。もちろん，1999年のスコットランド議会の設立については，その政治的重要性からこれまでいくつかの論考の中で触れてきた。しかし，その際に注目していたのは，スコットランドなどへの権限移譲がイギリス（連合王国）の政治にどのような影響を与えることになるのか，という点であった。いわば，本書の冒頭で指摘した「政治の全国化」のパラダイムにとらわれていて，権限移譲改革によって顕在化することになった新たな多層ガヴァナンスの政治について，十分に意識していなかったと言えるかもしれない。

　しかし，いくつかのめぐりあわせが重なって，筆者の関心はスコットランドの政党政治に向けられることになった。まず，筆者が勤務する同志社大学から2008年に在外研究の機会を与えられるという幸運があった。そして，他大学の教員であった妻も，同じ時期に（示し合わせて？）在外研究をすることになった。そこで，夫婦ともに受け入れてくれる在外研究先を探したのだが，その際，夫婦円満の秘訣とも言うべき一つの妥協をしたのである。それは，在外研究に行く国は筆者の希望によりイギリスとするが，イギリスのどの地域にするかということについては，妻の希望によりスコットランドとするという妥協であった。そして，在外研究先を探していた時期に行われたスコットランド議会選挙において，労働党に代わってスコットランド国民党が第一党となり，初の政権交代が実現したのである。

　筆者がスコットランドで在外研究を行った2008年には，グラスゴーの補欠選挙でスコットランド国民党が労働党の安全議席を奪うなど，スコットランド・ナショナリズムの大波が押し寄せつつあるのを，肌で感じることができるという幸運に恵まれた。そして，在外研究を終えて帰国した後も，本書で見たように，2011年のスコットランド議会選挙や2014年の分離独立住民投票など，スコットランド政党政治は驚くほどのスピードで変化すること

になったのである。妻が在外研究先として，イギリスの中でも珍しく山と湖と渓谷が織り成す雄大な景色を持つスコットランドにこだわることがなければ，本書のもとになった研究もなかったわけであり，その意味では妻に感謝しなければならないだろう。

　本書の刊行にこぎつけることができたのは，数多くの方々のご助言やご助力のおかげである。まず，スコットランドでの在外研究について，筆者を暖かく引き受けてくれたストラスクライド大学政治学科のデイヴィッド・ジャッジ先生，ジョン・カーティス先生，ジェイムズ・ミッチェル先生（現在はエディンバラ大学），ニール・マクガーヴィ先生に感謝したい。また，在外研究から帰国後に，学会や研究会の場で本書のもとになった研究報告の機会を与えていただいた。その際，梅津　實先生，梅川正美先生，阪野智一先生，小堀眞裕先生，近藤康史先生，児玉昌己先生，福田耕治先生，鷲江義勝先生，など数多くの先生方から，筆者の報告に対して貴重なコメントをいただいた。暖かいご配慮に心より感謝申し上げる。

　なお，前著に引き続いて表紙のイラストをアンドジェイ・クラウゼ氏にお願いした。クラウゼ氏のロンドンのご自宅に原画をいただきにあがったのは，EU国民投票の投票前日であった。そのときには，EU離脱はないだろうという予想で筆者とクラウゼ氏は一致していた。しかし，国民投票で離脱が決まった後，東欧系の人々に対するヘイトクライムが増加していることが懸念される。EUから離脱するイギリスが，その最良の特質である寛容性を失わず，ポーランド出身のクラウゼ氏にとって「第二の故郷」であり続けることを願うばかりである。

　さて，研究書の出版状況が厳しさを増す中で，今回も出版を引き受けてくださった木鐸社の坂口節子さんには，これまでにも増して原稿提出が遅れたことを心よりお詫びするとともに，筆者の悪文を丁寧な編集作業を通じて少しでも読みやすくしていただいたことに感謝申し上げる。

　本書は，筆者がスコットランドで在外研究を行った2008年以来，書きためてきたいくつかの論考を加筆，修正し，重複した部分などを整理することにより，ようやく日の目を見ることになった。なお，序章と終章については，既発表の論考に依拠した部分もあるが，その多くは本書の出版にあたっ

て新たに書き下ろした。初出については，以下の通りである。

　第一章(「多層ガヴァナンスと政党政治：スコットランドへの権限移譲改革に対する労働党の適応を中心として」富沢　克・力久昌幸編著『グローバル時代の法と政治：世界・国家・地方』成文堂，2009年)。

　第二章(「地域分権と政党政治：権限移譲改革と分離独立問題に対するスコットランド保守党の適応」『同志社法学』第67巻第6号，2015年)。

　第三章(「地域分権と小政党：権限移譲改革と分離独立問題に対するスコットランド自由民主党の適応」『同志社法学』第68巻第5号，2016年)。

　第四章(「スコットランド国民党と多層ガヴァナンス：スコットランド独立をめぐる政策変化に関する一考察」『北九州市立大学法政論集』第40巻第4号，2013年)。

　第五章(「スコットランドにおける分離独立住民投票：アイルランドの分離独立とケベックにおける分離独立住民投票との比較の視点から」『同志社法学』第66巻第4号，2014年)。

　なお，本書はJSPS科研費26380193の助成にもとづく研究成果の一部である。また，本書の出版にあたっては，JSPS科研費(研究成果公開促進費：16HP5137)の助成を受けている。

　最後に，本書を今は亡き姉，浦口敏子に捧げたい。筆者がスコットランドに旅立つ際には，すでに病床にあったにもかかわらず，姉は自分のことよりも弟の海外生活を心配するほど優しい人だった。その後，容態が急変することになり，再会はかなわぬまま姉は帰らぬ人となった。当時流行っていた『千の風になって』を子供たちと歌っていたお姉ちゃん。風が吹きわたるたび，あなたの声，笑顔，優しさを思い出します。

　　御所の樹々を揺らす風に在りし日のおもかげを探して

力久昌幸

人名索引

ア行

アーウィン, デレク　Derek Urwin　11, 213
アシュダウン, パディー　Paddy Ashdown　145
アスキス, ハーバート・ヘンリー　Herbert Henry Asquith　94, 136
アレクサンダー, ウェンディー　Wendy Alexander　43, 62-65, 105, 249
アレクサンダー, ダニー　Danny Alexander　120, 195
アン女王　Queen Ann　220
イーディ, ジム　Jim Eadie　251
ウィリアム3世(2世)　William III (II)　218-219
ウィルソン, ハロルド　Harold Wilson　32
ウォレス, ジム　Jim Wallace　49, 145
エグナー, クレイグ　Craig Egner　262
エドワード1世　Edward I　215
エリザベス1世　Elizabeth I　216
オズボーン, ジョージ　George Osborne　121, 155, 195, 249

カ行

カラマーニ, ダニエーレ　Daniele Caramani　9
カルマン, ケネス　Kenneth Calman　64, 105, 149-150, 155
カーロウ, ジャクソン　Jackson Carlaw　113
キッド, ビル　Bill Kidd　186
キノック, ニール　Neil Kinnock　39
キャナヴァン, デニス　Dennis Canavan　193
キャメロン, デイヴィッド　David Cameron　74, 75, 76, 78-79, 105-106, 114, 116, 119, 121, 123, 150, 152, 155, 163, 164, 197, 242, 253
キャンベル, ミンギス　Menzies Campbell　153
グラッドストン, ウィリアム　William Ewart Gladstone　93, 139
グラバー, トマス・ブレイク　Thomas Blake Glover　226
グリモンド, ジョー　Jo Grimond　138
グレイ, イアン　Ian Gray　43, 53, 54, 64, 182
クレッグ, ニック　Nick Clegg　74, 119, 155, 182, 197, 253
クレティエン, ジャン　Jean Chrétien　234-235, 238
クロムウェル, オリヴァー　Oliver Cromwell　218
ゲイル, リスゴー　Lythgoe Gail　251
コービン, ジェレミー　Jeremy Corbyn　56, 85, 89
ゴールディー, アナベル　Annabel Goldie　102, 108-109, 110

サ行

サッチャー, マーガレット　Margaret Thatcher　96-97, 104, 169, 246
サーモンド, アレックス　Alex Salmond　51-52, 54, 67, 79, 82, 106, 108, 121, 152, 163, 176, 178, 182-183, 191, 193, 196, 198-199, 237, 251, 258
ジェイムズ1世(6世)　James I (VI)　184, 216
ジェイムズ2世(7世)　James II (VII)　224
ジェンキンズ, ブレア　Blair Jenkins　193
ジャーディン, ウィリアム　William Jardine　226
シラーズ, ジム　Jim Sillars　171-172, 176, 195
スコット, タヴィシュ　Tavish Scott　150, 157 224-225
スタージョン, ニコラ　Nicola Sturgeon　77, 82, 121, 152, 196, 199, 202-203, 205, 258, 262-263, 264
スティール卿(デイヴィッド・スティール)　David Steel　138, 205
ストラスクライド卿　Lord Strathclyde　115, 119, 149
スミス, ジョン　John Smith　39
スミス卿　Lord Smith of Kelvin　80, 157

タ行

ダヴィッドソン, ルース　Ruth Davidson　113-115, 117, 119, 121, 122, 129
ダグデール, ケズィア　Kezia Dugdale　45, 56, 57, 85, 88

人名索引

ダグラス=ヒューム，アレック　Alec Doughlas-Hume　94
ダリエル，タム　Tam Dalyell　70, 79
ダーリング，アリステア　Alistair Darling　71, 72, 75-76, 79, 116, 194, 196
チェンバレン，ジョゼフ　Joseph Chamberlain　93
デイヴィス，ロン　Ron Davies　13, 256
デターベック，クラウス　Klaus Detterbeck　18, 86, 144, 258, 260
デューワー，ドナルド　Donald Dewar　42, 49-50
トルドー，ピエール　Pierre Trudeau　232, 236

ナ行

ナイジェル・アンソニー　Anthony Nigel　71, 254
ヌーン・スティーブン　Stephen Noon　193

ハ行

ハーディー，ケア　Keir Hardie　28, 31
パーネビアンコ，アンジェロ　Angelo Panebianco　39, 149
ヒース，エドワード　Edward Heath　95
ファビアーニ，リンダ　Linda Fabiani　261
フィニー，ジョン　John Finnie　186
ブラウン，ゴードン　Gordon Brown　48, 52, 62, 65, 72, 75, 76, 116, 256
ブレア，トニー　Tony Blair　47, 48, 52, 145, 256
フレイザー，マード　Murdo Fraser　110-114
ヘプバーン，イヴ　Eve Hepburn　18, 86, 144
ボールズ，エド　Ed Balls　120, 195, 249

マ行

マカースキル，ケニー　Kenny MacAskill　73, 191
マクドナルド，ラムゼイ　Ramsay MacDonald　29
マクリーシュ，ヘンリー　Henry Macleish　42, 50, 59, 77, 78
マクレッチー，デイヴィッド　David McLetchie　101-102
マコーネル，ジャック　Jack McConnell　42-43, 50, 51, 54, 105
マセソン，ジェイムズ　James Matheson　226
マッケンジー，R・T　R. T. Mckenzie　37
マーフィー，ジム　Jim Murphy　44, 76, 83-85
ミリバンド，エド　Ed Miliband　74, 81, 85, 119, 155, 197, 253
ムーア，マイケル　Michael Moore　152, 157
メイジャー，ジョン　John Major　98, 104
メイソン，ジョン　John Mason　184
メイ，テリーザ　Theresa May　263
メグイッド，ボニー　Bonnie Meguid　15
ミッチェル；マーガレット　Margaret Mitchell　113

ヤ行

ユーイング，ウィニー　Winnie Ewing　167-170

ラ行

ライカー，ウィリアム　William Riker　11
ラモント，ジョアン　Johann Lamont　44-45, 68, 72, 77, 83, 87
ルイ14世　Louis XIV　219
レニー，ウィリー　Willie Rennie　151
ロイド=ジョージ，デイヴィッド　David Lloyd George　94, 136
ロー，ボナー　Bonar Law　94
ロッカン，スタイン　Stein Rokkan　11, 213
ロバートソン，アンガス　Angus Robertson　198
ロバートソン，ジョージ　George Robertson　88, 176-177, 178-179

著者略歴

力久昌幸（りきひさ まさゆき）
1963年　福岡県に生まれる
1987年　京都大学法学部卒業
1994年　京都大学大学院法学研究科博士後期課程研究指導認定退学，博士（法学）
現在　　同志社大学法学部教授，専門はイギリスおよびアイルランド現代政治
主著　　『イギリスの選択：欧州統合と政党政治』（木鐸社，1996年）
　　　　『ユーロとイギリス：欧州通貨統合をめぐる二大政党の政治制度戦略』（木鐸社，2003年）
　　　　『現代イギリス政治』第二版（共編著，成文堂，2014年）
　　　　『イギリス現代政治史』第二版（共編著，ミネルヴァ書房，2016年）など

スコットランドの選択
多層ガヴァナンスと政党政治
2017年2月20日第1版第1刷　印刷発行　Ⓒ

著者との了解により検印省略	著　者　力　久　昌　幸
	発行者　坂　口　節　子
	発行所　㈲　木　鐸　社

印刷　フォーネット　　製本　高地製本
　　　互　恵　印　刷

〒112-0002　東京都文京区小石川 5-11-15-302
電　話 (03) 3814-4195番　　振替 00100-5-126746
FAX (03) 3814-4196番　http://www.bokutakusha.com

（乱丁・落丁本はお取替致します）

ISBN-978-4-8332-2511-2 C3022

イギリスの選択
力久昌幸著 （同志社大学法学部）
A5判・442頁・6000円（1996年）ISBN978-4-8332-2233-4
■欧州統合と政党政治
　欧州統合は戦後のヨーロッパにとって最も重要性を持つ問題であった。イギリスにとってもEC加盟は国家の命運を決する大事であり，国内の論議は長い間コンセンサスを欠いた。本書は，その原因について，政党システムのメカニズムとイデオロギーを中心に分析する。特に政党指導部の役割に注目しつつ考察した政治分析。

ユーロとイギリス
力久昌幸著
A5判・400頁・6000円（2003年）ISBN978-4-8332-2336-2
■欧州通貨統合をめぐる二大政党の政治戦略
　「イギリスはユーロに参加するか」に答えるため，本書はダイナミックな歴史的制度論アプローチをとる。政党指導部の戦略とイデオロギーを横軸に国民国家―EU―地域という多層ガヴァナンスにおける権限移譲拡散の流れを縦軸に，両軸が交差する点に焦点を当て検証し，展望を加える。

左派の挑戦
近藤康史著 （筑波大学）
A5判・350頁・4500円（2001年）ISBN978-4-8332-2314-0
■理論的刷新からニューレイバーへ
　90年代以降のイギリス左派の変容に焦点を当て，ブレア率いる労働党による新たな政治統合原理の構築についての理論的検討を踏まえつつ実証分析する。また，このことによって「左派」の変容の政治学的意義を明らかにする。知識人の政治参加の在り方を模索する者にとっても示唆するところが多い。

サッチャー主義
小川晃一著 （北海道大学名誉教授）
A5判・370頁・4000円（2005年）ISBN978-4-8332-2369-0 C3022
　「サッチャー主義とは戦後のコンセンサス体制・福祉国家体制，それを理論的に支えるケインズ主義に対する多面的な挑戦」を意味する。この体制は英国の誇りであったが，財政赤字のため維持不能となった。サッチャー主義は「万策尽きて」行った従来の政策の大転換である。本書は彼女のその超保守主義的な政治哲学と手法を資料を渉猟して，活写する。

ドイツ移民問題の現代史
近藤潤三著
A5判・256頁・3000円（2013年）ISBN978-4-8332-2464-2 C3022
■移民国への道程
　前著『移民国としてのドイツ：社会統合と並行社会のゆくえ』の続編。本書では歴史的経緯に重点を置き，ドイツが流入であれ流出であれ，大規模で多彩な移動の国だったことを明らかにしようとしたものである。

国民主権と民族自決
唐渡晃弘著（京都大学大学院法学研究科）
A5判・320頁・5000円（2003年）ISBN978-4-8332-2340-9
■第一次大戦中の言説の変化とフランス
　戦後処理と秩序の構築に当った戦勝諸国の各リーダーによる「国民主権」と「民族自決」をめぐる利害と打算のせめぎあいに焦点を当てる。パリ講和会議の政治過程をフランスの立場を中心に一次史料を踏まえ，活写する。今なお解決の道を見出せない難問に正面から取り組んだ野心作。

北欧協力の展開
五月女律子著（北九州市立大学）
A5判・220頁・3000円（2004年）ISBN978-4-8332-2348-5
　北欧諸国間での地域協力は，安全保障，経済の面では協力に失敗し，文化，法律，交通通信，社会政策といった分野でのみ協力体制が確立している。本書では，北欧の地域協力がもつ動的な側面を明らかにするため，地域協力における志向性の変遷の分析という視角から考察するもの。

フィンランド福祉国家の形成
山田眞知子著
A5判・300頁・5000円（2006年）ISBN978-4-8332-2377-5 C3036
■社会サービスと地方分権改革
　本邦初のフィンランド福祉国家研究。高齢者ケアを中心とする普遍的サービスの開発と福祉国家形成により行われた地方分権改革の結果を検証する。

統一ドイツの政治的展開
近藤潤三著
A5判・228頁・2800円（2004年）ISBN978-4-8332-2351-5 C3022
　第二次大戦後，分断国家として再出発したドイツ現代史において，統一は終着点ではなく転換点を意味することがますます明白になってきている。それは戦後採用してきた社会的市場経済の「構造転換」に直面しているからである。本書では政治を中心に，統一後のドイツ現代史を鳥瞰することでまとまった全体像を描き出したもの。

移民国としてのドイツ
近藤潤三著
A5判・324頁・3500円（2008年）ISBN978-4-8332-2395-9 C3032
■社会統合と平行社会のゆくえ
　本書は前著『統一ドイツの外国人問題：外来民問題の文脈で』の続編。同じ対象を主題に据えているのに表現が違っているのは，近年のドイツで生起している主要な変化を反映している。移民政策におけるパラダイム転換と呼ぶことができよう。

東ドイツ（DDR）の実像
近藤潤三著
A5判・336頁・4000円（2010年）ISBN978-4-8332-2428-4 C3022
　ベルリンの壁が崩壊して20年，そして2010年は東西ドイツの統一が実現して20年になる。崩壊した社会主義国家としての東ドイツとはどのような内実を育んでいたのか。検討したり記憶しておくに値する問題が山積している。本書はそうした東ドイツの変容の歴史的歩みを総括しようとしたもの。

ドイツ・デモクラシーの焦点
近藤潤三著
A5判・422頁・4000円（2011年）ISBN978-4-8332-2447-5 C3022
　ドイツは統一以来20年を経過した。本書は統一以前とは区別される以後の現代ドイツの変容とそれが抱える政治的・社会的難問を，社民党の危機，社会国家の再編，過去の克服問題，モスク建設紛争，左右の過激派問題として取りあげ分析・考察。
　ドイツ現代政治を立体的に把握する課題に応えた労作。